Alle Rechte, einschließlich das des vollständigen oder
auszugsweisen Nachdrucks in jeglicher Form, sind vorbehalten.

Der Preis dieses Bandes versteht sich einschließlich
der gesetzlichen Mehrwertsteuer.

Umwelthinweis:
Dieses Buch wurde auf chlor- und säurefreiem Papier gedruckt.

Blutspur des Todes

Der Krimiautor Andrew Kane recherchiert für sein neues Buch einen ungeklärten Mordfall. Er ahnt nicht, dass er ausgerechnet zum Handlanger des Mannes werden soll, den er für die Tat verantwortlich macht – den Serienkiller Jared Barnett. Überraschend in einem Wiederaufnahmeverfahren freigesprochen, sinnt dieser nun auf Rache an all denen, die ihn vor fünf Jahren hinter Gitter gebracht haben.

Ganz oben auf seiner Liste steht dabei die Staatsanwältin Grace Wenninghoff. Sie will Barnett um jeden Preis fassen, nachdem er wieder eine junge Frau getötet hat. Was sie nicht weiß: Er handelt im Auftrag eines Mannes, der eiskalt sein tödliches Ziel verfolgt …

Die Handlung und Figuren dieses Romans sind frei erfunden.
Ähnlichkeiten mit lebenden oder verstorbenen Personen
sind nicht beabsichtigt und wären rein zufällig.

Alex Kava

Blutspur des Todes
Roman

Aus dem Amerikanischen von
Margret Krätzig

MIRA® TASCHENBUCH
Band 25112
1. Auflage: Dezember 2004

MIRA® TASCHENBÜCHER
erscheinen in der Cora Verlag GmbH & Co. KG,
Axel-Springer-Platz 1, 20350 Hamburg
Deutsche Erstveröffentlichung

Titel der nordamerikanischen Originalausgabe:
One False Move
Copyright © 2004 by Alex Kava
erschienen bei: Mira Books, Toronto
Published by arrangement with
Harlequin Enterprises II B.V., Amsterdam

Konzeption/Reihengestaltung: fredeboldpartner.network, Köln
Umschlaggestaltung: pecher und soiron, Köln
Titelabbildung: by Harlequin Enterprise S.A., Schweiz
Autorenfoto: © by Harlequin Enterprise S.A., Schweiz
Satz: D.I.E. Grafikpartner, Köln
Druck und Bindearbeiten: Ebner & Spiegel, Ulm
Printed in Germany
ISBN 3-89941-148-X

www.mira-taschenbuch.de

Erster Teil

AUS MANGEL AN BEWEISEN

Freitag, 27. August

Prolog

13.13 Uhr
Lincoln, Nebraska: Staatsgefängnis

Max Kramer trug einen blauen Anzug und dazu seine rote Glückskrawatte. Während der Wachmann ihm die Tür aufschloss, musterte er sein Spiegelbild in der Scheibe aus Sicherheitsglas. Die neue Tönung wirkte wirklich Wunder, er konnte kaum noch ein graues Haar entdecken. Seine Frau behauptete zwar, das grau Melierte stünde ihm hervorragend, aber solche Dinge sagte sie immer, wenn sie ahnte, dass er wieder mal auf der Jagd nach einer Neuen war. Großer Gott, sie kannte ihn wirklich gut, weit besser, als ihr selbst bewusst war.

„Ihr großer Tag", sagte der Hüne von einem Wachmann, doch sein finsteres Gesicht wich keinem Lächeln.

Max waren die Schimpfworte zu Ohren gekommen, mit denen die Wachen ihn in den letzten Wochen bedacht hatten, und er wusste, dass er nicht gerade ein gern gesehener Besucher hier im Todestrakt war. Aber das galt nur auf die Beamten. Für die Insassen war er geradezu ein Held, und sie waren es, die zählten, nur auf sie kam es an. Sie brauchten ihn, um das ihnen widerfahrene Unrecht anzuklagen, um ihre Geschichte loszuwerden. Ihre Version der Geschichte, besser gesagt. Nur um sie ging es ihm. Allerdings keineswegs, weil er etwa ein liberales Weichei gewesen wäre, wie ihn der *Omaha World Herald* und der *Lincoln Journal Star* wiederholt genannt hatten.

Seine Motivation war weit weniger ehrenhaft. Die harte Arbeit, sein ganzer Einsatz, all das diente allein dazu, einen Tag wie diesen auszukosten. Zu erleben, wie sein Klient dieses Höllenloch aus Beton verließ. Es zählte nur dieser Moment, in dem er mit einem Todeskandidaten durch das Haupttor in den Sonnenschein und in die Freiheit schritt – in das Blitzlichtgewitter der Fotografen und vor die Kameras der Fernsehsender aus dem ganzen Land. Morgen saß er mit Jared bei Larry King auf CNN. Und heute Abend würde er seine rote Krawatte auf NBC bei Brian Williams präsentieren.

Ja, das waren die Auftritte, auf die er sein ganzes Leben hingearbeitet hatte. Sie machten die lausigen Honorare und die ewigen Überstunden wett. Und auch die Angriffe der Lokalpresse würden jetzt verstummen.

Er blieb vor dem Besucherraum stehen, als wolle er die Privatsphäre seines Klienten respektieren. Alles Theater. In Wahrheit wollte er mit diesem Jared Barnett nicht eine Sekunde länger als nötig verbringen. Er musterte ihn von der Türschwelle aus. Barnett trug dieselbe verwaschene Jeans und dasselbe rote T-Shirt wie am Tag seiner Einlieferung. Beides hatte er abgeben müssen, als er vor fünf Jahren hier eingewiesen wurde. Allerdings traten unter dem T-Shirt nun deutlich die Muskeln hervor, die er sich während seiner Haft antrainiert hatte. Erst jetzt, wo Barnett nicht mehr den orangefarbenen Sträflingsoverall anhatte, fiel Max auf, wie ordinär der Mann aussah. Sein kurzes dunkles Haar war ungekämmt, als sei er gerade aus dem Bett gekrochen, und sollte wohl cool wirken. Wahrscheinlich würde die Frisur nach Barnetts Fernsehauftritten der neue Renner werden.

Max hatte sich die größte Mühe gegeben, seinen Klienten zu dem ewig missverstandenen Verlierer zu stilisieren, der auf die schiefe Bahn geraten und dann von der Justiz hereingelegt worden war, was ihn fünf Jahre seines ohnehin schon traurigen Lebens gekostet hatte. Barnett musste seine Rolle jetzt nur weiterspielen, das passende Aussehen hatte er jedenfalls.

Der Wachmann trat beiseite und gab die Tür frei.

„Jetzt kommt der Papierkram", erklärte er. „Wenn Sie wollen, können Sie drinnen warten."

Max nickte, als sei er dankbar für die Einladung, die der Wachmann offenbar für ein Entgegenkommen hielt. Dabei wäre es ihm sehr viel lieber gewesen, wenn der Mann ihn unten in der Halle hätte warten lassen. Aber nun war es zu spät. Jared hatte ihn bereits erkannt und winkte ihn herein. Als Max eintrat, stand er auf. Ein unschuldig Veruteilter mit besten Manieren, gut machte er das.

„Setzen Sie sich", sagte Max. Er griff nach einem der Klappstühle und schob ihn in Barnetts Richtung. Das kratzende Geräusch des Metalls auf dem Fußboden ließ ihn zusammenzucken. Er merkte, dass er nervös war. Barnett würde ihm hoffentlich keinen Strich durch die Rechnung machen, sobald er wieder gehen konnte, wohin er wollte.

„Mann, ich hätte nicht geglaubt, dass Sie das tatsächlich durchziehen", sagte Barnett. Er setzte sich wieder und hatte offenbar kein Problem damit, dass Max stehen blieb. Max hatte sich das vor langer Zeit angewöhnt, schon in seinen ersten Jahren als Strafverteidiger. Lass sich den anderen setzen und bleib selbst stehen, das verschafft dir Autorität. Da Max gerade einen Meter sechzig maß, machte er von diesem Trick regelmäßig Gebrauch.

„Also, wie läuft das jetzt?" fragte Barnett, obwohl Max es ihm schon während des Wiederaufnahmeverfahrens mehrfach erklärt hatte. Sein Klient schien immer noch zu glauben, die Sache habe einen Haken. „Bin ich wirklich frei und kann gehen?"

„Ohne die Aussage von Danny Ramerez ist der Fall für die Anklage zusammengebrochen, sie konnte sich nur noch auf Indizien stützen. Ohne einen Augenzeugen kann keinerlei Verbindung zwischen Ihnen und Rebecca Moore nachgewiesen werden." Max fixierte Barnett, konnte jedoch keinerlei Reaktion erkennen. „Dass Mr. Ramerez es sich anders überlegt und zugegeben hat, in jener Nacht nicht einmal vor der Tür gewesen zu sein, hat Ihnen den Kopf gerettet."

Barnett sah ihn an und grinste, und in seinem Gesicht lag etwas, das Max schaudern ließ. Während des gesamten Verfahrens hatte er es nicht gewagt, Barnett zu fragen, wie er Ramerez dazu bringen konnte, seine ursprüngliche Aussage zu widerrufen. Aber er war sich sicher, dass er aus dem Gefängnis irgendwie nachgeholfen hatte.

„Was ist mit den anderen?" fragte Barnett.

„Wie bitte?"

Max wartete auf eine Erklärung, doch Barnett saß nur da und säuberte sich mit den Zähnen die Fingernägel. Das hatte er häufig auch im Gericht getan, wahrscheinlich eine nervöse Angewohnheit. Max fragte sich, ob er richtig gehört hatte. Großer Gott, welche anderen denn?

Er hatte Barnetts Fall erst im Wiederaufnahmeverfahren übernommen, aber er wusste natürlich, dass es noch andere Frauen gab, die auf genau die gleiche Weise ermordet wurden. Durch einen Schuss durch den Kiefer, der wahrscheinlich dem Zweck dienen sollte, die Identifizierung der Opfer anhand ihrer Zähne zu erschweren oder sogar unmöglich zu machen. Doch was spielte das für eine Rolle? Barnett war nur wegen des Mordes an Rebecca Moore angeklagt worden. Warum zum Teufel fragte er jetzt nach den anderen?

„Welche anderen?" fragte er noch einmal, obwohl er die Antwort genau genommen gar nicht wissen wollte.

„Ach, was solls", fand nun auch Barnett. Er spuckte ein Stück Fingernagel auf den Boden, verschränkte die Arme vor der Brust und schob die Hände unter die Achseln. „Sie wissen, dass ich keinen verdammten Penny besitze", wechselte er das Thema. „Sie haben zwar gesagt, ich müsste Ihnen nichts zahlen, aber irgendwie habe ich das Gefühl, ich schulde Ihnen was."

Dieses Thema gefiel ihm schon besser. Wenn diese Morde tatsächlich auf sein Konto gingen, dann wollte er davon gar nichts wissen. Für ihn hatte es sich jedenfalls nur um einen Mord und einen Augenzeugen gehandelt. Der Augenzeuge hatte widerrufen, und damit war der Fall erledigt. Wenn Barnett etwas auf der Seele brannte, das er unbedingt loswerden wollte, dann sollte er sich doch einem Priester anvertrauen. Dass sich Barnett hingegen in seiner Schuld stehend fühlte, kam ihm sehr entgegen.

Zweifellos gehörte Jared Barnett zu den Menschen, die ungern mit einer offenen Rechnung lebten. Allein die Vorstellung, jemandem gegenüber verpflichtet zu sein, war ihm offenbar schon unangenehm. Und Max hatte natürlich auch davon gehört, wie Barnett nach der Verkündung des Todesurteils seinen vom Gericht bestellten Pflichtverteidiger, den armen James Pritchard, angefahren haben soll, dass er ihm nichts weiter schulde als ein Loch im Kopf.

Dennoch hatte er darauf gesetzt, dass Barnett sich ihm verpflichtet fühlen würde, und es freute ihn, dass seine Rechnung offenbar aufzugehen schien. „Ich denke, wir finden da einen Weg", erwiderte er.

„Klar. Was immer Sie wollen."

„Zunächst muss ich Sie allerdings warnen. Da draußen erwartet uns jetzt ein ziemlicher Medienzirkus."

„Cool", erwiderte Barnett und stand auf. Und genauso sah er auch aus – cool und emotionslos, wie er auch während des gesamten Wiederaufnahmeverfahrens gewirkt hatte. „Also, was zahlen die denn so?"

„Was meinen Sie?"

„Was rücken diese blutrünstigen Fernsehheinis raus für ein Interview?"

Max kratzte sich am Kopf, versuchte aber sofort, es so aussehen zu lassen, als striche er sich die Haare glatt. Die hätte er sich allerdings am liebsten gerauft. Unfassbar! Am Ende verdarb ihm dieser Hurensohn noch alles. Erwartete er tatsächlich, dafür bezahlt zu werden, dass sich die Medien für ihn interessierten?

Max gab sich alle Mühe, nicht aus der Haut zu fahren, und tat so, als sei es ihm völlig gleichgültig, ob Barnett Interviews gab oder nicht. Er durfte auf keinen Fall den Eindruck erwecken, dass Barnett ihm damit einen Gefallen täte und die Sache als eine Art Gegenleistung ansah.

„Sie werden über Nacht berühmt werden, Mann", sagte er lächelnd und schüttelte den Kopf, als könne er es selbst nicht glauben. „Ich habe Anfragen von *NBC News, 60 Minutes,* von Larry King und sogar Bill O'Reillys *The Factor*. Sie werden etwas bekommen, das man nicht für Geld kaufen kann. Ruhm. Aber ich kann auch verstehen, wenn Sie denen lieber sagen wollen, die sollen sich ins Knie schießen. Es liegt bei Ihnen, ganz wie Sie wollen."

Er merkte, wie es in Barnetts Kopf zu arbeiten begann, aber er sagte nichts weiter, was seine gespielte Gleichgültigkeit noch glaubwürdiger wirken ließ. Er konzentrierte sich ganz auf seinen Atem, um nur nicht daran zu denken, wie sehr er diesen Triumph wollte und vor allem brauchte. Nur mit Mühe konnte er sich davon abhalten, die Fäuste zu ballen. Wag es bloß nicht, mir jetzt alles zu versauen, schrie er Jared innerlich an.

„Bill O'Reilly will mich tatsächlich in seiner Sendung haben?"

Max unterdrückte einen Seufzer der Erleichterung und erwiderte mit gespielter Ruhe: „Ja, morgen Abend. Aber wenn Sie nicht wollen, sage ich das ab. Ich kann denen erzählen, dass Sie mit dem ganzen Zirkus nichts zu tun haben wollen. Es ist ganz allein Ihre Entscheidung."

„Dieser O'Reilly hält sich für einen ziemlich coolen Hund." Barnett grinste. „Ich hätte nichts dagegen, einigen von diesen Ärschen mal deutlich zu sagen, was ich von ihnen halte."

Auch Max grinste jetzt. Vielleicht bekam er Barnett ja

doch noch in den Griff. Zum ersten Mal, seit er ihm begegnet war, sah er ihm in die Augen. Sie waren dunkel und leer. Max war sich jetzt ganz sicher, dass Jared Barnett das Mädchen ermordet hatte. Er hatte es nicht nur gewusst, er hatte sogar darauf gesetzt.

Dienstag, 7. September

1. Kapitel

10.30 Uhr
Omaha, Nebraska: Gerichtsgebäude

Grace Wenninghoff hasste nichts mehr als dieses Warten. Sie hatte das Gefühl, die stickige Luft in Saal fünf würde sich wie ein nasses Handtuch um ihren Hals legen. Es waren zu viele Leute in dem Raum, die Hitze war schier unerträglich. Nur das gelegentliche Knarren eines Stuhls oder ein vereinzeltes Hüsteln unterbrachen die Stille. Angespannt und erwartungsvoll beobachtete die Menge, wie Richter Fielding scheinbar in aller Ruhe die vor ihm liegenden Akten studierte. Dabei ließ er sich Zeit und zeigte nicht das geringste Anzeichen von Unbehagen. Nicht eine einzige Schweißperle war auf seiner Stirn zu sehen.

Grace griff nach ihrer Wasserflasche und nahm einen großen Schluck. Komm schon, bringen wir es hinter uns, hätte sie den Richter gerne gedrängt, pochte jedoch nur mit dem Schreibstift auf ihren leeren Notizblock und unterdrückte den Impuls, mit dem Fuß denselben Takt zu schlagen. Ohne den Kopf zu heben sah der Richter sie über den Metallrand der unter buschigen grauen Brauen auf seiner Nasenspitze ruhenden Brille hinweg finster an. Grace legte den Stift auf den Block, und Richter Fielding widmete sich wieder seinen Akten.

Angeblich hatte die Verwaltung im gesamten Gebäude die Klimaanlage abgeschaltet, weil man nach dem langen

Labor-Day-Wochenende nicht mehr mit solchen Temperaturen gerechnet habe. Grace konnte sich allerdings der Vermutung nicht erwehren, Richter Fielding habe sie gezielt in seinem Gerichtssaal ausschalten lassen, um ihnen allen den Schweiß auf die Stirn zu treiben. Fielding mochte es, Anwälte schwitzen und warten zu lassen. Das konnte kein gutes Omen sein, trotzdem versuchte Grace, optimistisch zu bleiben. So optimistisch, wie eine Anklägerin eben sein konnte, der die feuchte Luft die Frisur in etwas zu verwandeln drohte, das eher an das Fell eines Pudels erinnerte. Sie wusste, dass sie heute mehr als Optimismus brauchte.

Ihr Blick glitt über den Mittelgang hinüber zu Warren Penn, einem der Staranwälte der renommierten Kanzlei Branigan, Turner, Cross and Penn. Auch bei ihm konnte sie nicht ein Tröpfchen Schweiß entdecken, obwohl er tapfer seinen eleganten teuren Anzug trug. Wie machte er das bloß? Sie hatte gehofft, sein Klient, der wegen Mordes angeklagte Ratsherr Jonathon Richey, würde in Handschellen und im orangefarbenen Sträflingsoverall vorgeführt werden, doch Richey trug einen stahlblauen Anzug, ein tadellos gebügeltes weißes Hemd und eine rotblaue Krawatte. Der aalglatte Politiker sah nun ganz und gar nicht aus wie die blutrünstige Bestie, als die sie ihn hatte vorführen wollen. Und er wirkte nicht im Mindesten beunruhigt angesichts der gegen ihn erhobenen Anschuldigungen. Er saß mit arrogantem Gesichtsausdruck da, und Grace fürchtete, dass er über sein Netzwerk politischer Kontakte bereits für den richtigen Ausgang des Verfahrens gesorgt hatte. Richter Fielding war bekannt dafür, den inneren Kreis der Macht zu schützen. Aber konnte er das auch vor Publikum tun und unter den wachsamen Augen der Medien?

Grace spürte, wie die Seidenbluse unter ihrem Jackett an ihrem Körper klebte. Mit einem prüfenden Blick vergewisserte sie sich, dass es keineswegs so schlimm aussah, wie es sich anfühlte. Was für ein Tag auch, um Seide zu tragen. Die Bluse war ein Geburtstagsgeschenk ihrer Großmutter Wenny, die sie seit ihrem sechsten Lebensjahr in Pink zu kleiden versuchte. Obwohl Wenny ihr versichert hatte, die Bluse sei purpurrot. Ihr deutscher Akzent hatte den Namen der Farbe nach etwas Erotischem, leicht Anrüchigem klingen lassen. Grace musste schmunzeln, als sie sich daran erinnerte.

Sie beobachtete Richter Fielding und suchte nach irgendeinem Hinweis, der darauf hindeuten mochte, dass es endlich weiterging. Doch Fielding blätterte weiter und setzte seine Lektüre in aller Ruhe fort, wobei er mit dem Zeigefinger unter den Zeilen entlangfuhr. Herrgott noch mal, dies war doch nur die Anhörung zur Festsetzung der Kaution! Bei diesem Tempo mochte sie sich gar nicht vorstellen, wie lange sich der Prozess hinschleppen würde.

Durch leichtes Massieren mit den Fingern versuchte sie die Verspannung zu lindern, die sie im Genick spürte. Das dreitägige Wochenende war zu kurz gewesen. Ihr Mann Vince hatte die Meinung vertreten, es sei kein Problem, eine Weile mit den gestapelten Kisten zu leben, doch er hatte gut reden. Morgen früh flog er in die Schweiz. Ein neuer Kunde hatte darauf bestanden, seinen amerikanischen Repräsentanten persönlich kennen zu lernen. Sie würde mit Emily also allein in dem Chaos zurückbleiben. Die unausgepackten Umzugskartons waren allerdings nicht der einzige Grund für ihre Verspannung.

Sie liebte ihr neues Zuhause, obwohl das Haus alles andere als neu war. Die viktorianische Villa war über hundert Jahre alt und groß genug, dass auch ihre Großmutter Wenny Platz bei ihnen finden konnte. Die Renovierung war ein reiner Albtraum gewesen. Horden von Handwerkern waren durch das Haus getrampelt und hatten dort, wo einmal Wände waren, Löcher, Dreck und Sägespäne hinterlassen.

Doch das war noch gar nichts verglichen mit dem, was ihr noch bevorstand. Denn jetzt galt es, ihre Großmutter davon zu überzeugen, dass es besser sei, bei ihnen einzuziehen. Sechzig Jahre hatte Wenny in ihrem kleinen, zugigen und von Mäusen zernagten Haus im Süden Omahas gelebt und dort ihre Kinder und dann ihre Enkelin großgezogen. Die wiederum sah es nun als ihre Pflicht an, sich um die störrische alte Dame zu kümmern.

„Miss Wenninghoff!" bellte Richter Fielding und unterbrach Grace in ihren Gedanken.

„Ja, Euer Ehren." Sie erhob sich und widerstand dem Drang, sich über die feuchte Stirn zu wischen.

„Bitte fahren Sie fort", sagte er in einem Ton, als habe sie die Unterbrechung verschuldet und halte das Verfahren unnötig auf.

„Wie ich bereits ausgeführt habe, und wie Sie auch dem Haftbefehl entnehmen können, wurde Mr. Richey am Flughafen Eppley festgenommen. Es besteht akute Fluchtgefahr, weshalb eine Freilassung gegen Kaution meines Erachtens nach nicht in Betracht kommt."

„Euer Ehren, das ist lächerlich." Warren Penn unterstrich das letzte Wort mit einer theatralischen Geste. Dann stand er auf und trat vor den Tisch der Verteidigung, als benötige er für seine Erklärung zusätzlichen Raum. Grace war sich allerdings sicher, dass sein Auftritt allein dem Zweck diente, sie zu überragen.

„Mr. Richey ist Geschäftsmann", fuhr er mit einer ausholenden Armbewegung fort. „Er wollte nicht mehr, als lediglich eine Geschäftsreise anzutreten, die schon vor Monaten vereinbart worden ist. Zum Beweis dafür habe ich hier seinen Terminkalender und die Auflistung seiner Telefongespräche." Er deutete auf einen Stapel Unterlagen auf seinem Tisch, machte jedoch keinerlei Anstalten, sie dem Richter vorzulegen. „Jonathon Richey ist nicht nur ein ehrenwerter Geschäftsmann in Omaha, sondern auch Ratsherr", fügte er hinzu. „Darüber hinaus ist er Diakon seiner Kirchengemeinde und Präsident des örtlichen Rotary Clubs. Seine Frau, seine Kinder und seine fünf Enkel leben hier. Ein Fluchtrisiko besteht also eindeutig nicht. Wenn man all dies in Betracht zieht, Euer Ehren, bin ich sicher, dass Sie mir zustimmen werden, dass Mr. Richey gegen Hinterlegung einer Kaution auf freien Fuß gesetzt werden sollte."

Grace sah Richter Fielding nicken und wieder in den Akten blättern. Das war doch lächerlich, diesen Blödsinn konnte er ihm unmöglich abnehmen. Es sei denn, seine Entscheidung stand bereits fest und er suchte noch nach einer entsprechenden Begründung. Sie warf einen Blick auf Richey. Hatte es hinter verschlossenen Türen etwa bereits Verhandlungen oder sogar einen Deal gegeben? Richey wirkte entspannt, und die Hitze im Gerichtssaal schien ihm nichts auszumachen. Grace rieb sich den

Nacken und spürte den Schweiß, der ihr von dort den Rücken hinunterlief.

„Euer Ehren." Sie wartete, bis Richter Fielding sie ansah. Dann zog sie aus ihren Akten einen Umschlag hervor und trat vor den Tisch der Anklage. „Wenn ich richtig informiert bin, ist Mr. Richey Eigentümer einer Firma für computergesteuerte Heizungsanlagen." Sie sah hinüber zu Warren Penn und wartete dessen zustimmendes Nicken ab. „Hier habe ich Mr. Richeys United-Airlines-Flugticket, das bei seiner Festnahme konfisziert wurde." Sie trat vor, um dem Richter den Umschlag mit dem Ticket zu übergeben. „Ich frage mich nun, Euer Ehren, welche Art von Heizung Mr. Richey wohl auf den Cayman Islands verkaufen wollte?"

Sie hörte, wie die Menge hinter ihr zu raunen und zu flüstern begann.

„Mr. Penn?" Richter Fielding fixierte Richeys Verteidiger über den Rand seiner Brille hinweg. Zu Graces Enttäuschung zuckte Penn mit keiner Wimper.

„Es kommt häufig vor, dass sich Mr. Richey mit seinen Geschäftspartnern an einem neutralen Ort trifft, wenn der Kunde das bevorzugt."

Grace hätte beinahe die Augen verdreht. Es wäre absurd, wenn Richter Fielding dieses Argument gelten lassen würde. Doch der blätterte bereits wieder in seinen Akten, als sei ihm in den bereits geprüften Unterlagen etwas entgangen.

Sie ging zu ihrem Platz zurück und musterte dabei Detective Tommy Pakula, der zwei Reihen hinter dem Tisch der Anklage saß. Er hatte sich für seine Aussage in Schale geworfen – Hemd, Krawatte und Jackett.

Anstatt jedoch ihn jetzt in den Zeugenstand zu rufen, griff sie hinter ihren Stuhl und holte eine Reisetasche hervor.

„Euer Ehren", sagte sie und hielt die Tasche so, dass Richter Fielding und vor allem die Anwesenden im Saal sie gut sehen konnten. „Es gibt da noch eine Merkwürdigkeit. Mr. Richey hatte diese Reisetasche bei sich, als die Detectives Pakula und Hertz ihn am Eppley Airport festgenommen haben. Wenn er nicht aus dem Land fliehen wollte, sollte uns Mr. Richey vielleicht das hier erklären." Grace zog den Reißverschluss auf und stülpte die Tasche um. Mehrere dicke Bündel Hundert-Dollar-Noten fielen auf den Tisch.

Sofort erfüllte ein Raunen und Tuscheln den Saal, und mehrere Reporter stürzten zur Tür hinaus, um ihre Redaktion anzurufen. Doch Warren Penn schüttelte nur den Kopf, als hätte er auch für das Geld eine Erklärung. Grace ließ den Blick durch den Raum schweifen und bemerkte Jonathon Richeys Miene. Von der arroganten Gelassenheit, die er bisher an den Tag gelegt hatte, war nun nichts mehr zu sehen.

„Ruhe bitte!" rief Richter Fielding in den Saal, verzichtete aber auf den Einsatz des Hammers, um seiner Forderung Nachdruck zu verleihen. Es schien ihm zu gefallen, dass er den Saal allein durch die Kraft seiner Stimme zum Schweigen bringen konnte.

„Euer Ehren", begann Penn, doch Richter Fielding gebot ihm mit erhobener Hand Einhalt.

„Die Kaution wird auf eine Million Dollar festgesetzt." Er stand auf und fügte hinzu: „Die Verhandlung ist geschlossen." Dann hastete er aus dem Saal, ohne Warren Penn Gelegenheit zu einer Erklärung oder für weitere Argumenten zu geben.

Grace verzichtete auf einen Blick in Richtung der Verteidigung und packte das Geld zurück in die Reisetasche. Ein Gewirr von Stimmen erfüllte den Saal, begleitet vom Geräusch rückender Stühle. Sie musste wohl kaum befürchten, draußen von Reportern belagert zu werden, die stürzten sich jetzt auf Jonathon Richey. Das war eben der Preis, den man zahlte, wenn man sich als aufrechte Stütze der Gesellschaft ausgab und bei einer Sauerei erwischt wurde.

„Ich hoffe nur, dass nichts fehlt." Sie blickte auf und sah Detective Pakula vor sich stehen.

„Danke, dass Sie gekommen sind."

Er nickte, und sie kannte ihn gut genug, um es dabei bewenden zu lassen. Er mochte es nicht, wenn man viel Aufhebens um etwas machte, das er für selbstverständlich hielt.

„Ich habe einen Zeugen gefunden, der vielleicht bereit ist, gegen Richey auszusagen."

„Vielleicht?"

„Es braucht noch etwas Überzeugungsarbeit. Er will nicht aussagen, wenn die Möglichkeit besteht, dass Richey freigesprochen wird."

„Es wird in dieser Sache keinen Freispruch geben", erwiderte sie und schob die letzten Bündel in die Tasche. Sie wusste, worauf Pakula hinauswollte und mochte es nicht hören.

„Sie wissen es, und ich weiß es, und das versuche ich ihm klar zu machen." Er sah sich um und vergewisserte sich, dass niemand in Hörweite war. „Um unsere Glaubwürdigkeit steht es momentan nicht gerade gut, solange dieser Mistkerl von Barnett in jeder verdammten Talkshow auftritt und behauptet, das Omaha Police Department hätte ihn reingelegt."

„Lassen Sie den nur reden. Früher oder später macht er einen Fehler, und dann nagele ich ihn fest. Aber dann für immer."

„Verlassen Sie sich auf mich, wenn es so weit ist."

Grace wusste, dass Barnetts Freispruch in dem Wiederaufnahmeverfahren Pakula ebenso an die Nieren gegangen war wie ihr. Während der vergangenen Monate war sie den Fall immer wieder durchgegangen, um weiteres Belastungsmaterial zu finden, doch vergeblich. Vor fünf Jahren hatte sie alles darangesetzt, um Barnett hinter Gitter zu bringen. Sie war felsenfest davon überzeugt, dass er die siebzehnjährige Rebecca Moore an jenem kalten Winternachmittag mit dem Angebot, sie trocken nach Hause zu bringen, in seinen Wagen gelockt hatte. Er war mit ihr an einen abgelegenen Ort gefahren, hatte sie vergewaltigt und dann mit einem Messer auf sie eingestochen. Anschließend hatte er ihr in den Kopf geschossen – durch den Kiefer, um die Identifizierung seines Opfers zu verhindern.

Rebecca Moore war wahrscheinlich nicht das einzige Mädchen, das Barnett auf dem Gewissen hatte. Vier weitere Frauen waren auf dieselbe bestialische Art und Weise umgebracht worden, jeweils im Abstand von zwei Jahren. Grace und Pakula waren davon überzeugt, dass in allen Fällen Barnett der Mörder war. Aber außer Indizien hatten sie nichts gegen ihn in der Hand gehabt. Nur in Rebecca Moores Fall konnten sie eine Verbindung zwischen

Opfer und Täter herstellen. Mit Danny Ramerez hatten sie einen Augenzeugen, der gesehen hatte, wie das Mädchen am Nachmittag ihres Verschwindens in einen schwarzen Pick-up gestiegen war. Und er konnte bestätigen, dass Jared Barnett am Steuer gesessen hatte. Seine Aussage war überzeugend gewesen und seine Beschreibung Barnetts so genau, dass für die Geschworenen keinerlei Zweifel bestanden. Doch dann, fünf Jahre später, hatte Danny Ramerez plötzlich behauptet, er sei an jenem Nachmittag nicht einmal vor der Tür gewesen gewesen. Ohne seine belastende Aussage war Barnett frei. So einfach ging das.

Grace sah hinüber zum Tisch der Verteidigung. Penn und Richey versuchten gerade, sich durch den Pulk von Menschen einen Weg zum Ausgang zu bahnen.

Und dann entdeckte sie ihn.

Jared Barnett stand in der hinteren Reihe und wartete scheinbar geduldig darauf, ebenfalls den Saal verlassen zu können. Er wirkte völlig unauffällig, ganz wie ein gewöhnlicher Zuschauer.

„Wenn man vom Teufel spricht", sagte sie zu Pakula, der Barnett nun ebenfalls bemerkt hatte.

„Dieser Mistkerl", raunte er. „Ich habe ihn letzte Woche schon mal draußen im Treppenhaus gesehen. Er kann es wohl nicht lassen, sich hier rumzutreiben, was?"

Auch Grace hatte ihn bereits in der vergangenen Woche gesehen, sogar zweimal. Zuerst in dem Café auf der anderen Straßenseite gegenüber des Gerichtsgebäudes. Und dann noch einmal, als sie gerade ihre Wäsche in die Reinigung brachte. Sie hatte versucht sich einzureden, das sei eben Jared Barnetts Art, ihnen allen eine Nase zu drehen, und dass er es nicht etwa auf sie abgesehen habe. Doch bevor Barnett durch die Tür verschwand, drehte er sich noch einmal zu Grace um und grinste.

2. Kapitel

19.30 Uhr,
Logan Hotel

Jared Barnett lauschte auf ein Geräusch, doch in dem Schacht hinter der Tür blieb es still. Wo zum Teufel blieb der verdammte Fahrstuhl bloß?

Darauf bedacht, nicht aus dem Schatten zu treten, lehnte er sich gegen die Wand und ignorierte die kleine Gipslawine, die er mit seiner Schulter auslöste. Niemand hatte ihn beim Betreten des Hauses gesehen. Außer dieser von Crack ausgemergelten Hure mit den fettigen blonden Haaren und dem glasigen Blick, die sich nicht mal erinnern würde, welcher Tag heute war. Wie sollte die sich ein Gesicht merken können?

Vom anderen Ende des Flurs drang ihm Essensgeruch in die Nase. Spinat, ihm wurde fast übel. Er musste dabei immer daran denken, wie ihn sein Stiefvater gezwungen hatte, den Teller leer zu essen. Einmal hatte er es gewagt, sich zu widersetzen, und da hatte ihm der Mistkerl das Gesicht in die grüne Pampe gedrückt. Aber irgendwie passte der Geruch hierher, zu dem Gestank nach Hundepisse, zu dem schäbigen Teppichboden und den Kakerlaken, die überall umherkrabbelten und in den Ritzen und unter den Türen verschwanden. Die ideale Absteige für einen wie Danny Ramerez.

Jared verlagerte das Gewicht vom linken Fuß auf den rechten und nahm die beiden Papiertüten in die andere Hand. Das Hühnchen würde kalt sein, aber das störte ihn nicht. Er war hungrig, und er liebte chinesisches Essen über alles, selbst wenn es kalt war. Er hätte die Tüten gerne abgestellt, doch ließ er das lieber bleiben. Die verdammten Kakerlaken würden sich in Sekundenschnelle darüber hermachen.

Jared sah auf seine Armbanduhr und musste die Augen zusammenkneifen, um die Zeiger in dem Dämmerlicht zu erkennen. Ramerez hatte sich wohl verspätet. Warum zum Geier ausgerechnet heute? Er war ihm während der letzten drei Abende gefolgt, und er wusste, dass man fast die Uhr danach stellen konnte, wann er nach Hause kam. Und ausgerechnet heute musste der Bastard zu spät kommen. Doch dann hörte er das Quietschen und Rucken des Fahrstuhls. Er war auf dem Weg nach oben.

Abwartend blieb Jared im Halbdunkel stehen. Es schien eine Ewigkeit zu dauern, bis die ächzenden Zugseile den Fahrstuhl geräuschvoll in den fünften Stock befördert hatten, und Jared war noch immer froh, dass er die Treppe genommen hatte. Dann öffnete sich die Tür.

In dem Schummerlicht wirkte Danny Ramerez kleiner, als Jared ihn in Erinnerung hatte. Es sah lächerlich aus, wie er mit hastigen Trippelschritten über den Flur auf sein Zimmer zu lief. Als er die Tür erreicht hatte und den Schlüssel ins Schloss steckte, trat Jared aus dem Schatten.

„He, Mann!" rief er. Ramerez nickte, ohne sich umzudrehen. „Wie gehts denn so, Danny?"

Erst jetzt drehte Ramerez sich verblüfft um und riss die Augen auf, als er Jared erkannte.

„Ich habe was zu essen mitgebracht", sagte der und hielt die Tüte hoch, um Danny zu beruhigen. „Chinesisch."

„Was wollen Sie denn hier?"

„Was meinst du denn? Sag bloß, du hast nicht damit gerechnet, dass ich mal vorbeikomme, um Hallo zu sagen?"

Ramerez bekam endlich die Tür auf, doch dann blieb er unschlüssig davor stehen.

„Du hast mir einen großen Gefallen getan", fügte Jared hinzu und grinste. „Ich wollte mich nur bedanken."

Ramerez musterte ihn misstrauisch und suchte dann Jareds Augen, als würde er darin irgendwelche Antworten finden. Dann zuckte er die Achseln. „Sie schulden mir nichts. Ihr Freund mit den roten Haaren hat mich schon bezahlt. Hat sogar noch einen Laptop draufgelegt."

Jareds Grinsen wurde breiter. Es brauchte nicht viel, jemanden wie Danny Ramerez zu kaufen, und genau aus diesem Grund konnte er ihm nicht trauen. „He, Mann, ich hab Hühnchen mitgebracht und ein paar Frühlingsrollen. Keinen Hunger?"

Er schwenkte die Tüten verheißungsvoll und machte keinerlei Anstalten zu gehen. Schließlich zuckte Ramerez abermals die Achseln und bedeutete ihm, mit in das Zimmer zu kommen, das wie eine Mischung aus Trödelladen und Müllhalde aussah. Ein Haufen schmutziger Wäsche lag auf einem fadenscheinigen Sessel, und es roch entweder nach ungewaschenen Socken oder verfaulten Eiern. Auf dem Fußboden lagen Zeitschriften und Comic-Hefte herum, in den Regalen stapelten sich leere Bierflaschen und -dosen, dazwischen zusammengeknüllte Fast-Food-Verpackungen. Auf dem Kaffeetisch lag ein offener Pizzakarton mit zwei übrig gebliebenen Stücken, deren Belag plötzlich lebendig zu werden und aus der Schachtel zu huschen schien.

Halbherzig schob Ramerez zur Seite, was im Wege stand, als wolle er für seinen Gast schnell etwas aufräumen. Während er den gröbsten Müll einsammelte, holte Jared einen großen schwarzen Müllsack aus einer seiner Tüten und begann ihn auf dem abgetretenen Linoleum inmitten des Raums auszubreiten. Ramerez hielt inne und sah ihm zu.

„Was tun Sie da?"

„Ich will hier keine Sauerei anrichten", erklärte Jared.

Ramerez lachte. „Sie machen Witze, was?"

Er kam herüber, betrachtete fragend den Plastiksack auf dem Fußboden und setzte schließlich einen Fuß darauf, tastend, als vermute er eine Falltür darunter. Jared zog das Messer aus der Tüte und durchtrennte ihm mit einem schnellen kräftigen Schnitt die Kehle. Blut spritzte auf den Plastiksack zu Ramerez' Füßen.

Reflexartig griff Ramerez nach der Wunde. Seine Finger glitten in das auseinander klaffende Fleisch, als wolle er es zusammenhalten. Mit weit aufgerissenen Augen stierte er Jared an. Schock und Entsetzen verzerrten sein Gesicht, dann brach er zusammen.

Jared sah sich in dem Raum um und entschied sich für den Sessel. Er warf die Kleider auf den Boden, vergewisserte sich, dass sich darunter keine Kakerlaken eingenistet hatten, nahm dann die andere Tüte und setzte sich. Er fingerte die Plastikgabel heraus und machte sich über das Hühnchen süßsauer her.

Mittwoch, 8. September

3. Kapitel

7.00 Uhr
Omaha, Nebraska

Melanie Starks beschleunigte ihre Schritte. Hinter dem Turm der St. Cecelia Kathedrale kam gerade die Sonne hervor. Die Tage waren bereits deutlich kürzer geworden, der Sommer neigte sich seinem Ende zu, schien aber heute noch einmal zeigen zu wollen, wozu er fähig war. Sie war gerade erst losgegangen, und schon jetzt fiel ihr das Atmen schwer. Trotz der frühen Stunde war es so schwül, dass sie dachte, man müsse die Luft schneiden können.

Sie drehte sich um und sah zurück. Früher hatte sie Sonnenaufgänge gehasst, aber inzwischen mochte sie das Schauspiel. Heute allerdings bereitete ihr der Sonnenaufgang ein ungutes Gefühl. Als ihr eine Schweißperle den Rücken hinablief, spürte sie sogar ein leichtes Schaudern. Dort, wo sich die dunklen Gewitterwolken aufzutürmen begannen, war der Himmel grau wie ein Grabstein, unterbrochen von blutroten Streifen, eine geradezu unheimliche Kombination. Sie musste daran denken, was ihre abergläubische Mutter oft prophezeit hatte: „Morgenrot, Unheil droht. Abendrot, keine Not."

Das Wetter schien ihre innere Unruhe noch zu verstärken, ihre Enttäuschung und Frustration. Ach zum Teufel, warum nannte sie es nicht beim Namen – ihre Wut. Ja, genau das war es. Sie war wütend, stinksauer. Jared war erst seit zwei Wochen draußen, und schon lief alles wieder genauso wie früher.

Sie war sauer, dass sie ihren morgendlichen Marsch seinetwegen nicht zur gewohnten Zeit machen konnte. Was für eine Anmaßung, seine Belange über ihre zu stellen! Gestern Abend hatte er angerufen und die Nachricht hinterlassen, sie solle ihn treffen, zum Frühstück. Das war typisch für ihn, er zitierte sie zu sich, als könne er sie immer noch bevormunden wie ein Kind: „Wir treffen uns im Cracker Barrel. Die Zeit ist reif."

„Die Zeit ist reif", äffte sie ihn leise nach. Sie hatte keine Ahnung, was zum Henker er damit meinte. Auch das war typisch. Immer tat er so geheimnisvoll, als wären sie Kinder, die etwas Verbotenes aushecken. Sie wusste nur, dass er irgendetwas vorhatte. Etwas Großes, hatte er behauptet, und mehr wollte er nicht sagen. So war Jared eben, ein Egomane, der ständig den Ton angeben musste. Fragen oder Bedenken akzeptierte er nicht. So war es immer gelaufen, auch mit dieser Rebecca Moore damals. Jared hatte es nicht mal für nötig gehalten, ihr irgendetwas zu erklären. Nur, dass die Polizei auf einem völlig falschen Dampfer sei, hatte er immer wieder stur behauptet. Melanie wusste allerdings, dass so etwas durchaus passieren konnte. Vor ein paar Jahren hatte sie es ja selbst erlebt.

Zügig ging sie die Straße entlang und versuchte, sich nicht weiter in ihre Wut hineinzusteigern. Aber sie konnte es einfach auf den Tod nicht ausstehen, wenn Jared ihr das Gefühl vermittelte, sie sei ihm etwas schuldig. Und dass sie während seiner Verhandlung nicht für ihn da gewesen war, machte es nicht einfacher.

Jedenfalls sah es ganz so aus, als hätte sich in den fünf

Jahren, die er im Gefängnis gewesen war, nichts geändert. Was – jedenfalls was sie betraf – natürlich nicht stimmte. Sie hatte sich verändert. Wenigstens glaubte sie das, obwohl ihr diesbezüglich nun Zweifel kamen. Warum tat sie schon wieder, was er von ihr verlangte, traf sich mit ihm, ohne Fragen zu stellen? Seinetwegen war sie von ihrem täglichen Ritual abgewichen, das für sie zu einer Art Ersatzdroge geworden war. Zuerst hatte sie sich das Rauchen abgewöhnt und das Nikotin durch Kaffee ersetzt. Vier Tassen am Morgen hatten ihr über den Nikotinentzug hinweggeholfen, und nun ersetzte ein drei Meilen langer Fußmarsch jeden Morgen das Koffein.

Sie hatte selbst erkannt, dass bei ihr eine Sucht die andere ablöste. Jeden Tag ging sie dieselbe Strecke, immer zur selben Zeit und sogar im selben Tempo. Aber jetzt musste sie einen Schritt zulegen, um nachher pünktlich zu sein. Sie fand sich damit ab, aber eine kürzere Strecke wollte sie seinetwegen nicht gehen. Sie straffte die Schultern, als sei dieser trotzige Gedanke bereits eine Auflehnung gegen ihren Bruder. Früher hatte sie es nie geschafft, sich gegen ihn durchzusetzen. Aber Jared musste doch endlich begreifen, dass sie nicht mehr das kleine Mädchen war, das er einfach so herumkommandieren konnte. Sie war eine erwachsene Frau, hatte einen Sohn. Sie hatte sich dem Leben gestellt, während es ihr vorkam, dass Jared nie erwachsen wurde. Nach seiner Entlassung war er sogar wieder zu ihrer Mutter gezogen.

Etwas Dümmeres hätte er kaum tun können. Dass ihre Mutter nicht einfach nur abergläubisch, sondern verrückt war, hatten sie schon als Kinder festgestellt, als sie anfing, sich der schwarzen Magie hinzugeben. Vielleicht erklärte das, warum sie an diese beiden Drecksäcke geraten war, von denen der eine ihr und der andere Jareds Vater war. Dass ihre Mutter durchgedreht war, ertrug Melanie leichter als eine andere Erkenntnis, die nicht weniger zutreffend war. Sie war schlicht und einfach stockdumm. Vielleicht war das der Grund für Jareds Problem. Ihr kam die Idee, ihn damit aufzuziehen, dass er nicht nur die verrückten Gene ihrer Mutter geerbt habe. Und sie wusste sofort, dass sie niemals wagen würde, ihn zu provozieren.

An der Nicholas Street bog Melanie links in die 52. Straße ab. Sie mochte die Gegend um den Memorial Park, ein Viertel mit großen Stadtvillen und gepflegten Rasenflächen. Kein Gartenzwerg weit und breit. Sie musste schmunzeln, als sie an den jüngsten Tick ihres Sohnes dachte, Gartendekorationen zu klauen, was sie gleichermaßen ärgerte wie amüsierte. Der Apfel fällt eben nicht weit vom Stamm. Und schließlich hatte sie ihm eine Menge beigebracht. Solange er noch klein war, hatte sie ihre gemeinsamen Diebestouren als Spiel ausgegeben. Jetzt wurmte es sie, dass Charlie das Stehlen ungeachtet aller Risiken und Gefahren offenbar immer noch als ein Spiel ansah. Er war wirklich ein guter Schüler gewesen, vielleicht sogar zu gut.

Er war gerade acht, als sie ihn das erste Mal mitgenommen hatte. In dem Supermarkt an der Center Street klauten sie aus der Tiefkühltruhe Hackfleisch-Packungen – arbeiteten sich aber schnell zu T-Bone-Steaks hoch – und ließen sie in seinem Schulranzen verschwinden. Charlie war bald so geschickt, dass sogar sie nicht merkte, wie er die Twinkies oder Bazooka-Kaugummis mitgehen ließ, bis sie später neben ihrer Beute auf dem Küchentisch landeten.

Er war wirklich ein Naturtalent. Mit seinem blassen Babygesicht und dem leicht schiefen Lausbubengrinsen kam er selbst heute noch, neun Jahre später, fast immer durch.

Sie hatte damit angefangen, weil sie sich mit ihren lausigen Gelegenheitsjobs nicht über Wasser halten konnte. Um zu überleben. Und was machte es schon, wenn Charlie diese albernen Gartenzwerge stahl, solange er auch genügend Lederjacken oder CD-Player anschleppte, damit sie die Miete zahlen konnten. Er schien den Nervenkitzel zu brauchen, und so sagte sie auch nichts, als er damit anfing, Autos kurzzuschließen, bevorzugt Saturns. Auch so ein Tick. Vielleicht war es seine sorglose Unbefangenheit, die ihn davor bewahrte, geschnappt zu werden. Sie fürchtete allerdings, es hatte mehr mit Glück zu tun. Ihre Glückssträhne hielt nun schon eine ganze Weile, aber eines Tages würde sie zu Ende sein. Doch diesen Gedanken verscheuchte sie lieber.

Glück und günstige Gelegenheiten, das waren ihre Fahrkarten aus dem stinkenden Drecksloch gewesen, in dem sie aufgewachsen war. Vor zehn Jahren war sie nach Dundee gezogen, ein netter Stadtteil, in dem überwiegend Familien wohnten. Es war ein gutes Viertel, wenn auch längst nicht so nobel wie dieses hier, dachte sie und sah sich um. Ob die Menschen, die hinter diesen großen, imposanten Türen lebten, sie verstehen könnten? Wohl kaum. Sie führte ein Leben, das sich diese Leute mit ihren polierten schwarzen BMWs und Lexus-Geländewagen in den Einfahrten sicher nicht einmal vorstellen konnten. Hier fehlte nirgends eine Kühlerhaube, und an keiner Karosse entdeckte sie einen Rostfleck. Hier war die Welt noch in Ordnung.

Sie entdeckte nur einen einzigen Pick-up am Straßenrand, einen Chevy, und noch bevor sie den ramponierten Anhänger sah, wusste sie, dass er zu einem Gärtnerei-Service gehörte. Dann sah sie die beiden jungen Männer, die auf den Knien in dem Vorgarten des Hauses arbeiteten. Mit großen Scheren schnitten sie das Gras entlang des makellos weißen Gartenzauns. Offenbar war es nicht möglich, dem wuchernden Grünzeug mit ihren technischen Gerätschaften beizukommen. Oder sie hatten einfach Angst, sonst das Holz zu beschädigen.

Beinahe hätte Melanie den beiden Jungs – sie mochten kaum älter sein als Charlie – ein Lächeln zugeworfen, doch sie unterdrückte den Impuls. Denn sonst hätten sie sofort gewusst, dass sie nicht hierher gehörte, dass sie es sich niemals würde leisten können, jemanden für die Pflege eines Gartens zu bezahlen. Also sah sie unbeteiligt geradeaus, als sie an ihnen vorbeiging, als würde sie die beiden Jungs mit den bloßen schwitzenden Oberkörpern nicht zur Kenntnis nehmen.

Sie sah auf ihre Armbanduhr, eine elegante Movado mit schwarzem Zifferblatt und einem einzelnen Diamanten, die Charlie ihr zum Muttertag geschenkt hatte. Sie fragte schon längst nicht mehr nach, woher er die Sachen hatte. Unwillkürlich kam ihr der Gedanke, dass, wenn schon nicht sie selbst, wenigstens ihre Uhr in diese Gegend passte.

Dann erreichte sie den Ahorn, dem das Gewitter in der letzten Woche arg zugesetzt hatte. Er hatte einmal eindrucksvoll ausgesehen, doch jetzt schien nur noch sein Stamm intakt zu sein. Der Sturm hatte die Äste abgerissen, und die, die übrig geblieben waren, wirkten nun wie zwei Arme, die sich hilflos in Richtung Himmel streckten. Jemand hatte ein Pappschild an den Stamm genagelt. „Hoffnung ist das Federding", stand darauf, und dann in kleinerer Schrift: „Emily Dickinson".

Melanie musterte das Haus, zu dem der Baum gehörte, ohne ihren Schritt zu verlangsamen. In Gedanken wiederholte sie den Satz, „Hoffnung ist das Federding", und schnaubte dann verächtlich. Was zum Teufel sollte das heißen? Und außerdem, was wussten Leute, die hier lebten, schon von Hoffnung? Welche Probleme konnten die schon haben, die sich nicht mit Geld regeln ließen?

Sie dachte daran, was Jared immer sagte: Leute, die Geld haben, haben nicht die geringste Ahnung von den Leuten, die keins haben.

Melanie hielt inne, drehte sich um und sah zu dem Baum zurück. Selbst aus einem Block Entfernung noch stach er heraus, als gehöre er nicht in diese malerisch perfekte Umgebung.

„Hoffnung ist das Federding", wiederholte sie noch einmal und verstand den Satz immer noch nicht. Wollte da jemand witzig sein? Oder etwa kundtun, dass er über dieses hässliche Ding in seinem Garten erhaben war? Es konnte doch niemand ernsthaft glauben, dass Hoffnung den Ahorn retten würde. Aber warum verschwendete sie überhaupt ihre Gedanken daran? Eins wusste sie jedenfalls mit Sicherheit: Nur Leute in solchen Häusern mit ihren BMWs vor der Tür konnten es sich leisten, auf Hoffnung zu vertrauen. Menschen wie sie, Charlie und Jared verließen sich lieber auf ihr Glück. Mit etwas Glück konnte man sein Leben verändern. Sie und Jared waren aus demselben stinkenden Loch gekrochen. Aber das war auch das Einzige, das sie verband.

Sie sah wieder auf die Uhr. Vielleicht hatte sich in den letzten Jahren ja doch nicht so viel verändert, wie sie geglaubt hatte. Sie beschleunigte ihre Schritte. Es wäre nicht klug, Jared warten zu lassen.

4. Kapitel

7.15 Uhr

Jared Barnett hatte den Wagen ein Stück entfernt geparkt und beobachtete ihr Haus von der anderen Straßenseite aus. Er war schon einmal hier gewesen, allerdings in der Nacht, um die Lage zu peilen. Erleichtert hatte er festgestellt, dass es keinen Hund gab, nicht einmal eine Hundehütte hinter dem Haus. Dafür lag haufenweise bläulich schimmernder Kies herum, der noch nicht richtig auf dem neu angelegten Weg verteilt war. Er erinnerte sich deshalb so gut daran, weil er befürchtet hatte, das Knirschen unter seinen Füßen könne die Nachbarn wecken.

Er fragte sich, warum sie wohl in diesen alten zweigeschossigen Kasten mitten in Omaha gezogen war, wo sie sich doch gut und gerne ein schickes neues Haus in einem der besseren Vororte im Westen der Stadt leisten konnte. Für ihn allerdings war dieses Viertel günstiger. Hier war mehr Verkehr, also fiel es nicht auf, dass ein Auto am Straßenrand parkte. Wer ihn zufällig sah, würde denken, dass er auf eine Freundin aus einem der Apartments auf der anderen Straßenseite wartete.

Er griff nach dem Handy, klappte es auf und hielt kurz inne. Dieses hier würde er vielleicht behalten. Er hatte ein kindliches Faible für technische Spielereien. Zwar hatte er nicht den Schimmer einer Ahnung, wozu die meisten Funktionen gut sein sollten, aber es machte ihm Spaß, mit dem Ding Leute zu fotografieren, ohne dass sie es merkten. Die Fotos ließen sich auch zusammen mit einer Telefonnummer speichern und erschienen dann auf dem winzigen Display, wenn er die entsprechende Nummer drückte oder die betreffende Person ihn anrief. Total cool.

Schon nach einigen Tagen hatte er sämtliche Speicherplätze belegt gehabt. Dumm war nur, dass er nicht wusste, wie er sie wieder löschen konnte. Das war das Problem bei geklauten Handys, es lag keine Gebrauchsanleitung dabei. Und durch bloßes Probieren hatte er die Lösung noch nicht gefunden.

Er gab eine Nummer ein, betrachtete das Display und hätte fast losgeprustet, als das Foto auftauchte. Er hatte ihn mit vollem Mund zwischen zwei Bissen von seinem Cheeseburger erwischt. Das gefiel ihm, denn auf diese Weise seine Privatsphäre verletzt zu haben, wenn auch bloß für eine Sekunde und nur mit Hilfe dieses technischen Wunderdings, gab ihm das Gefühl von Macht.

„Ja?" hörte ihn Jared anstelle seines Namens sagen und gab sich Mühe, betont cool zu klingen.

„Hast du es erledigt?"

„Ich habe dir doch gesagt, dass ich mich darum kümmere." Er klang so, als ginge es um nichts, das sonderlich wichtig wäre.

„Wenn du so weit bist, weißt du, wo du mich findest, okay?"

„Mach dir mal keine Sorgen."

„Gut." Jared beendete das Gespräch, doch noch bevor er das Handy ausschalten konnte, klingelte es. Hatte er irgendwas falsch gemacht? Doch dann sah er den Anrufer auf dem Display und stöhnte. „Was ist?"

„Es muss heute sein!"

Jared seufzte sein bestes Geh-mir-nicht-auf-die-Eier-

Seufzen. Dann erwiderte er: „Ich habe Ihnen gesagt, die Sache geht klar."

„Genau das haben Sie letzte Woche auch schon gesagt."

„Letzte Woche ging es nicht."

„Ich bin es leid, noch länger zu warten. Heute ist ideal, warum erledigen Sie es nicht jetzt?"

„Ich weiß. Ich kümmere mich darum, verdammt. Und rufen Sie mich nicht wieder an."

Er klappte das Handy zu und schaltete es aus.

Er mochte es überhaupt nicht, wenn jemand versuchte, ihn unter Druck zu setzen. Und er hatte es satt, die Probleme anderer auszubaden. Er würde diesmal jedenfalls keine Probleme haben, dafür hatte er gesorgt. Er fingerte die Kassette aus der Tasche seines Overalls und betrachtete sie zufrieden. Erstaunlich, wie viel Macht ihm dieses Band verschaffte. Er hatte diesem Arsch nicht nur unbemerkt das Handy geklaut, sondern heimlich auch ihr Gespräch aufgenommen, einschließlich sämtlicher Instruktionen.

Als die Haustür aufging, zog er sich die Baseballkappe tiefer in die Stirn und hielt das Handy ans Ohr, wie ein harmloser Autofahrer, der am Straßenrand seine Telefonate erledigte, während er auf jemanden wartete.

Ein großer, kräftiger Italiener – ihr Ehemann – trat aus dem Haus, in der einen Hand eine Aktentasche, in der anderen einen großen Pullmann-Koffer. Ausgezeichnet. Ihr Göttergatte ging auf Reisen. Demnach schien dies tatsächlich der perfekte Tag zu sein. Dem Mann folgte ein kleines Mädchen. Die beiden luden das Gepäck ins Auto und stiegen dann ein. Schließlich kam auch sie heraus, suchte den richtigen Schlüssel und schloss ab.

Ja, das Timing war perfekt. Jared zog den Reißverschluss seines Overalls zu, obwohl ihm der Stoff schon an der Haut klebte. Er bereute inzwischen, nichts darunter zu tragen, denn die Nähte scheuerten an seinen schweißnassen Oberschenkeln. Der Geländewagen setzte rückwärts aus der Einfahrt, und als er schließlich außer Sichtweite war, zog Jared Schuhe und Socken aus. Diesmal würde er keinerlei Risiko eingehen.

5. Kapitel

8.30 Uhr
Flughafen Eppley

Grace Wenninghoff hielt ihre Ledermappe an die Brust gedrückt und sah zu, wie ihr Mann sich von ihrer vierjährigen Tochter verabschiedete. Vince war in die Hocke gegangen, hatte ungeachtet seines teuren Anzugs ein Knie auf den Boden gesetzt und musste sich trotzdem noch niederbeugen, um mit seiner Tochter auf gleicher Augenhöhe zu sein.

„Ich sehe dich dann in zehn Tagen wieder", sagte er.

„Nicht, wenn ich dich vorher sehe", konterte die Kleine und musste kichern, als Vince die Brauen hochzog, die Hand in die Taille stemmte und so tat, als wäre er jetzt völlig verblüfft.

Die gleiche Szene spielte sich vor jeder Reise ihres Mannes ab, und während des letzten Jahres hatte sie leider zu oft Gelegenheit gehabt, die beiden dabei zu beobachten. Anfangs hatte sich Grace manchmal gewünscht, an dem Ritual teilzuhaben, bis ihr bewusst geworden war, dass sich darin Traurigkeit und auch ein Anflug von Angst ausdrückten.

Vince richtete sich wieder auf und griff sich dabei in die Kreuzgegend, eine scheinbar unbedeutende Bewegung, die einer aufmerksamen Ehefrau jedoch nicht entging.

„Hast du deine Advil-Tabletten auch nicht vergessen?" fragte sie ihn, als sie ihm zum Abschied einen Kuss auf die Wange gab.

„Das nennst du einen Abschiedskuss?" fragte er scherzhaft, sah dann seine Tochter an und verdrehte theatralisch die Augen. Emily kicherte.

„Es ist ein elfstündiger Flug", erinnerte Grace ihn mit ernster Miene und ließ sich nicht von dem verspielten Theater der beiden ablenken. Er zog sie dicht an sich heran und flüsterte ihr ins Ohr: „Bist du sicher, dass du allein zurechtkommst?"

Sie wusste, dass die Besorgtheit, die sich in seiner Frage ausdrückte, nicht nur ihr, sondern vor allem Emily galt. Allerdings entwickelte sich ihre Tochter inzwischen zu einem altklugen Wildfang, was er entweder nicht bemerkte oder aber bewusst ignorierte. Ihr wäre es gar nicht unlieb, Emily würde etwas weniger unbekümmert aufwachsen, wenn sie das davon abbrachte, etwa in ihrem Garten nach Schlangen und Heuschrecken zu jagen, die sie dann in ihr Planschbecken warf, um zu sehen, ob sie schwimmen konnten. Manchmal fragte sie sich jedoch auch, wen ihr Mann wirklich vor den harten Fakten des Lebens schützen wollte, Emily oder sich selbst.

„Ich komme schon zurecht." Sie wich ein wenig zurück, um ihm in die Augen sehen zu können. Er sollte merken, dass es ihr ernst war. „Was sind schon die paar Umzugskisten. Wenn du zurückkommst, sind sie ausgepackt, und ich habe das Haus fertig eingerichtet."

„Das habe ich nicht gemeint", wandte er ein und legte die Stirn in Falten. Sein Blick war nun nicht mehr schelmisch, sondern wirkte besorgt.

„Was? Kann ich nicht mal einen Scherz machen? Okay, ich gebe ja zu, dass es länger als zehn Tage dauert, das alles auszupacken."

Natürlich wusste sie, dass sich seine Frage auf ihr Problem mit Jared Barnett bezogen hatte. Sie hatte den Fehler gemacht, ihm zu erzählen, dass sie Barnett am Tag zuvor im Gerichtssaal gesehen hatte. Zum Glück hatte sie nicht auch noch die Begegnung vor der Reinigung erwähnt. Vince neigte dazu, sich viel zu schnell Sorgen zu machen. Insgeheim fürchtete er, irgendein Mistkerl, den sie ins Gefängnis befördert hatte, könne eines Tages bei ihnen auftauchen, um sich zu rächen. Tatsächlich brachte es ihr Beruf mit sich, dass gelegentlich anonyme Drohungen bei ihnen eingingen. Bisher war es allerdings immer dabei geblieben. Das war eben das Risiko, das ihr Beruf als Bezirksstaatsanwältin mit sich brachte.

„Ich möchte nur einfach nicht, dass du dich ängstigst", sagte Vince. „Du darfst nicht anfangen, jeden Schatten für diesen Mann zu halten." Er streckte seine Hand nach Emily aus und beendete damit den ernsten Teil des Gesprächs. Aber Emily hatte wohl schon genug mitbekommen, und Grace schwante, dass sie ihre Fragen abfeuern würde, sobald sie im Auto saßen.

Im Gegensatz zu Vince versuchte sie stets aufrichtig zu ihrer Tochter zu sein. Trotzdem vermied sie natürlich alles, was die Kleine unnötig ängstigen könnte, und sie hoffte inständig, Emily würde von der harten Realität ihres Jobs möglichst wenig mitbekommen. Seit sie in der Vorschule war, waren ihre Fragen ohnehin schon bedrängender geworden. Erst letzte Woche hatte sie wissen wollen, warum Grace einen anderen Nachnamen trug als sie und ihr Vater. Grace erinnerte sich gar nicht mehr genau, wie sie sich aus der Affäre gezogen hatte, aber irgendwie war es ihr gelungen. Wie sollte ein vierjähriges Kind denn verstehen, dass der andere Name ihrem Schutz diente? Sollte es doch einmal jemand darauf absehen, sich an ihr zu rächen, musste er ja nicht gleich auf Vince und Emily stoßen.

„Mach dir keine Sorgen", erwiderte sie und drückte Vince die Hand. „Es ist alles okay. Das ist es doch immer, oder?"

Er lächelte und schien beruhigt. Dass sie die ganze Zeit über die Ankommenden und Abreisenden beobachtet hatte, um sich zu vergewissern, dass Jared Barnett nicht darunter war, hatte er nicht bemerkt.

6. Kapitel

9.50 Uhr
Interstate 80

Andrew Kane nutzte die Lücke, trat aufs Gaspedal und wechselte auf die Überholspur. Allmählich gewöhnte er sich daran, nur mit einer Hand zu lenken. Er sah auf den Tacho, obwohl das eigentlich überflüssig war, denn der Verkehr war so zäh, dass er auch auf der Überholspur nur mit fündundvierzig Meilen vorankam. Aber der kurze Blick auf die Nadel war zu einer Art Reflex geworden, gegen den er scheinbar machtlos war. Das wurmte ihn, denn durch seine Einschränkung fühlte er sich in dem dichten Verkehr unsicher und wollte die Augen lieber auf der Straße behalten. Andererseits lief er so wenigstens nicht Gefahr, seinen Schlamassel noch durch einen Strafzettel wegen Geschwindigkeitsübertretung zu vergrößern.

Seit er den knallroten Saab 9-3 vom Hof des Händlers gefahren hatte, schien der Wagen das Polizeiradar wie magisch anzuziehen. Vielleicht war das ja die Strafe dafür, dass er sich diese herrliche Protzerei erlaubt hatte. Als müsse er etwas erklären, hatte er sich auch noch für das Kennzeichen A WHIM – eine Laune – entschieden. Warum konnte er den Wagen nicht einfach als die wohl verdiente Belohnung ansehen, die er war? Nachdem er sich sechs Jahre von einem Überziehungskredit zum nächsten gehangelt hatte, konnte er nun endlich die Früchte seiner Arbeit ernten. Weniger prosaisch ausgedrückt hieß das, dass die Honorarabrechnung für seine inzwischen fünf

Romane in diesem Jahr beträchtlich ausgefallen war. Das Auto symbolisierte für ihn, dass die Zeit des Strampelns der Vergangenheit angehörte, und gleichzeitig kam es ihm wie das materialisierte Versprechen einer besseren Zukunft vor.

Er sah in den Rückspiegel. Der Verkehr floss so gleichmäßig, dass er es wohl wagen konnte, die steife Baumwollbandage um seinen Hals und die Schultern etwas zu lockern. Das Ding drohte ihn zu ersticken. Es kratzte bei dieser Hitze wie verrückt und machte ihn fast wahnsinnig. Zwar hatte ihm der Arzt prophezeit, er würde das Gestell nach einer Weile gar nicht mehr spüren, doch inzwischen waren drei Wochen vergangen.

Der rechte Arm war praktisch an seinen Oberkörper gefesselt, und auch das Versprechen des Arztes, es würde ihm bald vorkommen, als habe er nie einen zweiten Arm gehabt, konnte er nicht recht nachvollziehen. Der Mann hatte sich offenbar noch nie das Schlüsselbein gebrochen und ohne die wichtige Hand, den entsprechenden Arm, ja eigentlich ohne die ganze rechte Körperseite auskommen müssen.

Er tat seinen Unfall gern als schlichten Sturz mit dem Fahrrad ab, aber insgeheim sah er die Verletzung als Bestätigung der ernüchternden Erkenntnis, dass es mit seinem dreiundvierzigjährigen Körper bergab ging. Anscheinend waren hoher Blutdruck und gebrochene Knochen ebenso der Preis für die jahrelange harte Arbeit wie sein Erfolg. Sein Arzt hatte den Unfall jedenfalls als Alarmsignal gedeutet: „Dämmen Sie den Stress ein, schreiben Sie weniger."

Andrew schüttelte den Kopf, als er daran dachte. Vielleicht sollte er sich einen anderen Arzt suchen. Er warf einen Blick zur Seite auf die abgegriffene Ledertasche auf dem Beifahrersitz. Sie hatte ihn während der Arbeit an allen fünf Romanen begleitet. Ein Geschenk von Nora – damals, als sie an ihn geglaubt hatte und daran, dass er es schaffen würde. Das war, bevor sie begriff, was es bedeutete, wenn man einen Traum wahr werden lassen wollte: Schulden, Quälerei und Verzicht. Verzicht vor allem auf Ehe und Kinder. Sie hatte ihm vorgeworfen, sich hinter seiner Arbeit zu verstecken, um nur ja keine feste Bindung eingehen zu müssen. Er hatte das lächerlich genannt und abgestritten. Er fühlte sich unverstanden. Erst als sie aus seinem Leben verschwunden war, wurde ihm langsam klar, dass sie vielleicht Recht gehabt hatte. Möglicherweise hatte er wirklich die Tendenz, Menschen aus Angst vor zu viel Nähe auf Distanz zu halten. Oft lebte es sich so weitaus einfacher. Und wenn er ehrlich war, dann war er tatsächlich am liebsten allein.

Normalerweise war die Tasche prall gefüllt mit Manuskriptseiten, oft übersät mit roten Korrekturen, die Ecken umgeknickt, an den Rändern Ringe von Kaffeebechern oder Rotweingläsern. Doch heute war sie schlaff und dünn, mit kaum genügend Inhalt, als dass sie würde stehen können. Wann hatte es bloß angefangen, dass das Schreiben so schwierig wurde? Wann war aus der Freude am Erfinden harte Arbeit geworden, die Erfüllung seines Traums zur Tortur? Stundenlang saß er am Schreibtisch, lief auf und ab, setzte sich wieder vor den Spiralblock, doch die Seiten blieben leer. Die weißen, blau linierten Blätter schienen ihn einfach nur anzustarren und sich über ihn lustig zu machen.

„Achten Sie besser auf sich, Sie wissen doch, dass die Veranlagung für Herzerkrankungen bei Ihnen in der Familie liegt. Wie alt war Ihr Vater? Achtundsechzig? Neunundsechzig?"

Er hatte nur genickt und darauf verzichtet, ihn zu korrigieren. Sein Vater war mit dreiundsechzig an einem Herzanfall gestorben. Er war nur zwanzig Jahre älter als er heute. Ja, wenn er zurück wäre, würde er sich einen neuen Arzt suchen.

Er konzentrierte sich auf die Straße, da er schon wieder in einen Baustellenbereich kam. Eine endlose Schlange roter Punkte, Rücklichter, so weit das Auge reichte. Noch ein Stau. So würde er nie zum Platte River State Park kommen. Aber warum sollte er sich unnötigen Stress bereiten? Er hatte die Hütte für zwei Wochen gemietet. Wozu sollte er sich abhetzen, wenn er vielleicht doch nur dort saß, auf den glitzernden See starrte und feststellen musste, dass er ihn nicht mehr inspirierte? Aber so weit durfte es nicht kommen. Es musste jetzt endlich der Umschwung kommen, dieses Mal wollte er es wissen.

Inzwischen konnte man meinen, die Überholspur sei zur Standspur geworden, und ein Ende des Staus war nicht in Sicht. Dafür begannen sich im Westen Gewitterwolken aufzutürmen. Auch das noch. Er hatte gehofft, noch etwas Zeit zum Angeln zu haben, bevor Tommy kam. Kaum zu glauben, dass sein Freund, der sonst mit allen Wassern gewaschene Detective Tommy Pakula, noch nie Angeln gewesen war. Endlich mal etwas, das er *ihm* zeigen konnte. Gewöhnlich war es umgekehrt. Tommy war seine Quelle, wenn er Einzelheiten über kriminalistische Ermittlungen brauchte, um die Polizeiarbeit in seinen Krimis glaubwürdig und authentisch schildern zu können.

Der Motor des Saab wurde heiß. Andrew überlegte, ob er die Klimaanlage ausschalten solle, doch dann stellte er zwei Düsen so ein, dass ihm die kühle Luft direkt ins Gesicht blies, und lehnte sich zurück. Er musste sich entspannen. Seine Schulter schmerzte, daran hatte er sich inzwischen schon fast gewöhnt, aber heute fühlte sich zudem auch sein Kopf noch so an, als würde er jeden Moment explodieren. Wahrscheinlich der Blutdruck.

Er blickte noch einmal in den Rückspiegel und sah seine blauen Augen hinter den Brillengläsern. Die Brille war neu. Noch ein Tribut, den er seinem Erfolg zollen musste. Das Ergebnis zu vieler Arbeitsstunden am Bildschirm. In letzter Zeit erinnerten ihn seine Augen häufig an die seines Vaters. Dasselbe Blau, das sich je nach Stimmung blitzschnell ändern konnte.

Die Augen seines Vaters waren mit den Jahren immer kälter geworden. Verrat, Kränkungen, Enttäuschungen, sein Dad hatte immer eine Erklärung parat gehabt, warum er nie zu den Gewinnern im Leben gezählt hatte. Immer war irgendetwas oder irgendjemand Schuld daran gewesen, dass er nie zum Zuge gekommen war. Das Leben ist nicht fair, das war sein Mantra, und dass er bei der Verteilung von Erfolg und Glück stets übersehen wurde, sah er als ein Naturgesetz, gegen das jedes Aufbegehren zwecklos war.

Andrew hatte nie so werden wollen. Doch nach der Trennung von Nora war er ebenfalls von dem Gefühl der Kränkung und Enttäuschung übermannt worden. Sie hatte ihn verlassen, als er ganz unten war, bevor er endlich seinen ersten Verlagsvertrag bekam. Aber konnte er es ihr tatsächlich verübeln, dass sie gegangen war? Dass das Scheitern ihrer Beziehung seine und nicht ihre Schuld gewesen war, konnte er sich inzwischen eingestehen.

Manchmal fragte er sich, ob es wohl eine Art Karma war, dass er sein Leben immer wieder selbst torpedierte. Insgeheim befürchte er, genau wie es sein Vater immer getan hatte, dass ihm Glück und Erfolg sofort wieder genommen würden, kaum hatte sich das Ersehnte eingestellt. Lag die tiefere Ursache seiner Schreibblockade etwa in diesem chronischen Pessimismus? Wollte er unbewusst den Erfolg, den er jetzt als Romanautor hatte, sabotieren?

„Sei vorsichtig mit dem, was du dir wünschst", hatte sein Vater ihn oft gewarnt, meist nach etlichen Whiskeys. „Du könntest es eines Tages bekommen, und vielleicht stellst du dann fest, dass es dir nicht gefällt."

Andrew schüttelte den Kopf und sah noch einmal in den Rückspiegel. Nein, er war nicht so wie Dad. Ein Leben lang hatte er sich gegen dessen negative Einstellung gewehrt und sich bemüht, die Welt anders zu sehen. Und trotzdem waren es die Augen seines Vaters, die ihn jetzt ansahen, als wollten sie ihn warnen.

7. Kapitel

10.03 Uhr
Cracker Barrel

Melanie sah ihn schon, als sie auf den Parkplatz fuhr, und unwillkürlich zog sich ihr Magen zusammen. Sie wusste, dass Jared nicht gerne wartete. Er saß in einem hölzernen Schaukelstuhl, ganz am Ende der Veranda des Restaurants.

Sie sah auf ihre Armbanduhr und stellte erleichtert fest, dass sie pünktlich war. Okay, vielleicht eine Minute zu spät, aber nicht mehr. Jared hatte es sich bequem gemacht und die Füße auf das Geländer gelegt, als mache er ein Nickerchen. Doch sie wusste, dass er sauer war, weil nicht sie zuerst da gewesen war und auf ihn wartete. Und erst recht, weil sie jetzt noch nicht mal mit quietschenden Reifen vorfuhr. Mit anderen Worten, weil sie nicht mehr das kleine Mädchen war, das zu ihrem großen Bruder aufschaute, ständig bemüht, ihm zu gefallen. Das kleine Mädchen wäre pünktlich, nein, sogar vor der Zeit hier gewesen.

Er nickte zur Begrüßung, ohne sie wirklich anzusehen. Irgendwie wirkte er verändert. Darauf war sie nicht vorbereitet. Er grinste, und das war kein gutes Zeichen. Jared grinste nur in bestimmten Situationen, und keine davon hatte etwas mit Freude oder Heiterkeit zu tun. Dieses Grinsen hieß: Ich hab jetzt was gut bei dir, du stehst in meiner Schuld. Hätte sie noch Appetit gehabt, was ohnehin nicht der Fall war, wäre er ihr spätestens jetzt vergangen.

Ohne jeden Anflug von Eile nahm er erst den einen Fuß vom Geländer und ließ ihn mit einem dumpfen Aufprall auf dem Holzfußboden landen, dann den anderen. Er stemmte sich aus dem Schaukelstuhl und griff nach dem Rucksack, den Melanie erst jetzt bemerkte.

„Der gehört Charlie", sagte sie anstelle einer Begrüßung und deutete auf das abgewetzte blau-violette Ding mit den schwarz-weißen Aufnähern an den Ecken. Das verschlissene alte Teil würde sie überall erkennen. Natürlich könnte sich Charlie einen neuen klauen – zum Teufel, er könnte ein Dutzend klauen –, aber der Junge schleppte dieses Ding nun schon so lange mit sich herum, fast wie der bemitleidenswerte Charlie Brown seine alte Schmusedecke, ohne die er sich nicht sicher fühlte in der großen kalten Welt. Oder war das Linus gewesen? Egal, einer dieser ballonköpfigen Jungs aus dem Comicstrip *Peanuts* jedenfalls. Charlie, der sich vor nichts und niemand fürchtete, schien diesen alten Segeltuch-Rucksack zu brauchen wie Superman sein rotes Cape. „Ist er auch hier?" fragte sie und sah sich um, ohne aber den Pick-up ihres Sohnes auf dem Parkplatz zu entdecken.

„Nein", erwiderte Jared. Er hatte sein Grinsen eingestellt und verzichtete auf weitere Erklärungen. „Aber er wird gleich kommen."

Wie zur Bestätigung warf sich Jared den Rucksack mit ausholender Bewegung über die Schulter, als wolle er ihr demonstrieren, dass er schließlich einen guten Köder besaß. Aber das war ein lächerlicher Gedanke. Charlie liebte seinen Onkel, er sah zu ihm auf wie zu einem Vater. Er hatte Jared sogar im Gefängnis besucht, während sie sich nie dazu hatte überwinden können. Sie hatte sich mit dem

Telefon und ein paar Briefen begnügt. Natürlich hatte sie nichts gegen die Besuche einzuwenden gehabt. Sie wusste, dass Charlie eine Vaterfigur brauchte, denn von der Trauergestalt, die sein leiblicher Vater war, konnte er kaum lernen, wie man zum Mann wurde.

„Ohne dieses Ding geht er nie los", sagte sie, als hätte sie Jareds Bemerkung nicht gehört. Sie konnte sich nicht vorstellen, dass Charlie seinen Rucksack freiwillig zurückgelassen hatte – nicht einmal bei Jared –, da er das komplette Sortiment seiner „Wertgegenstände" enthielt, wie Charlie das nannte. „Weißt du, wo er steckt?"

„Er erledigt was für mich."

Jared ging vor in das Restaurant, ohne ihr die Tür aufzuhalten. Ein grauhaariger Mann mit einer gebeugt gehenden Frau auf dem Weg nach draußen warf ihm einen empörten Blick zu. Doch solche Tadel waren an Jared verschwendet. Er bemerkte sie nicht einmal, Melanie wusste das. Doch Jareds Unhöflichkeit machte ihr nichts aus. Sie brauchte keinen Mann, der ihr die Türen aufhielt.

Was ihr schon eher etwas ausmachte, war Jareds Schweigen. Er ließ sie wieder einmal im Ungewissen. Seit seiner Entlassung hatte er nicht viel geredet, als verheimliche er etwas.

Die Kellnerin führte sie an einen Tisch in der Mitte des Raumes, doch Jared ging weiter zu einer Nische am Fenster. Er warf den Rucksack in die Ecke der Bank und rutschte dann auf den Platz an der Wand, ehe die Frau reagieren konnte.

„Der ist doch nicht besetzt, oder?" Er faltete die Serviette auseinander und legte das Besteck zurecht, während die Kellnerin ihn nur anstarrte.

„Nein, das nicht, aber wir ..."

„Großartig. Können wir die Speisekarte haben" – er schaute auf ihr Namensschild –, „Annette?" Er streckte die Hand nach den Karten aus, und Annette gehorchte augenblicklich. Dunkles Rot kroch ihr aus dem Spitzenkragen den Hals hinauf bis zu den Wangen.

Melanie nahm Jared gegenüber Platz. So hatte er das schon gemacht, als sie noch Kinder waren. Er las die Namensschilder, die sie nie beachtete, und überrumpelte die Leute dann, indem er sie mit ihrem Vornamen ansprach, als würde er sie kennen. Damals hatte sie das cool gefunden, regelrecht erwachsen. Doch was ihr einmal charmant vorgekommen war, schien ihr jetzt purer Sarkasmus zu sein.

Aber was hatte sie eigentlich für ein Problem? Warum musste sie hinter allem und jedem stets etwas Negatives vermuten? Schließlich waren sie und Jared vom selben Blut, eine Familie. Und all die Geheimnisse, die sie teilten, machten sie darüber hinaus zu einer verschworenen Gemeinschaft. Vor langer Zeit hatten sie sich gelobt, immer füreinander da zu sein. Sie war es gewesen, die das Versprechen gebrochen hatte. Nicht nur, indem sie ihn im Stich gelassen hatte, als er sie brauchte. Hätte sie ihm ein Alibi verschaffen können, wäre er nicht fünf Jahre seines Lebens im Gefängnis versauert.

Ich stehe tatsächlich in seiner Schuld, dachte sie, als Jared die Speisekarte zuklappte. Während er darauf wartete, seine Bestellung loszuwerden, säuberte er sich mit der Gabel die Fingernägel.

Plötzlich hellte sich sein Gesicht auf. Doch galt das nicht ihr, sondern jemandem, der hinter ihr auftauchte.

Sie drehte sich um und erwartete, die Kellnerin zu sehen. Stattdessen schlängelte sich Charlie zwischen den Tischen hindurch. Er stieß mit einem Gast zusammen und entschuldigte sich, verdrehte jedoch in Richtung Jared die Augen, als sei der ältere Mann selbst Schuld an dem Zusammenprall, weil er ihm im Weg gestanden hatte.

Offenbar vergaß Charlie in Jareds Gegenwart in dem ständigen Bemühen, seinem Onkel zu gefallen, seine Manieren. Er wusste genau, wie er sich Jareds Gunst erwarb, und es ärgerte sie, wenn er sich für ihn zum Idioten machte. Manchmal führte er sich geradezu auf wie ein kleiner Hund, der für sein Herrchen Stöckchen holt. Dabei sollte er über dieses kindische Gehabe doch eigentlich inzwischen hinaus sein.

Sie käme nicht im Entferntesten auf den Gedanken, Charlie für ein Wunderkind zu halten, aber der Junge war clever und gerissen. Zu gerissen, dachte sie manchmal. Er beherrschte es unnachahmlich, andere Menschen einzuwickeln und zu manipulieren. Dabei kam ihm sein Aussehen zugute, denn mit seinem neckisch in alle Richtungen abstehenden roten Haar, den unwiderstehlichen Sommersprossen und seinem jungenhaften, leicht schiefen Grinsen musste man diesen schlaksigen Bengel einfach mögen.

Würde er jetzt noch lernen, sich vernünftig anzuziehen, wäre sie zufrieden. Sie hatte mit ihren Versuchen, es ihm beizubringen, offenkundig keinen Erfolg gehabt. Er trug wieder die alten, ausgebeulten Jeans, die sie längst hatte wegwerfen wollen, und das schwarze T-Shirt mit dem Aufdruck „Und was, wenn das Leben nur ein Witz ist?"

Dass er etwas unter dem Arm hielt, merkte sie erst, als er mit seinem schiefen Grinsen vor ihnen stand.

„Hier ist er", sagte er und reichte Jared das hässliche Ding mit einer Geste, als handele es sich um den Goldschatz, den Indiana Jones wilden Eingeborenen und fiesen Nazi-Schergen abgejagt hatte. „Wozu wolltest du noch einen? Was hast du denn mit dem von gestern gemacht?"

Melanie konnte es nicht fassen. War es tatsächlich das, was Jared Charlie hinter ihrem Rücken für sich hatte erledigen lassen? Was zum Teufel sollte das bedeuten? Wollte Jared vielleicht einfach nur Charlies Loyalität testen? Was für ein dummes Spiel trieben die beiden da? Denn es musste ein Spiel sein, warum sonst sollte Jared Charlie in seinem Tick ermutigen und ihn Gartenzwerge klauen lassen?

8. Kapitel

10.24 Uhr
Logan Hotel

Im dritten Stock gönnte sich Max Kramer eine Pause und schnappte Luft. Schweiß rann ihm über Stirn und Gesicht und tropfte von seinem Kinn. Dieses gottverdammte Gebäude hatte keine Klimaanlage. Aber was erwartete er auch von einer Absteige, in der die Sicherheitstür durch einen Abfalleimer offen gehalten wurde? Der Fahrstuhl funktionierte nicht, und zu allem Überfluss wohnte Carrie Ann Comstock in der fünften Etage.

Er zog das Jackett aus, nahm es über den Arm und lockerte die Krawatte. Er hatte einen frisch gebügelten Anzug angezogen, der sich jetzt allerdings wie ein ausgewrungener nasser Lappen anfühlte. Max wedelte einen Schwarm Fliegen fort, die ihm von der Straße hereingefolgt waren. Vielleicht wurde er zu alt dafür, Klienten zu Hause aufzusuchen. Er arbeitete sich die schmale Treppe hinauf und blieb abermals stehen. Als er durchatmete, hätte er beinahe würgen müssen.

Großer Gott! Irgendwo am Ende des Flurs hatte jemand sein Frühstück anbrennen lassen. Der säuerliche Geruch angesetzter Milch erinnerte ihn an Erbrochenes. Mit angehaltenem Atem nahm er die letzte Treppe in Angriff, drückte die schmutzige schwere Flurtür auf und ließ sie hinter sich wieder zufallen.

Während er sich mit dem Hemdsärmel die Stirn wischte, schlug er mit der anderen Hand nach den aufdringlichen Fliegen. Klebrig und verschwitzt, wie er jetzt war, kam er sich unsauber vor, und dieses Gefühl war ihm zuwider. Er legte Wert darauf, stets wie aus dem Ei gepellt zu wirken. Auf den Videos seiner jüngsten Fernsehauftritte sah er einfach fantastisch aus. Dank Jared Barnett hatte er mittlerweile einen ganzen Stapel solcher Bänder.

Er machte den oberen Knopf wieder zu und richtete seine Krawatte. Dann schlug er noch mal nach den Fliegen und klopfte an die Tür mit der Nummer 615. Die Sechs hing nur noch an ihrem unteren Nagel und sah auf dem Kopf stehend nun aus wie eine Neun.

Hinter der Tür hörte er ein Rascheln. Er trat einen Schritt zurück und erwartete das Geräusch von Schlüsseln, doch da ging die Tür auch schon auf, und hinter der Sicherheitskette erschien ein Gesicht. Max hätte fast den Kopf geschüttelt. In dieser Gegend war eine Türkette ebenso wirkungslos wie eine Fliegenklatsche.

„Was wolln Se denn?"

Max war die Kratzigkeit ihrer Stimme vertraut. Sie ging nicht etwa auf zu viele Zigaretten zurück, sondern war eine typische Folge jahrelangen Crack-Konsums.

„Ich bin Max Kramer. Carrie Ann Comstock?"

„Ja, was wolln Se denn?"

„Eigentlich wollen Sie etwas von mir. Sie haben mich angerufen."

„Hab ich?" Sie linste durch den Spalt und musterte ihn von oben bis unten.

„Wie Sie mir sagten, hat Ihre Freundin Heather Fisher mich Ihnen als Rechtsbeistand empfohlen."

„Ach ja?"

„Wir haben letzte Woche miteinander telefoniert, und

ich hatte Ihnen gesagt, ich käme Mittwoch vorbei. Heute ist Mittwoch."

„Ja, richtig. Sie sind dieser Anwalt. Mist, wo isn heute mein Scheißhirn?" Sie schlug die Tür zu. Er hörte das Klappern der Kette, dann öffnete sie die Tür. „Komm Se rein."

Max trat zögernd näher, doch das Zimmer sah gar nicht übel aus. Wenn er nicht diesen furchtbaren Aufstieg in den fünften Stock hinter sich gehabt hätte, wäre es ihm vielleicht sogar gemütlich vorgekommen.

Carrie Ann Comstock bot ihm den Sessel an. Er stand dem Fernseher gegenüber, von dem ein kleiner Ventilator genau in seine Richtung blies. Max lehnte höflich ab und bestand darauf, dass sie sich setzte. In dem Wissen, dass ihm das Autorität verschaffte, blieb er gerne stehen.

„Ich habe alle Anklagepunkte überprüft, Miss Comstock", begann er. „Allein mit dieser Sache wegen Drogenmissbrauch sind Sie in ernsten Schwierigkeiten."

Sie senkte den Kopf, als erwarte sie ergeben eine Predigt. Er versuchte ihr Alter zu schätzen. Bei Crack-Süchtigen war das oft kaum möglich, vor allem, wenn sie Huren waren. Wenn der Stoff sie nicht schaffte, dann spätestens die furchtbaren Essgewohnheiten, die sich als Folge ihrer Abhängigkeit einstellten und sie bis auf die Knochen abmagern ließ. Das Mädchen vor ihm wäre vielleicht sogar hübsch gewesen, wenn es sich waschen und zehn Pfund zunehmen würde. Er schätzte sie auf fünfundzwanzig oder sechsundzwanzig. Auch in der Anklageschrift hatte nur ein ungefähres Alter gestanden. Er bezweifelte, dass Carrie Ann selbst wusste, wie alt sie war.

„Ich kann Ihnen helfen, aber wir brauchen etwas, um einen Handel abzuschließen."

Da sie eine Freundin von Heather war, würde sie ihn schon verstehen. Sie sah auf, und in ihren blutunterlaufenen Augen sah er tatsächlich so etwas wie Verstehen und vor allem Erleichterung. Das war genau das, was ihm an seiner Klientel so gefiel. Die Leute waren dankbar. Sie waren es gewöhnt, ständig im Stich gelassen zu werden, von ihrer Familie, von ihren Freunden, von der Polizei und der Justiz. Niemand außer ihm half ihnen.

„Wenn es so weit ist, müssen Sie mir gut zuhören und sich genau merken, was ich Ihnen sage. Und Sie müssen bis Ende der Woche clean bleiben. Wenn Sie nicht ins Gefängnis wollen, dann müssen Sie sich genau an meine Anweisungen halten. Haben Sie mich verstanden?"

Sie nickte und rutschte ungeduldig auf der Kante ihres Sessels herum. „Ich weiß, ich sitze inner Tinte. Wenn ich nur noch 'ne Chance kriegen könnte, mehr will ich ja gar nich."

„Ich weiß. Deshalb will ich Ihnen ja helfen." Max wischte sich wieder die Stirn. Es war heiß in dem Zimmer. Carrie Ann schien das jedoch nicht zu stören, sie hatte nicht mal ein Fenster geöffnet. Er fragte sich noch einmal, warum er seine Klienten zu Hause aufsuchte. Er sollte wirklich überlegen, damit aufzuhören.

„Ich bin Ihnen wirklich sehr dankbar, Mr. Kramer. Ich wüsste nich, was ich tun sollte, wenn Sie mir nich helfen. Ich kann einfach nich ins Gefängnis zurück."

„Das müssen Sie auch nicht, wenn Sie nur genau das sagen und tun, was ich Ihnen rate. Okay?"

Wieder ein Nicken.

„Ich weiß, dass Sie 'nen Teil vom Honorar schon heute wolln", sagte sie und glitt vom Sessel auf die Knie. „Richtig?" Ohne zu ihm aufzublicken, langte sie zwischen seine Beine und zog den Reißverschluss auf.

Jetzt wusste Max Kramer wieder, warum er seine Klienten zu Hause besuchte.

9. Kapitel

10.45 Uhr
Cracker Barrel

Melanie sah, dass die Kellnerin langsam die Geduld verlor. Es war ja auch nicht ihre Schuld, dass der Koch Jareds Bestellung schon wieder falsch ausgeführt hatte. Aber schließlich konnte sie doch auch nicht erwarten, dass er halb flüssige Eier aß, nachdem er vorher ausdrücklich darauf hingewiesen hatte, dass er sie gut gebraten haben wollte. Beim ersten Mal war es anders gewesen, Melanie meinte sich zu erinnern, dass er seine Eier *sunny side up* bestellt hatte. Jared behauptete das Gegenteil, und Charlie hatte gemeint, Jared werde doch wohl wissen, was er bestellt habe. Jetzt stritten sie sich schon wieder mit der Kellnerin herum und zogen die Aufmerksamkeit sämtlicher Gäste des Cracker Barrel auf sich.

Melanie hätte sich am liebsten ins nächste Mauseloch verkrochen und sah stattdessen wie unbeteiligt aus dem Fenster. Zeitlebens hatte sie sich bemüht, möglichst nicht aufzufallen. Auf diese Weise hatte sie ihre Kindheit überstanden, und später hatte sich das als erfolgreiche Strategie erwiesen, um sich bei Lowe, Drillard oder Borsheim unauffällig mit dem einzudecken, was sie zum Leben brauchte.

Jared hingegen sorgte gerne für Tumult, wenn alle Welt mitbekommen sollte, welches Unrecht ihm widerfuhr. War er eigentlich immer so gewesen? Oder hatte ihn die Zeit im Gefängnis verändert? Warum machte er bloß so ein Trara wegen dieser dämlichen Eier? Oder ging es um etwas ganz anderes? In letzter Zeit hatte sie das Gefühl, Jared nicht mehr zu verstehen.

„Ich glaube allmählich, Sie mögen mich nicht, Rita", sagte er in diesem merkwürdig sarkastischen Ton.

„Keineswegs", widersprach die Kellnerin. „Ich frage mich nur, warum Sie erst zur Hälfte aufessen mussten, bevor Sie festgestellt haben, dass die Eier immer noch nicht Ihren Wünschen entsprechen."

Melanie sah hinaus auf den Parkplatz. Die Kellnerin machte alles nur noch schlimmer. Konnte sie nicht einfach verschwinden und lieber den Koch zusammenscheißen?

„Ich bin wirklich enttäuscht von Ihnen, Rita. Ich kann es einfach nicht fassen, dass Sie schon wieder Mist gebaut haben."

Melanie starrte hinaus auf den Kombi mit dem Aufdruck KKAR-News. Der Fahrer hatte eine Straßenkarte auf der Motorhaube ausgebreitet und hielt sie mit beiden Händen fest, damit der Wind sie nicht packte und davonwehte. Der Mann schaute prüfend zum Himmel. Erst da bemerkte sie die Wolken und wie dunkel es draußen geworden war. Die automatischen Laternen der Parkplatzbeleuchtung begannen unruhig zu flackern, als seien sie unentschlossen, ob sie angehen sollten oder nicht. Drüben, auf dem Interstate 80, sah sie die ersten Autos mit eingeschalteten Scheinwerfern.

„Vergessen Sie es, Rita", erwiderte Jared auf etwas, das Melanie entgangen war. „Ich will keine Eier mehr. Allerdings möchte ich ..."

„Lassen Sie mich raten", fiel Rita ihm ins Wort. „Sie möchten, dass ich Ihnen die Eier nicht berechne."

„Nun ja, angesichts der Tatsache, wie oft Sie und Ihr Freund da hinten in der Küche die Bestellung versaut haben ..." Er zuckte die Schultern, als fühle er sich völlig hilflos.

„Großer Gott", raunte Rita, strich die Eier auf ihrem Block durch und legte die korrigierte Rechnung auf den Tisch. „Was soll mich das scheren. Ich kriege heute Nachmittag meinen Gehaltsscheck, und dann fahre ich mit meiner Tochter für eine Woche nach Las Vegas."

„Wirklich? Nach Las Vegas?" Jared wirkte auf einmal so interessiert, dass Melanie ihn erstaunt ansah. Würde er die Kellnerin jetzt endlich in Ruhe lassen, oder hatte er sich bereits eine weitere Gemeinheit ausgedacht? „Nun, dann einen schönen Urlaub, Rita."

„Ich nehme das mit, wenn Sie fertig sind. Kein Grund zur Eile natürlich."

Melanie fragte sich, ob die Frau noch einmal zurückkommen würde, solange sie hier saßen. Und Jared, war er tatsächlich fertig mit ihr? Sie konnte es nicht sagen. Jared ignorierte ihren fragenden Blick, lehnte sich zurück, rieb mit der Serviette die Eireste von seiner Gabel und setzte seine Maniküre fort.

„Am Telefon sagtest du, die Zeit ist reif", kam Melanie nun auf den Grund ihrer Verabredung zu sprechen. Sie versuchte, nicht ungeduldig zu klingen, doch als Jared sie ansah, wusste sie, dass ihr das nicht gelungen war.

„Rita hat mich etwas durcheinander gebracht", räumte er ein und steckte den Daumennagel zwischen die Zähne, um zu beenden, was der Gabel nicht gelungen war.

„Aber wir machen es doch trotzdem, oder?" Charlie beugte sich vor, stieß an den Tisch, und Melanies noch nicht angerührter Kaffee schwappte über den Tassenrand. „Du hast es dir doch nicht etwa anders überlegt?"

Ehe Jared antworten konnte, ertönte ein mechanisches Konzert aus seiner Hemdtasche. Er fingerte das Handy heraus und hielt es ans Ohr. Das Ding war eindeutig nicht seins. Jedes Mal, wenn Melanie ihn während der letzten Wochen gesehen hatte, hatte er ein anderes Handy dabeigehabt.

„Ja?"

Melanie musterte ihren Sohn, dessen Bemerkung ihr bestätigt hatte, dass er mehr über Jareds Pläne wusste als sie. Er schien ungeduldig zu sein. Sie bemerkte die leichte Schwingung seiner linken Körperhälfte und wusste, obwohl sie es nicht sehen konnte, dass er unter dem Tisch mit dem Fuß wippte.

„Ich sagte doch, dass ich mich darum kümmern werde", erklärte Jared ohne ein Zeichen von Verärgerung oder Gereiztheit in seiner Stimme. „Die Sache geht heute klar."

Mit wem auch immer er sprach, der Anrufer schien nicht überzeugt zu sein, denn Jared musste ihm jetzt eine Weile zuhören, wobei sein Blick über den Parkplatz wanderte. Sie konnte seine Mimik nicht deuten, aber sein Schweigen beunruhigte sie. Vor wem mochte Jared einen derartigen Respekt haben, dass er ihm so lange zuhörte, ohne ihn zu unterbrechen? „Ich sagte bereits, ich erledige das", sagte er schließlich. Dann klappte er das Handy zu, ohne sich von dem Anrufer verabschiedet zu haben, und ließ es in seiner Hemdtasche verschwinden.

„Was ist los, Jared?" fragte sie. „Wann sagst du mir endlich, worum es geht?" Sie bemerkte den Blick, den er mit Charlie austauschte. Damit war alles klar. Sie war mal wieder die Einzige, die nicht wusste, was Sache ist. „Was zum Teufel geht hier eigentlich ab?"

„Okay, bleib ruhig", beschwichtigte sie Jared. „Mach dir nicht gleich ins Höschen."

Sie hörte Charlie neben sich kichern und warf ihm einen mütterlich strengen Blick zu, der ihn umgehend zum Schweigen brachte.

Jared beugte sich vor, die Ellbogen auf dem Tisch, die Hände vor dem Mund zur Faust geformt, als wolle er seine Worte beschützen. Melanie beobachtete, wie er den Blick durch das Restaurant huschen ließ. Klar, nun war *er* plötzlich besorgt, er könne Aufmerksamkeit erregen.

„Ich habe dir doch erzählt, dass ich eine große Sache vorhabe, wenn die Zeit reif ist. Sie ist reif."

„Heute?"

Er rückte sich zurecht und seufzte in seine Faust. Weitere Erklärungen hielt er offenbar für überflüssig. Er hatte doch gesagt, dass die Zeit reif war, was wollte sie denn noch wissen? Vor fünf Jahren hätte er das noch mit ihr machen können.

„Eine halbe Meile die Straße runter gibt es eine Bankfiliale, auf der linken Seite", begann er mit gedämpfter Stimme. Melanie und Charlie beugten sich fast gleichzeitig zu ihm vor. „Nach den Wochenenden liegt da immer ein Haufen Geld, weil die Geschäftsleute aus der Gegend ihre Einnahmen vom Sonnabend und Sonntag einzahlen. Aber vorgestern war Labor Day, ein langes Wochenende. Da gehen Familien zum Essen aus und einkaufen, und der zusätzliche Reiseverkehr auf dem Interstate 80 sorgt für guten Umsatz. Da müsste jetzt richtig was zu holen sein.

Und Wells Fargo fährt diese Filiale erst heute nach Schalterschluss an."

„Das kann nicht dein Ernst sein!" Melanie gab sich keine Mühe, ihre Fassungslosigkeit zu verbergen. „Du willst doch wohl nicht ernsthaft den gepanzerten Wagen der Sicherheitsfirma ausrauben?"

„Leise, Melanie", mahnte er, ohne jedoch verärgert zu wirken. „Nicht den Wagen natürlich, die Bank. Ich denke, wir machen es kurz bevor sie schließen."

Er lehnte sich zurück und griff wieder nach seiner Gabel.

Charlie grinste und lehnte sich ebenfalls zurück, saugte ein Eisstück aus seinem Glas und zerkaute es knirschend. Das Wippen mit dem Fuß hatte er eingestellt. Melanie sah von einem zum anderen. Das konnten sie doch nicht ernst meinen! Ein Bankraub? Das war überhaupt nicht ihre Liga. Allerdings sah keiner der beiden so aus, als mache er Scherze.

„Gehen wir", sagte Jared und warf die Gabel beiseite. Er zog seine Brieftasche heraus und holte eine gefaltete Zehn-Dollar-Note und mehrere Ein-Dollar-Scheine heraus. „Vergesst den Aktienmarkt, so verdoppelt man sein Geld viel schneller." Er zerriss den Zehner in zwei Hälften, steckte die eine so zwischen zwei gefaltete Ein-Dollar-Scheine, dass sie oben gut sichtbar herausragte, und legte das Geld auf die Rechnung. Dann stand er auf.

Melanie war beeindruckt. Und als Jared draußen auf dem Parkplatz auch noch das Handy lässig in einen Abfalleimer warf, war sie fast überzeugt, dass sie die Sache durchziehen konnten.

10. Kapitel

11.30 Uhr
Platte River State Park

Mit der gesunden Hand zerrte Andrew an dem Beutel herum, bis er die Holzkohle endlich aus dem Kofferraum gehievt hatte. Erstaunt stellte er fest, dass es lediglich ein Fünf-Kilo-Sack war. Er kam ihm wesentlich schwerer vor. Er klemmte sich das Ding unter den Arm, und als müsse er sich etwas beweisen, schnappte er sich auch noch ein Sechserpack Bud Light. Er ignorierte den stechenden Schmerz, der ihm von der gesunden Schulter über den Nacken in den lädierten Arm kroch.

Er war es leid, noch länger zwischen seinem Wagen und der Hütte hin und her laufen zu müssen, obwohl es nur fünfzig Schritte waren. Leid war vielleicht nicht das richtige Wort, die mühsame Prozedur ärgerte ihn. Er überlegte, ob er nicht auch die Angelrute und die Köderbox noch mitnehmen solle, doch die aufziehenden Gewitterwolken überzeugten ihn von der Unsinnigkeit dieses Gedankens. Vielleicht war es ohnehin ganz gut, wenn die Angelausrüstung vorerst im Wagen blieb. Es wäre nur eine weitere Enttäuschung, falls er feststellen sollte, dass er mit links nicht auswerfen konnte.

Er bemerkte einen farbigen Fleck zwischen den Bäumen, ein Auto kam die Straße herauf. Bepackt, wie er war, konnte er zum Gruß nur nicken, als sich der Ford Explorer näherte. Er wartete und bedauerte nun seine Unvernunft, Holzkohle und Bier auf einmal schleppen zu wollen. Die verletzte Schulter zerrte entsetzlich, obwohl das

Gewicht an der anderen zog. Aber Absetzen kam nicht in Frage, schon gar nicht vor seinem Freund.

Tommy Pakula stieg aus dem Wagen und drohte ihm anstatt einer Begrüßung mit dem Finger.

„Bist du sicher, dass du so viel auf einmal tragen solltest?" fragte er, brachte seinen Freund jedoch nicht in Verlegenheit, indem er ihm etwas abnahm. Als ehemaliger Fullback war er gut eine Handbreit kleiner als Andrew, hatte aber breite Schultern und Bizepse, die die Ärmel seines Golfshirts scheinbar zum Platzen bringen wollten. Tommy nahm seine Kühltasche und einen Plastikbeutel vom Rücksitz. „Ich habe ein paar Filets mitgebracht, weil es mir ganz danach aussieht, dass wir erst mal nicht zum Angeln kommen."

„Glaub ja nicht, ich würde nicht merken, wie erleichtert du klingst."

„He, versteh mich nicht falsch. Ich habe mich aufs Angeln gefreut. Besser als so ein Fisch, den man auch noch ausnehmen muss, bevor man ihn braten kann, passt zu meinem Hunger allerdings ein gebratenes Stück Fleisch, frisch aus der Kühltasche."

„Ich hatte dir doch gesagt, dass wir den Fisch nicht essen. Hier darf man nur angeln, wenn man die Fische wieder ins Wasser setzt."

„Na also." Tommy stellte die Kühltasche auf das Dach des Explorer, wischte den Schweiß von seiner Stirn und fuhr sich mit der Hand weiter über den Kopf. Eine seltsame Angewohnheit, seit er angefangen hatte, sich den Schädel zu rasieren. Andrew hatte die neue Marotte sofort bemerkt und fragte sich, ob Tommy sich vergewissern wolle, dass er tatsächlich keine Haare mehr hatte, oder ob es ihm einfach nur gefiel, sich über den kahlen Schädel zu streichen. „Ich wusste gar nicht, dass du so etwas wie der Zen-Meister des Angelns bist."

„Wenn du dich mal wirklich ernsthaft darauf einlassen würdest, könntest du mich verstehen."

„Ja, klar."

Tommy nahm die Kühltasche und folgte Andrew zur Hütte.

„Also, was hat der Arzt gesagt? Wie lange musst du das verdammte Ding noch tragen?" wollte Tommy wissen.

„Noch drei Wochen, mindestens", erwiderte Andrew und fühlte, wie ihn diese Vorstellung entmutigte.

„Heilige Scheiße, das ist hart. Wie kannst du überhaupt schreiben?"

„Nur mit der linken Hand und nur sehr langsam." Er stellte seine Last vor der Hütte ab, um Tommy die Fliegendrahttür zu öffnen. Der gestattete ihm die höfliche Geste und schob sich an ihm vorbei ins Haus.

„Ich hinke meinem Abgabetermin schon ganz schön hinterher", sagte Andrew. Dabei wusste er selbst, dass seine Verletzung in Wahrheit nur eine vorgeschobene Entschuldigung dafür war, dass er mit seinem Manuskript nicht vorankam. Aber über den wahren Grund mochte er nicht reden, als würde das Eingeständnis sein Schicksal besiegeln. Jedenfalls spürte er fast so etwas wie Erleichterung, als er feststellte, dass Tommy seine fadenscheinige Rechtfertigung gar nicht registriert zu haben schien und bereits die Zimmer inspizierte.

„Die Hütte ist echt Klasse", bemerkte er anerkennend, neigte den Kopf und betrat eins der beiden Schlafzimmer. „Richtig toll hier."

Tatsächlich war die Hütte weit komfortabler, als man von außen hätte vermuten können. Zwar waren die Wände aus knorrigem Pinienholz und die Decke aus rustikalen Balken, aber nachträglich eingesetzte kleine Holzfenster im Dach sorgten für viel Licht, es gab ein modernes Bad, eine Dusche sowie Heizung und Klimaanlage. Die Kochnische war mit Kühlschrank und Elektroherd ausgestattet sowie einer Mikrowelle, die die Besitzer, wie Andrew bemerkte, seit seinem letzten Besuch neu angeschafft hatten.

Die meiste Zeit wollte er ohnehin auf der Veranda vor dem Haus verbringen, auf den See und den Wald schauen und hoffentlich wieder wie früher bis spät in die Nacht beim Schein einer Laterne schreiben.

Das hier war seine Klausur, seine Zuflucht, hier hatte er sein erstes Buch geschrieben. Und bisher hatte es ihm immer geholfen, sich hierher zurückzuziehen. Leider war er in den letzten Jahren zu beschäftigt gewesen, um sich den Luxus dieser Einsamkeit zu gönnen. Heute schrieb er meist, während er auf Flughäfen wartete oder in Hotelzimmern bei kaltem, mittelmäßigem Essen. Wer hätte gedacht, dass man als Schriftsteller so viel Zeit auf der Straße und in der Luft verbrachte. Da konnte man das gebrochene Schlüsselbein beinahe als Himmelsgeschenk betrachten, als Ermahnung, kürzer zu treten und neue Prioritäten zu setzen. Er musste sich wieder vergegenwärtigen, warum er sich gerade für diesen Beruf entschieden hatte.

„Wo ist der Fernseher?" fragte Tommy, nachdem er auch das Bad inspiziert hatte.

„Es gibt keinen."

„Keinen Fernseher?"

„Nein. Keinen Fernseher. Kein Radio, kein Telefon, kein Internet. Sogar der Handy-Empfang ist miserabel."

„Heilige Scheiße! Was sagtest du, wie lange du hier bleiben willst?"

„Zwei Wochen."

„Das ist doch kein Leben, mein Junge. Wie willst du zwei verdammte Wochen allein hier draußen aushalten? Ohne Fernseher?"

„Ich muss mich frei machen von den Ablenkungen des Alltags. Außerdem habe ich einen kleinen tragbaren Fernseher dabei, falls dich das beruhigt. Einmal am Tag sehe ich Nachrichten, ich muss ja schließlich auf dem Laufenden bleiben."

„Ablenkungen des Alltags? Ich weiß nicht, ob ich dich richtig verstehe, mein Lieber, aber ist das, was du Ablenkungen nennst, nicht das pralle Leben?" Tommy nahm die Bierpackung und stellte die Flaschen sorgfältig einzeln in den Kühlschrank. „Das klingt mir ja fast so, als hättest du beim Schreiben dieselbe Philosophie wie beim Angeln."

„Wie meinst du das?"

„Du isst die Fische nicht, die du angelst. Und du flüchtest vor dem Leben, über das du schreibst."

„Sehr witzig", erwiderte Andrew. Aber er ahnte, dass Tommy Recht hatte.

11. Kapitel

14.30 Uhr
Omaha

Melanie ließ den übervollen Wäschekorb im Schrank verschwinden. Damit konnte sie sich morgen befassen, wenn alles vorbei war. Wenn es das doch nur schon wäre! Ihr war unheimlich bei der Sache. Es war nur so ein Gefühl, aber irgendetwas an Jareds Plan kam ihr seltsam vor. Oder war sie einfach nur konsterniert, weil sie erst so spät eingeweiht worden war? Vielleicht war es auch gar nichts. Vielleicht hatte sie im Restaurant schlichtweg zu viel Kaffee getrunken, nachdem sie sich doch so angestrengt hatte, ohne auszukommen. Wie war sie bloß darauf gekommen, nach dem Rauchen auch noch das Kaffeetrinken aufzugeben? Das war zu viel auf einmal. Für wen hielt sie sich denn?

Sie war zwar nicht Superwoman, aber auf ihren Instinkt konnte sie sich in der Regel verlassen. Wie oft hatte er sie schon davor bewahrt, eine richtige Dummheit zu begehen. Sie griff nach dem Pepto-Bismol, schraubte die Kindersicherung ab und nahm einen kräftigen Schluck.

Dann packte sie Kleidung zum Wechseln und was sie sonst noch so brauchen würde in ihren Rucksack, blieb kurz prüfend vor dem Spiegel stehen und schob eine heraushängende Haarsträhne unter die Baseballkappe. Es war nicht leicht gewesen, das dichte, schulterlange Haar zu bändigen. Schließlich hatte sie es zum Pferdeschwanz gebunden und dann zusammengeschlungen. Hätte sie das alles etwas früher gewusst, hätte sie es sich schneiden lassen. Warum zum Teufel musste er immer einen solchen Zirkus veranstalten und hatte sie nicht früher in seinen Plan eingeweiht? Da war sie wieder, ihre Wut. Nanu? Seit wann bezeichnete sie ihre Verärgerung denn als Wut, anstatt sie zur Enttäuschung zu verniedlichen?

Melanie wandte sich vom Spiegel ab und stopfte noch ein paar Müsliriegel in den Rucksack. Jared hatte gesagt, dass sie vor Sonnenuntergang wieder zu Hause wären. Er würde den Rucksack für überflüssig halten, und wahrscheinlich hatte er sogar Recht. Vielleicht brauchte sie einfach nur etwas, das ihr Sicherheit gab, genau wie Charlie. Etwas, an dem sie sich festhalten konnte.

Sie hörte einen Wagen in die Auffahrt fahren. Absolut pünktlich. Vorsichtig spähte sie aus dem Fenster und entdeckte eine dunkelblaue Limousine. Schon wieder so ein verdammter Saturn. Was hatte der Junge bloß mit diesen Saturns?

Sie öffnete die Tür, sah sich um und wartete auf Charlie. Die Gardine in dem Backsteinbungalow gegenüber bewegte sich leicht. Der alten Mrs. Clancy entging wirklich nichts auf der Straße. Gott sei Dank hielt sie jedoch den Mund. Ob aus Respekt oder aus Angst vor ihr war Melanie gleichgültig. Das hätte ihr gerade noch gefehlt, dass ihr die neugierige alte Schachtel jedes Mal auf den Wecker ginge, wenn ein fremder Wagen in ihrer Zufahrt parkte. Trotzdem fragte sie sich, während sie Charlie beobachtete, was die alte Mrs. Clancy da drüben hinter ihrer Gardine wohl denken mochte.

Charlie hatte einen schwarzen Overall über sein T-Shirt und die Jeans gezogen. So einen mit Reißverschluss und langen Ärmeln, was bei dieser Hitze ziemlich unpassend wirkte. Noch unpassender aber sahen die strahlend weißen Nikes aus, die unter dem Hosenaufschlag hervorlugten. Der Junge achtete mehr auf seine Schuhe als auf seine Körperpflege, was heute allerdings keine Rolle spielte. In dem Overall würde er sowieso bald völlig durchgeschwitzt sein. Als Melanie das rote Tuch bemerkte, das sich Charlie um den Hals geknotet hatte, hätte sie am liebsten laut aufgelacht. Großer Gott, die hatten doch wohl nicht ernsthaft vor, sich die Tücher wie Bankräuber aus einem alten Western über das Gesicht zu ziehen, oder?

Als er in seinem typischen schlaksigen Gang auf sie zukam, sah sie den Schweiß auf seiner Stirn. Er hinterließ bereits helle Streifen in der Bräunungscreme, die er kurz zuvor aufgetragen haben musste. Hoffentlich löste er nicht auch die schwarze Haarfarbe auf und ließ sein natürliches Rot durchschimmern. Damit wäre seine ganze Tarnung für die Katz. Charlie schien sich dieser Gefahr jedoch nicht bewusst zu sein.

Sie wartete, bis er im Haus war, und erst als sie die Tür hinter ihnen geschlossen hatte, fragte sie: „So stellst du dir also ein Fluchtauto vor?"

„Wieso? Der ist ganz neu, hat weniger als fünftausend Meilen runter. Und die Scheiben sind getönt. Da kann keiner reingucken, wenn er sich nicht gerade die Nase an der Scheibe platt drückt."

Sie musste zugeben, der Wagen sah brandneu aus. Sicher hatte er ihn wieder vom Parkplatz eines Händlers geklaut, obwohl er ein reguläres Kennzeichen trug. Das hatte Charlie sich wahrscheinlich auf dem Langzeitparkplatz am Flughafen oder auf einem der Apartmenthaus-Parkplätze im Westen der Stadt besorgt, wo man den Verlust erst nach einigen Tagen oder sogar Wochen bemerken würde. Der Junge war richtig gut. Fix und effizient. Aber auch berechenbar. Sie versuchte ihm immer einzuhämmern, dass es die kleinen, scheinbar harmlosen Fehler waren, die einem den Kopf kosten konnten. Ein Strafzettel wegen Geschwindigkeitsüberschreitung, unbezahlte Steuern oder eben ein gestohlener Saturn zu viel.

„Wo ist Jared?" fragte sie. „Ich dachte, ihr würdet zusammen kommen?"

„Er musste noch etwas erledigen. Wir gabeln ihn unterwegs auf. Du solltest auch einen Overall anziehen." Charlie stand da, kratzte sich lässig zwischen den Beinen und musterte seine Mutter, die Jeans und ein T-Shirt trug.

„Es ist viel zu heiß für so ein Scheißding. Außerdem bleibe ich ja im Auto. Du hast selbst gesagt, dass mich hinter dem Steuer niemand sehen kann."

Das schien ihn allerdings nicht zu überzeugen. Sie zog sich die Baseballkappe tiefer in die Stirn und setzte eine dunkle Sonnenbrille auf. „Na, besser?"

„Okay", murmelte er, aber wohl eher, weil er sich nicht mit seiner Mutter streiten wollte. Nicht heute. „Kann ich mir was zu essen mitnehmen?" Er ging in die Küche, ohne auf eine Antwort zu warten, öffnete den Kühlschrank und inspizierte dessen Inhalt.

„Mein Gott, Charlie! Wir wollen eine Bank ausrauben und nicht zu einem Picknick!"

„Ich mache mir bloß ein Sandwich", erwiderte er, ohne sie anzusehen, schmierte eine dicke Schicht Miracle Whip auf das Weißbrot und belegte es dann mit einem

imposanten Stapel aus Truthahnbrust- und Käsescheiben.
„Hast du Chips?"

Da war es wieder, dieses schiefe Grinsen, das es ihr so schwer machte, ihm etwas abzuschlagen. Er war jetzt über eins achtzig groß, und trotzdem sah sie in ihm immer noch ihr Baby. Sie schaute im Vorratsschrank nach, fand eine Tüte Ruffles und warf sie ihm zu. Dann überlegte sie, ob sie auch noch kalte Cola hatte, die sie mitnehmen konnten.

12. Kapitel

15.15 Uhr
Peony Park Supermarkt

Grace Wenninghoff zog missbilligend die Nase kraus, als Emily die Packung mit den kleinen Minikuchen in ihren Einkaufswagen plumpsen ließ.

„Emily …"

„Aber die sind so lecker! Und du hast gesagt …"

„Ich habe gesagt, nur, wenn wir auch Obst kaufen und du es dann auch isst. Versprochen, Schatz?"

Sie deutete auf die Obst- und Gemüseabteilung und erwartete Protest. Denn sie wusste selbst, dass Emily eine Belohnung verdient hatte. Die Kleine hatte ihren Umzug quer durch die Stadt tapfer ertragen, und jetzt musste sie auch noch fünf Tage auf ihren Dad verzichten.

Grace hatte das Büro heute früher verlassen und Emily bei ihrer Großmutter Wenny abgeholt, damit sie ein wenig Zeit miteinander verbringen konnten. Seit dem Umzug hatten sie dazu wenig Gelegenheit gehabt. Vielleicht hatte sie selbst eine Pause von der üblichen Routine und dem Stress sogar nötiger als Emily. Die hatte ihre Sachen in einem Rutsch selbst ausgepackt, sich aus den Kisten in ihrem Zimmer ein Fort gebaut und die antike Kommode und den Spiegel des Vorbesitzers mit Bildern von Disneyfiguren dekoriert. Sie hatte sich sogar eine neue imaginäre Freundin ausgedacht, mit der sie ihre Abenteuer teilte.

„Bitsy mag die Minikuchen auch", erklärte Emily, als habe sie die Gedanken ihrer Mutter erraten.

Zunächst war Grace etwas besorgt darüber gewesen, dass Emily zu einer Freundin Zuflucht nahm, die gar nicht existierte. Ihr kam das seltsam vor, und sie fragte sich, ob vielleicht die Gefahr bestand, Emily könne die Fähigkeit verlieren, Freundschaften mit realen Kindern zu schließen, wenn sie sich so intensiv mit einer Fantasiefigur beschäftigte, die natürlich alles tat und sagte, was sie wollte. Vince hatte sie jedoch davon überzeugt, dass sich viele Kinder Spielgefährten ausdachten, dass das für eine Vierjährige ganz normal sei und einfach zum Aufwachsen gehöre. Sie selbst war allerdings ohne ausgekommen. Und sie wollte sich gar nicht ausmalen, wie Wenny reagieren würde, wenn Emily ihr von ihrer unsichtbaren Freundin erzählte. Ihre Großmutter war viel zu bodenständig, als dass sie das verstanden hätte. Da hast du 's, würde sie wahrscheinlich sagen und damit auf Grace' Vorliebe für Nancy-Drew-Geschichten und Batman-Comics anspielen.

Vince hatte ihr erzählt, dass auch er als Kind lange einen imaginären Freund namens Rocco gehabt hatte. Sie musste schmunzeln, als sie daran dachte. Sie versuchte sich den kleinen italienischen Jungen vorzustellen, der sich einen Mafioso ausdachte, der ihn beschützte. Wenn sie Kinderbilder von ihm sah, fühlte sie sich immer an Emily erinnert, die ebenfalls klein und verletzlich war, wie damals ihr Vater, und die wie er das kämpferische Herz eines Löwen hatte.

„Was ist das, Mom?" Emily hielt in jeder ihrer kleinen Hände eine Kiwi, ganz vorsichtig, um sie nicht zu zerquetschen.

„Das sind Kiwis. Die sind süß und sehr gesund. Sollen wir welche kaufen?"

Emily musterte die Früchte, drehte sie skeptisch hin und her und rieb über die raue Haut. Dann schüttelte sie den Kopf. „Nein, ich glaube nicht. Die sehen aus wie Affenköpfe."

„Affenköpfe?" Grace musste lachen.

„Ja, wie kleine grüne Affenköpfe." Emily begann zu kichern und lachte dann so herzhaft, dass sie eine kleine Lawine auslöste, als sie die Früchte zurücklegen wollte. „Oh nein, da rollen die ganzen Affenköpfe!"

Emily stand wie erstarrt vor dem Schlamassel, den sie angerichtet hatte, und ihre Unterlippe begann zu beben. Grace merkte, dass sie nicht recht wusste, ob sie lachen oder weinen sollte.

„Komm, Emily. Hilf mir, die Affenköpfe aufzusammeln, ehe wir Ärger bekommen."

Sie bückten sich und hoben die Früchte vom Boden auf. Plötzlich begann Emily wieder zu kichern. Grace drehte sich zu ihrer Tochter um und sah sie auf Händen und Knien vor einer Kiwi hocken, die unter der Spitze eines alten Tennisschuhs eingeklemmt war.

Grace schaute auf und wäre vor Schreck beinahe erstarrt. Jared Barnett grinste ihr aus leeren dunklen Augen direkt ins Gesicht. Sein Blick war stechend und bedrohlich, doch er tat so, als sei sein Auftauchen nichts Ungewöhnliches, sondern purer Zufall.

„Ich wusste gar nicht, dass Sie eine hübsche kleine Tochter haben, Frau Staatsanwältin", sagte er wie beiläufig, doch der Klang seiner Stimme ließ Grace erschaudern.

„Emily, komm her", sagte sie und versuchte, so ruhig wie möglich zu bleiben. Sie selbst war kaum fähig, sich zu bewegen, ihre Knie fühlten sich weich an. Emily machte keinerlei Anstalten, der Aufforderung ihrer Mutter nachzukommen. Wie gebannt hockte sie vor der Kiwi, um sie sich zu schnappen, sobald der Schuh sie freigeben würde.

„Emily!" Diesmal klang es wie eine Ermahnung, und sie bereute das, als sie sah, wie Barnetts Grinsen breiter wurde. Er beugte sich hinab, nahm die Kiwi auf und hielt sie Emily hin.

Grace stockte der Atem. Am liebsten hätte sie ihrer Tochter verboten, die Frucht anzurühren, als fürchte sie, sie könne sich mit dem Bösen infizieren, das von Barnett ausging. Doch dann wartete sie ruhig ab, bis Emily die Kiwi auf den Stapel gelegt hatte, tat eilig die dazu, die sie aufgesammelt hatte, nahm Emily bei der Hand und schob mit der anderen den Einkaufswagen fort, um sich so schnell wie möglich von Barnett zu entfernen. Seinen Blick spürte sie wie ein Kribbeln im Genick.

„Wer ist der Mann, Mom?"

„Einfach nur irgendein Mann, der hier einkauft, Schatz." Sie schob den Wagen an eine freie Kasse. „Schau dem Jungen zu, der unsere Sachen einpackt. Pass auf, dass er es richtig macht, ja?" Grace half ihr, sich am Einkaufswagen vorbei ans Ende des Transportbandes zu zwängen. Aufmerksam beobachtete Emily den Teenager, der ihre Einkäufe achtlos in einen Plastikbeutel warf.

Unterdessen hielt Grace nach Jared Barnett Ausschau, konnte ihn aber nirgendwo entdecken. Sie zog ihr Handy heraus und gab eine Nummer ein, musste sie jedoch löschen und noch einmal von vorn anfangen, da sie vor Nervosität falsch gedrückt hatte.

„Pakula."

„Ich bin ihm eben schon wieder begegnet." Sie versuchte zu flüstern, doch in ihrer Aufregung klang sie wie eine zischende Zeichentrickfigur.

„Treibt er sich immer noch im Gericht herum?"

„Nein, ich bin gerade im Peony Park Supermarkt."

Die ältere Frau in der Schlange hinter Grace musterte die Boulevardmagazine am Zeitungsstand. Ihre gefurchte Stirn und flüchtigen Seitenblicke verrieten jedoch, dass sie ihrer Unterhaltung lauschte. Sie wandte der Frau den Rücken zu und behielt Emily im Auge, die dem Teenager gerade erklärte, wie man die Sachen ordentlich einpackte.

„Könnte das Zufall sein?"

„Sie meinen, dass er zufällig in demselben dämlichen Laden einkauft wie ich?"

Grace ignorierte den konsternierten Blick des Mädchens an der Kasse, doch was eine zwanzigjährige Kassiererin von ihr dachte, war ihr im Augenblick ziemlich egal. Es gab jetzt Wichtigeres. Zum Beispiel, dass der Mann, den sie vor fünf Jahren wegen Mordes angeklagt hatte, nun wieder frei herumlief und ausgerechnet dort auftauchte, wo sie gewöhnlich einkaufte.

Sie ließ den Blick durch die Regalreihen schweifen und zuckte leicht zusammen, als sie Pakulas Stimme hörte. Vor Aufregung hatte sie fast vergessen, dass sie das Handy noch immer am Ohr hielt.

„Grace, alles in Ordnung mit Ihnen? Wenn Sie wollen, schicke ich einen Streifenwagen vorbei, der Sie nach Hause bringt."

„Wozu soll das gut sein? Ich kann doch nicht immer die Polizei rufen, wenn ich irgendwohin muss. Außerdem ist Barnett nicht der erste Mistkerl, der glaubt, mich ins Bockshorn jagen zu können. Und ich werde ihm nicht das Vergnügen bereiten, mit seiner Masche Erfolg zu haben."

„Barnett ist nicht irgendein Mistkerl", erinnerte er sie.

Da entdeckte sie ihn wieder, in der Schlange zwei Kassen weiter. Ihre Blicke trafen sich, doch anstatt wegzusehen, grinste er sie an.

„Der ist gerade mit einem Mord durchgekommen", hörte sie Pakula sagen. „Seien Sie bloß vorsichtig. Wahrscheinlich glaubt er jetzt, nichts und niemand könne ihm etwas anhaben."

Dann brach das Gespräch plötzlich ab.

Zweiter Teil

AUS SICHERER DISTANZ

13. Kapitel

16.37 Uhr
Interstate 80

Melanie hielt sich exakt an Jareds Anweisungen. Sie verzichtete darauf, ihm zu sagen, dass sie schließlich wisse, wohin sie fuhren. Aber sie kannte ihren Bruder gut genug und wusste, dass es besser war, den Mund zu halten.

Die Klimaanlage lief auf der höchsten Stufe und übertönte Charlies leises Pfeifen auf dem Beifahrersitz. Er hatte sein Sandwich verputzt, noch bevor sie auf dem Interstate 80 gewesen waren, und machte sich jetzt über die Kartoffelchips her, die er mit seiner zweiten Coke runterspülte.

Sie warf einen Blick in den Rückspiegel. Jared hatte darauf bestanden, hinten zu sitzen, vermutlich, um sie besser herumkommandieren zu können. Aber er hatte ihr die Bankfiliale schon am Morgen gezeigt, sie brauchte keine Hilfe.

Ihre Blicke trafen sich, und sie sah rasch wieder auf die Straße. Der Himmel hatte sich weiter verdunkelt. In der Ferne konnte man die ersten Blitze sehen. Die Straßenlaternen waren wieder angegangen, wie vorhin, als sie im Cracker Barrel gesessen hatten.

Jared saß scheinbar ruhig und gelassen hinter ihr, als

sei alles nur ein Spiel. Ihre Hände hingegen waren schweißnass. Das T-Shirt klebte ihr am Rücken fest, obwohl die Klimaanlage sich redlich mühte. Insgeheim verfluchte sie den Rückspiegel, der sie immer wieder verleitete, nach hinten zu sehen. Ihre Finger rutschten unruhig über das Lenkrad, und einige Male ertappte sie sich sogar dabei, an der Unterlippe zu nagen.

Charlie schien eine bessere Strategie zu haben, mit seiner Nervosität fertig zu werden. Er stopfte Chips in sich hinein und beschäftigte so seinen Magen. Jared hingegen wirkte nicht im Mindesten angespannt. Er sah aus dem Fenster, und sie konnte auf seinem Gesicht nicht eine einzige Schweißperle erkennen. Wie schaffte er es bloß, so ruhig zu bleiben?

Sie bog vom Highway 50 ab und fuhr auf den Parkplatz vor der Bank.

„Park da drüben, neben dem Gebäude", sagte Jared. Er hatte sich zu ihr vorgebeugt, und sie spürte seinen heißen Atem im Nacken. Melanie hielt neben einer Rasenfläche. Auf der gegenüberliegenden Straßenseite befand sich ein Autohändler, und für einen Moment kam es ihr so vor, als wären die Scheinwerfer der brandneuen Ford-Pick-ups Augen, die sie mahnend anstarrten. Ein Stück weiter erkannte sie den gelben McDonald's-Bogen, und sie hörte das Rauschen des Verkehrs auf dem Highway, obwohl sie ihn von hier aus nicht sehen konnte. Sie befanden sich nur fünfzig Schritte von dem Bankgebäude entfernt, doch wegen der getönten Scheiben konnte sie im Inneren nichts erkennen.

Jared hatte offensichtlich seine Hausaufgaben gemacht. Am Morgen hatte er ihr penibel erklärt, die Bank läge gerade noch im Douglas County, die Grenze zum Sarpy County verlaufe nur eine halbe Meile weiter südlich. Er war überzeugt, dass die Polizei erst einmal die Zuständigkeit klären müsse, falls es zu einer Verfolgung kam. Das war einer der Gründe gewesen, weshalb er sich diese Bank ausgesucht hatte. Melanie hatte diese Erklärung beruhigt, denn sie schien ihr ein Indiz dafür zu sein, wie gründlich er alles durchdacht hatte.

Jared fingerte an seiner Armbanduhr herum. Melanie wischte sich wie beiläufig die feuchten Handflächen an der Jeans, um vor Charlie und Jared zu verbergen, wie nervös sie war. Weit und breit war niemand zu sehen, nicht einmal bei dem Autohändler auf der anderen Straßenseite regte sich etwas. Alles war ruhig, beinahe verdächtig ruhig. Sie blickte in den Rückspiegel und sah, wie Jared die beiden Waffen aus seiner Sporttasche holte.

14. Kapitel

16.15 Uhr

„Mein Gott, Jared, wo hast du die denn her?"
„Was glaubst du wohl?"
„Du weißt, was ich von Waffen halte."
„Das ist lange her, Mel. Du musst darüber hinwegkommen. Außerdem, was hast du dir denn vorgestellt, wie wir es machen? Hast du etwa geglaubt, ich schiebe denen einen Zettel mit unserer Forderung rüber, und die geben uns einen Sack Geld?"

Melanie hielt das Lenkrad mit beiden Händen fest umklammert, als wolle sie sich selbst daran hindern, sich umzudrehen und einen genauen Blick auf die Waffen zu werfen. Charlie hingegen hatte lässig ein Bein auf das Sitzpolster gezogen, den Arm über die Rückenlehne gelegt und beobachtete Jared in beinahe lüsterner Erwartung. Er schien richtig scharf darauf zu sein, so ein Ding in die Hände zu kriegen. Melanie suchte seinen Blick, um ihm ihre Abscheu auszudrücken, doch der Junge hatte nur Augen für das glänzende Metall, das Jared ihm vorsichtig über die Mittelkonsole zwischen den Sitzen zuschob.

Charlie drehte die Waffe hin und her wie ein neues Spielzeug, hielt sie aber stets tief genug, dass selbst bei ungetönten Scheiben niemand sie gesehen hätte. Wie ein Profi, dachte Melanie.

Sie hätte ihm das Ding am liebsten aus der Hand gerissen und Jared gesagt, er solle das Ganze vergessen, aus und vorbei. Sie wollte wegfahren und die Sache platzen lassen. Stattdessen saß sie wie erstarrt da, umklammerte das Lenkrad mit den Händen und versuchte den Schweiß zu ignorieren, der ihr den Rücken hinablief.

„Wir mussten noch nie eine Waffe benutzen." Endlich hatte sie ihre Stimme wiedergefunden, doch sie klang leise und schwach und kam sogar ihr selbst fremd vor. Sie und Charlie hatten tatsächlich noch nicht einmal mit dem Gedanken gespielt, eine Waffe zu gebrauchen, es sei denn, man wollte die Drahtbügel so bezeichnen, mit denen Charlie die Türen der Saturns knackte.

Sie blickte wieder in den Rückspiegel. Jared verstaute den Revolver gerade in einer Tasche seines Overalls. „Wir mussten noch nie eine Waffe benutzen", wiederholte sie. Diesmal ein wenig lauter und bestimmter.

„Ich habs gehört", erwiderte Jared, ohne aufzusehen. „Für Kinderkram braucht man ja auch keine."

Sie wollte ihm sagen, dass dieser Kinderkram sie und Charlie davor gerettet hatte, auf der Straße zu landen, dass sie deshalb in den letzten zehn Jahren ein angenehmes Leben hatten führen können. Aber sie wusste, dass es zwecklos war, Jared das erklären zu wollen. Wieder trafen sich ihre Blicke im Rückspiegel. Sie sah seine dunklen Augen und fragte sich, wie zum Teufel er so ruhig bleiben konnte.

„Weißt du noch alles, was ich dir gesagt habe, Charlie?" fragte er und ließ Melanie dabei nicht aus den Augen.

„Ja", erwiderte ihr Sohn so rasch und entschieden, dass sie ihn überrascht ansah. Er hatte tatsächlich das rote Tuch über die untere Gesichtshälfte gezogen und dazu eine schwarze Strickmütze aufgesetzt. Nur seine Augen waren noch zu sehen. Wie gelähmt beobachtete sie, wie er die Waffe in seinem Overall verschwinden ließ. Er hantierte mit dem Ding, als sei es etwas ganz Alltägliches.

„Lass den Motor laufen." Jetzt zog sich auch Jared das Halstuch über Mund und Nase.

Melanies Blick wanderte von einem zum anderen. Merkten die denn gar nicht, wie lächerlich sie aussahen? Sie wollte jetzt nur noch, dass diese Sache so schnell wie möglich vorbei war. Natürlich würde sie den Motor laufen lassen. Sie langte nach dem Schalter für die Klimaanlage und stellte sie ab.

„Der Motor soll nicht heißlaufen."

„Kluges Mädchen", erwiderte Jared durch das Tuch, und dass er sie ausnahmsweise einmal lobte, beruhigte sie sogar ein wenig.

Jared inspizierte noch einmal den Parkplatz, wobei er sich schier den Hals verrenkte, um auch wirklich jede Ecke zu kontrollieren. Für den vorbeifließenden Verkehr waren sie nicht zu sehen. Seit sie hier parkten, war niemand in die Bank hineingegangen oder aus dem Gebäude herausgekommen. Wie lange standen sie hier überhaupt schon? Melanie hatte jedes Zeitgefühl verloren.

„Gehen wir", forderte Jared Charlie auf und musste ihm das nicht zweimal sagen.

Im Rückspiegel sah sie die beiden auf den Eingang zugehen. Sie trommelte nervös mit den Fingern auf das Lenkrad, und ihr Fuß wippte unaufhörlich. Vielleicht hatte Charlie diese Angewohnheit ja von ihr geerbt. Als Jared und Charlie durch die Tür verschwunden waren, wagte sie es, den Eingang für einen Moment aus den Augen zu lassen und ihr Gesicht im Spiegel zu betrachten.

Sie stellte fest, dass ihre Unterlippe rot und bläulich angelaufen war, weil sie die ganze Zeit daran herumgeknabbert hatte. Sie wollte gerade die Haarsträhne zurückschieben, die unter der Kappe hervorlugte, da hörte sie den ersten Schuss. Gedämpft, aber laut genug, dass sie zusammenzuckte.

Die nächsten Schüsse folgten dicht aufeinander – drei vielleicht oder vier. Sie war viel zu verdattert, als dass sie auf den Gedanken gekommen wäre, mitzuzählen. Noch bevor sie sich wieder fassen konnte, sah sie im Rückspiegel, wie Jared aus der Bank rannte, dicht gefolgt von Charlie. Sie saß da wie gelähmt, nicht in der Lage, sich zu ihnen umzudrehen. Sie sah nur, wie ihre Gestalten im Spiegel rasch größer wurden, als sie auf den Wagen zuliefen.

Jared sprang auf den Beifahrersitz. „Fahr! Fahr los! Verdammt, fahr endlich los!"

„Was war los? Ich habe Schüsse gehört!"

„Verdammt, nun fahr doch!"

Charlie hechtete auf den Rücksitz, und sie trat das Gaspedal durch. Sie bemerkte erst, dass die hintere Tür noch offen war, als sie im Rückspiegel sah, wie Charlie halb aus dem Wagen hing und versuchte, sie zu schließen. Instinktiv ging sie vom Gas.

„Was zum Henker machst du?" schrie Jared sie an, trat auf ihren Fuß und drückte das Gaspedal bis zum Boden durch. Der Wagen schlingerte auf die Zufahrtsstraße. Sie schaffte es, einem Lieferwagen auszuweichen, und erntete wütendes Hupen, als sie das Stoppzeichen überfuhr. Mit einem Mal war sie hellwach. Sie riss den Wagen herum auf die andere Seite. Jared wurde gegen die Tür geschleudert, und ihr Fuß war wieder frei.

„Geradeaus!" Jared wies nach vorn. „Und bei Sapp Brothers fährst du hinten auf den Hof. Da steht ein anderer Wagen, wir müssen diese Kiste hier loswerden." Sie hatten noch nicht die Kreuzung erreicht, als Melanie eine Sirene hinter sich hörte. Und noch bevor sie den Streifenwagen im Rückspiegel sah, wusste sie, dass er hinter ihnen her war.

15. Kapitel

16.33 Uhr

Melanie wünschte sich, endlich aufzuwachen. Das konnte doch alles nur ein verdammter Albtraum sein. Wieso ging das so schnell, was war verdammt noch mal schief gelaufen? Das war doch alles nicht wahr.

Ihr Blick schien zu verschwimmen. Die Straße flog graugrün an ihr vorbei. Sie suchte nach etwas, das sie hätte fixieren können, vergeblich, und auf einmal wurde ihr klar, dass sie es war, die in diesem Tempo durch die Gegend schoss. Das Gefühl, zu schlingern und zu gleiten, als sei der Wagen auf dickem Eis außer Kontrolle geraten, versetzte sie in Panik.

Jareds Worte pochten wie gedämpfte Hammerschläge an ihr Ohr. „Schneller … drehen". Nur einzelne Worte durchdrangen das Aufheulen des Motors, das Quietschen der Reifen und das Geräusch, das von hinten kam, als Charlie die Rückbank voll kotzte. Sie riskierte einen Blick in den Rückspiegel, doch er war nicht zu sehen. Sie sah nur rote und blaue Blinklichter und den Kühlergrill des Streifenwagens – Haifischzähne, die zubeißen und sie verschlingen wollten.

Säuerlicher Geruch erfüllte den Wagen, und Melanie spürte ihren Magen rebellieren. Doch es war nicht der Geruch nach Erbrochenem, der ihr Übelkeit verursachte, da war noch etwas anderes, Warmes, Widerliches, fast Süßliches.

„Fahr zurück zum Highway 50!" schrie Jared. „Verdammt! Nur raus aus diesem Irrgarten."

Sie riss das Steuer nach rechts und merkte erst dann, dass das, was sie für eine Kreuzung gehalten hatte, eine Parkplatzzufahrt war.

„Scheiße!" schrie Jared. „Da vorne! Da vorne rein!"

Er zeigte auf etwas, das nach einem weiteren Parkplatz aussah. Sie verfehlte die Einfahrt, schoss über den Bordstein, und das Chassis schrammte mit einem elenden Kreischen über den Beton. Jared schrie sie an, sie solle endlich auf den Highway 50 zurückfahren, doch sie hatte inzwischen völlig die Orientierung verloren und keine Ahnung, wo der war. Sie sah nur noch Autos und Gebäude um sich herumwirbeln, kurbelte am Lenkrad, bis das Kreischen der Reifen ihr Einhalt gebot, schleuderte um die eigene Achse, und auf einmal sah sie vor sich den Highway.

„Großer Gott!" stöhnte Jared.

Melanie hielt den Atem an. Der Streifenwagen hatte aufgeholt, schlingerte und hätte sie um ein Haar gerammt. Der Wagen schoss so dicht an ihr vorbei, dass sie das Gesicht des Officers unter dem breitkrempigen Hut erkennen konnte. Er war jung, und er wirkte eher verblüfft als zornig. Wieder das Knirschen von Metall. Sie schloss die Augen, doch der Aufprall, den sie erwartete, blieb aus. Als sie die Augen wieder öffnete, hatte Jared sich im Sitz umgedreht und sah aus dem Rückfenster.

„Du hast es geschafft, Mel! Verdammt, du hast es geschafft!"

Sie drehte sich nicht um und sah auch nicht in den Rückspiegel. Sie wollte gar nicht wissen, was passiert war. Stattdessen trat sie aufs Gas und fuhr auf die Kreuzung zu. An der Ampel zögerte sie.

„Nach Süden", sagte Jared. „Rechts abbiegen, wir wollen aus Douglas County raus, weißt du noch?"

Sie warf ihm einen Blick zu und merkte erst jetzt, dass die Vorderseite seines Overalls fleckig war. Im gleichen Moment erkannte sie auch den Geruch. Der stammte nicht nur von Charlies Mageninhalt, es war Blut.

16. Kapitel

16.46 Uhr
Platte River State Park

„Und du meinst also, ich lasse das Leben einfach so an mir vorüberziehen." Andrew nahm das Thema wieder auf, nachdem er seinen Teller beiseite geschoben und die zweite Flasche Bud Light in Angriff genommen hatte.

Tommy war noch mit seinem Filet beschäftigt. Er hatte das Handy auf dem Tisch liegen lassen, nachdem die Verbindung zu Grace Wenninghoff abgebrochen war und er vergeblich versucht hatte, sie zurückzurufen. Er hatte so getan, als sei der Anruf nicht so wichtig gewesen, doch Andrew war nicht entgangen, dass er das Telefon immer wieder anstarrte, als müsse es jeden Moment klingeln.

„Ich nenne die Dinge eben gern beim Namen", sagte er kauend.

Andrew lehnte sich auf seinem Bistrostuhl zurück. Trotz der brütenden Hitze hatten sie sich entschieden, draußen auf der Veranda zu essen. Andrew musterte den Himmel. Wenn es doch nur endlich regnen und sich abkühlen würde. Doch die Gewitterwolken blieben in der Ferne und schienen sich vorerst damit zu begnügen, nur zu drohen. Allerdings hatte der Wind aufgefrischt und trug den Geruch von Piniennadeln und den monotonen Gesang der Zikaden herüber.

Andrew musste schmunzeln, als sich sein Freund noch einen Berg Kartoffelsalat auf den Teller schaufelte und dann nach dem vorletzten Stück von dem Knoblauchbrot griff, das er zusammen mit den Filets gegrillt hatte. Er wusste von Tommy, dass Polizisten ungeachtet aller Umstände essen konnten. Einmal hatte er ihn seelenruhig ein blutig rotes Porterhouse-Steak verputzen sehen, während er ihm die Polaroid-Aufnahmen einer verstümmelten Leiche zeigte.

Er schüttelte leicht den Kopf, als er jetzt daran dachte, und wieder einmal wurde ihm bewusst, wie unterschiedlich sie doch waren.

„Ich glaube, als Kinder hätten wir uns nicht mal gemocht." Nach der Anspannung des heutigen Tages begann ihm das Bier jetzt langsam wohlig in den Kopf zu steigen.

„Meinst du?" nuschelte Tommy mit vollem Mund. „Willst du noch Knoblauchbrot?"

Andrew schüttelte den Kopf. „Nein, danke. Aber im Ernst. Du hast im Sommer auf der Straße mit den anderen Football gespielt, während ich mich mit der Arbeit auf der Farm herausgeredet habe, um ungestört lesen zu können."

„Wir haben nicht auf der Straße gespielt", korrigierte Tommy, stand auf und verschwand durch die Tür, um die beiden letzten Biere aus dem Kühlschrank zu holen. „Football haben wir auf dem Parkplatz hinter Al's Bar and Grill gespielt", hörte Andrew ihn aus dem Innern der Hütte sagen.

Andrew wartete, bis er zurück war. „Du und deine Freunde, ihr hättet mich garantiert aufgezogen und mich einen Bücherwurm oder sogar Weichei genannt."

Tommy reichte ihm eine Flasche, ehe er sich wieder setzte. „Kinder machen nun mal dumme Sachen."

„Aber wir sind ziemlich unterschiedliche Charaktere,

auch heute noch, das musst du zugeben. Du gibst dich nicht mal damit zufrieden, der beste Polizist polnischer Abstammung im Bezirk South Omaha zu sein. Du bist auch noch Kirchendiener in St. Stanislaus und außerdem Trainer der Kinderliga deiner vier Töchter."

„Ich verstehe, was du sagen willst", erwiderte Tommy. „Wir haben irgendwie die Rollen getauscht. Ich bin jetzt das Weichei, was?"

Andrew lachte. Er wusste, dass Tommy ihn auf die Schippe nahm und Nachsicht mit seinem Schwips übte. Auf ihn schien das Bier keinerlei Wirkung zu haben.

„Du ermittelst in Mordfällen, kletterst über Leichen, sammelst Maden ein und stocherst in Eintritts- und Austrittswunden herum. Ich schreibe nur darüber."

„Und das machst du verdammt gut." Wie zur Bestätigung seiner Aussage richtete Tommy seine Gabel mit Kartoffelsalat auf seinen Freund, als wolle er ihn aufspießen.

„Du befasst dich mit der Wirklichkeit, mein Geschäft ist die Fantasie."

„Auf was willst du denn hinaus?" In Tommys Tonfall lag keine Ungeduld, nur Neugier.

„Ich glaube, ich verstehe, warum du meinst, dass ich dem Leben ausweiche."

„Ach so." Tommy lehnte sich zurück und begriff langsam, dass Andrew das Thema wirklich ernst war. „Ich habe das nicht auf deine Arbeit bezogen, sondern auf dein Privatleben. Sag doch selbst, wann hattest du das letzte Mal eine Beziehung? Oder warte, ich frage einfacher. Wann warst du das letzte Mal mit einer Frau im Bett?"

„Ich habe dir doch erzählt, dass es da jemanden gibt, der mich interessiert."

„Oh ja, richtig. Eine Frau, die seit Jahren in einer Beziehung steckt und etwa tausend Meilen entfernt lebt, stimmts?"

„Warum erzähle ich dir überhaupt davon, wenn du dich bloß darüber lustig machst?"

„Ich mache mich nicht über dich lustig. He, ich verstehe ja, dass es sicherer ist, jemanden zu begehren, der unerreichbar ist."

„Sicherer? Wolltest du nicht eher sagen, es ist dämlich?"

„Nein, ich habe es so gemeint, wie ich es gesagt habe. Sicherer. Besonders für einen Typen wie dich."

„Erklär mir das."

„Okay, aber sei mir nicht böse." Wie zur Abwehr hob Tommy in einer gespielten Geste beide Hände.

„Keine Angst. Rück ruhig raus damit, was du über mich denkst." Andrew griff das kalte Bud Light am Flaschenhals und nahm einen Schluck.

„Du sagst immer wieder, du willst keine feste Bindung, weil du dich nicht einschränken möchtest, richtig? Sobald eine Frau Interesse an dir zeigt, rennst du in die andere Richtung davon. Also, wer bleibt da noch übrig zum Verlieben? Doch nur eine Frau, die kein Interesse an dir hat."

„Wenn deine Theorie stimmt, bin ich ein richtiger Idiot, was?"

„Und was für einer."

„Herzlichen Dank."

„Nein, natürlich bist du kein Idiot. Du hast einfach

nur eine Strategie entwickelt, die dich davor schützt, dein sicheres Nest verlassen zu müssen und dich in den wilden Dschungel des Lebens zu stürzen."

„Meinst du damit, dass ich mich in Wahrheit gar nicht verlieben will?"

„Ich meine, dass es dir Sicherheit gibt, dich in jemanden zu verlieben, den du nicht haben kannst. Menschen tun nie etwas, das ihnen nicht irgendwie nützt. Niemals."

„Vielleicht täuscht sie sich ja in dem anderen Mann."

„Oder es gefällt ihr, mit dir zu spielen. Es muss doch ziemlich schmeichelhaft für sie sein, wenn jemand wie du scharf auf sie ist?"

Andrew lehnte sich zurück und rieb sich das Kinn, als hätte Tommy ihm einen Haken verpasst. Die Frau, über die sie sprachen, ein attraktiver Rotschopf namens Erin Cartlan, besaß einen kleinen Buchladen in Lower Manhattan. Sie hatten sich vor zwei Jahren auf der Buch-Expo kennen gelernt, als er an ihrem Stand signiert hatte. Sie war attraktiv und klug, und er könnte immer noch schwören, dass sie an jenem Wochenende mit ihm geflirtet hatte, obwohl sie das später beharrlich abstritt und angeblich nicht wusste, wovon er redete. Seit damals pflegten sie eine mehr berufliche als private Freundschaft, obwohl er hoffte, es könne sich mehr daraus entwickeln.

Tommy sah seinen Freund an und schüttelte den Kopf. „Mist, jetzt habe ich dich ins Grübeln gebracht, und du kommst wieder nicht zum Schreiben."

„Ich glaube, es macht dir Spaß, mich in die Enge zu treiben. Wie einen Verdächtigen."

„Nein, Andrew, du verstehst nicht, was ich dir sagen will. Du begnügst dich damit, dich nach einer Frau zu sehnen, die du nicht haben kannst. Du schilderst Tatorte und Autopsien, aber immer aus sicherer Distanz. Du isst nicht mal den Fisch, den du fängst. Aus meiner Sicht ist das ein Leben aus zweiter Hand."

Andrew spürte, wie ihm plötzlich warm wurde. Es lag jedoch kein Ärger in seiner Stimme, als er erwiderte: „Für so eine Unterhaltung haben wir wohl nicht genügend Bier im Kühlschrank."

„Du weißt, dass ich so offen rede, weil mir etwas an dir liegt. Schließlich bist du mein Freund ... Ach, Scheiße!" Tommy griff an seinen Gürtel und sah auf den elektronischen Pieper. „Tut mir Leid, alter Knabe, da ist irgendwas im Busch. Ich muss los."

Er nahm sein Handy und sprang auf. „Bist du sicher, dass du hier allein zurechtkommst?"

Andrew zuckte die gesunde Schulter und nickte. „Ja, natürlich."

„Dann machs erst mal gut. Ich lasse von mir hören." Er drehte sich um und ging mit zügigen Schritten auf seinen Wagen zu.

Andrew beobachtete, wie er einstieg, wendete und dann viel zu schnell für diese friedliche Gegend davonbrauste. Er dachte an Erin und verspürte einen leichten Ärger, weil er wusste, dass seine Gedanken ihn vom Schreiben ablenken würden.

17. Kapitel

17.15 Uhr
Highway 50

Ohne die Augen von der Straße zu nehmen, fummelte Melanie an den Schaltern in der Armlehne herum, ver- und entriegelte mehrmals die Türen, bis sie endlich den richtigen erwischte. Mit einem Sirren, das sie an eine wild gewordene Wespe erinnerte, fuhr das Fenster herunter. Sie glaubte in dem Gestank aus Blut und Erbrochenem ersticken zu müssen. Gierig sog sie die feuchtwarme Luft ein und hielt ihre Baseballkappe fest, damit sie der Fahrtwind nicht davonwehte. Dann ließ sie die Scheibe wieder nach oben gleiten.

„Wir müssen zurück", sagte Jared. Er saß seitlich auf seinem Sitz, die Waffe im Schoß und den Finger am Abzug. Sie sah in den Rückspiegel. Das Würgen hinter ihr hatte aufgehört. Charlie hatte den Kopf gegen die Lehne der Rückbank gelegt, wo er leicht hin und her wiegte. Er starrte abwesend in die Luft. Sie sah, dass sein Gesicht trotz der Bräunungscreme kalkweiß war.

„Ich habe gesagt, wir müssen umkehren!" Jareds Stimme war ruhig, aber bestimmt. „Wir müssen endlich den verdammten Wagen wechseln."

Er langte nach hinten auf den Rücksitz. Sie dachte, er wolle sich um Charlie kümmern, doch stattdessen nahm er dessen Waffe, griff sie am Lauf, als sei sie verseucht, öffnete das Fenster und warf sie hinaus in den von Unkraut überwucherten Straßengraben. Seine eigene Waffe rutschte zwischen seine Beine, als er noch einmal nach hinten griff und die Sporttasche über die Lehne hievte.

„Dreh da vorne um", sagte er, ohne einen Blick auf Melanie oder die Straße zu werfen.

Melanie hörte, wie Jared den Reißverschluss der Tasche öffnete. Hektisch kontrollierte sie Rück- und Außenspiegel, ob irgendwo eine blaurote Lightshow auftauchte. Ein Stück weiter vor ihr teilte sich der Highway. Das musste die Stelle sein, die Jared meinte. Sie sah das Hinweisschild nach Springfield. Der Gegenverkehr hatte bis auf wenige vereinzelte Fahrzeuge nachgelassen, die Gelegenheit zum Wenden war günstig. Sie reduzierte das Tempo, hielt sich rechts und ließ den Verkehr hinter ihnen nicht aus den Augen. Einige Wagen wechselten auf die Überholspur und zogen an ihnen vorbei. Erleichtert stellte sie fest, dass kein Streifenwagen dabei war. Ihr war nicht wohl dabei, jetzt ein so auffälliges Manöver durchzuführen, doch sie vertraute darauf, dass Jared wusste, was er tat.

„Vergiss es", sagte er plötzlich. „Fahr weiter."

„Hinter uns ist niemand mehr, kein Problem."

„Scheiße, fahr weiter!"

Im gleichen Augenblick sah auch sie den halb verdeckten Wagen. Er stand auf der anderen Seite an der Phillip-66-Tankstelle hinter einer Zapfsäule, doch im Vorbeifahren konnte sie an der Tür deutlich die Aufschrift SARPY COUNTY SHERIFF'S DEPARTMENT erkennen.

„Bloß nicht schneller werden!" raunte ihr Jared zu. „Mach keinen Fehler."

Sie wollte entgegnen, dass es ja wohl nicht ihr Fehler

gewesen war, der sie in diese Lage gebracht hatte. Dass sie ohne sie jetzt alle auf der Rückbank eines Streifenwagens säßen. Stattdessen umfasste sie das Lenkrad mit ihren feuchten Händen noch fester und nagte nervös an ihrer Unterlippe.

„Bleib ganz ruhig. Du musst dich konzentrieren", sagte Jared. Seine Stimme klang beinahe sanft und schien sie tatsächlich zu beruhigen.

Melanie kannte diesen Ton genau. Immer, wenn Jared merkte, dass er anders nicht zum Ziel kam, wurde seine Stimme plötzlich eigenartig ruhig, als wolle er sein Gegenüber hypnotisieren. Sie warf einen Blick in den Rückspiegel und sah, dass Charlie sich in die Ecke gekauert und beide Arme um seinen Rucksack geschlungen hatte. Seine Augen waren glasig und stierten ins Nichts. Konzentriert hielt sie die Spur, sah dann in den Seitenspiegel und war erleichtert, dass der Streifenwagen hinter ihnen kleiner wurde.

Auch Jared ließ den Highway hinter ihnen nicht aus den Augen, während er gleichzeitig in seiner Sporttasche nach etwas suchte. Dann hörte sie ein Klicken, warf einen Blick zur Seite und sah, dass er die Waffe nachlud.

Scheiße, hatte sie das verdammte Ding denn noch nicht genug in Schwierigkeiten gebracht?

Sie waren beide so auf den Streifenwagen an der Tankstelle fixiert, dass sie den entgegenkommenden erst im letzten Augenblick bemerkten. Erschrocken fuhr Melanie hoch, als er an ihnen vorbeifuhr.

„Bleib ganz ruhig", mahnte Jared. Immer noch war seine Stimme beinahe sanft, doch an der ruckartigen Bewegung, mit der er sich jetzt nach hinten drehte, um aus dem Rückfenster zu sehen, erkannte sie, dass er alles andere als ruhig war.

Melanie zwang sich, nach vorne zu sehen. Sie wollte gar nicht wissen, was hinter ihr geschah. Ihre Hände zitterten, und das Hämmern ihres Herzens spürte sie bis in den Hals.

„Scheiße! Scheiße! Scheiße!" polterte Jared auf einmal. Und sie wusste, was passiert war, bevor er sagte: „Es geht los!"

18. Kapitel

17.23 Uhr
Omaha

Emily durfte die Baseballkappe mit der Aufschrift ‚William and Mary' aufsetzen, die Vince während seiner Studentenzeit getragen hatte. Und er hatte seiner Tochter erlaubt, ihren Saft aus seinem Bierhumpen vom Münchner Oktoberfest zu trinken, aber Grace konnte die Kiste, in der er stecken musste, einfach nicht finden. Als sie nun an Emilys Zimmer vorbeiging, hörte sie, wie ihre Tochter gerade ihrer Freundin Bitsy von Daddys Glücksbecher erzählte.

Sie sah auf die Uhr und beschloss, noch einen Karton auszupacken, bevor sie mit den Vorbereitungen für das Abendessen begann. Erstaunlicherweise hatten sie bis jetzt überlebt, obwohl ihr Haushalt zur einen Hälfte in falsch beschrifteten und zur anderen in gar nicht beschrifteten Kartons verpackt war.

Heute Abend musste sie sich noch mit einigen Akten beschäftigen, die sie mit nach Hause genommen hatte. Freitagmorgen hatte sie eine Anhörung. Eine junge Prostituierte mit einer Anklage wegen Drogenmissbrauch. Sie nahm den Fall vor allem deshalb ernst, weil das Mädchen von Max Kramer vertreten wurde. Es wunderte sie, dass sich der gute alte Max nach seinem Erfolg in der Sache Jared Barnett und all den Medienauftritten mit so einem kleinen Fisch abgab.

Manchmal fragte sie sich, warum Männer wie er Anwälte wurden.

Wenn sie gefragt wurde – was heute allerdings nur noch selten vorkam –, warum sie Anwältin geworden war, dann führte sie immer Atticus Finch ins Feld. Als kleines Mädchen war sie von dem Anwalt aus Harper Lees Roman fasziniert gewesen, und sie liebte auch die Verfilmung *Wer die Nachtigall stört* mit Gregory Peck. Atticus in seinem stets makellosen Anzug mit Weste und der schimmernden Uhrkette war für sie als Kind die Personifizierung des Guten inmitten des Bösen gewesen.

Wegen Atticus war sie Anwältin geworden, das war eine hübsche Geschichte für die Medien, und sie hatte durchaus einen wahren Kern. Den Entschluss, Staatsanwältin zu werden, hatte sie jedoch wegen Jimmy Lee Parker getroffen, der in einer schwülen Nacht im Juli 1964 in ein Haus eingebrochen war und den schlafenden Eheleuten mit einem Baseballschläger die Schädel zertrümmert hatte.

Sie war gerade sechs geworden und hatte jene Nacht, in der Jimmy Lee Parker den Polizisten Fritz Wenninghoff und dessen Frau Emily tötete, nur drei Blocks entfernt bei ihrer Großmutter verbracht. Von diesem Sommer an hatte Wenny sie großgezogen.

Sie bezweifelte, dass es in Max Kramers Leben einen Menschen wie Jimmy Lee Parker gab, andernfalls würde er sich wohl kaum damit brüsten, einen überführten Mörder aus dem Gefängnis geholt zu haben.

Mit einem viel zu kräftigen Ruck riss Grace den nächsten Karton auf. Sie wollte nicht an diese Nacht denken, in der ihr Vater und ihre Mutter im eigenen Haus, im eigenen Bett bestialisch ermordet worden waren. Sie hob die Klappen an und tauchte mit den Händen in den Karton. Endlich – die Badetücher. Sie nahm einen Stapel heraus und trug ihn in Richtung Bad. Als sie an Emilys Zimmer vorbeikam, hörte sie ihre Tochter sagen: „Und was hat der Schattenmann dann gemacht?"

Grace blieb stehen.

„Er war hier im Haus?"

„Emily", unterbrach sie den Monolog ihrer Tochter und ging in ihr Zimmer. „Von was für einem Schattenmann redest du denn da?"

„Vom selben wie Daddy."

Grace erinnerte sich an die Bemerkung, die Vince am Morgen gemacht hatte. Sie solle nicht in jedem Schatten nach dem Mann Ausschau halten. Nach Jared Barnett, diesem Mistkerl. Das hatte Emily wohl mitbekommen. „Du meinst am Flughafen?" Emily nickte. Sie saß auf der Bettkante, und Grace fragte sich, wo ihre unsichtbare Freundin wohl stecken mochte. „Daddy hat nur einen Scherz gemacht, Liebes. Es gibt keinen Schattenmann."

„Bitsy sagt, er war heute hier", erwiderte Emily und sah über die Schulter zur Seite. Also saß Bitsy wohl auch auf dem Bett.

„Woher will Bitsy das denn wissen?"

„Sie hat ihn herumschleichen sehen. Er hat Mr. McDuff mitgenommen."

Grace konnte sich nicht erklären, warum Emily solche Geschichten erfand. Die Bemerkung war doch eher beiläufig gewesen, warum steigerte sie sich jetzt in die Fantasie von einem Schattenmann hinein?

„Bist du sicher, dass du Mr. McDuff nicht einfach verlegt hast?"

Emily schüttelte den Kopf. „Er saß auf meinem Bett, wie immer."

Grace sah sich im Zimmer um. Der weiße Plüschhund war tatsächlich nirgends zu sehen. Während im übrigen Haus noch Chaos herrschte, hatte sich Emily ihr Zimmer bereits eingerichtet. Die Eigenschaft, stets alles tadellos in Ordnung zu halten, hatte sie mit Sicherheit nicht ihrer Mutter zu verdanken.

„Ich bin sicher, dass er hier irgendwo ist."

„Bitsy sagt, der Schattenmann hat ihn mitgenommen."

Grace rieb sich die ständig verspannte Stelle im Nacken. Sie wurde langsam ungeduldig, sprach jedoch weiter in ruhigem Ton. „Liebes, du weißt doch, dass Daddy und ich niemals zulassen würden, dass dir etwas geschieht, oder?"

Emily nickte, wirkte jedoch abwesend und sah wieder zur Seite. Vielleicht nahm sie die Geschichte ja auch viel zu ernst, dachte Grace, vielleicht plapperte ihre Tochter einfach nur daher. Sie ist doch ein Kind, würde Vince sicher sagen.

„Warum gehst du ihn nicht suchen? Vielleicht ist Mr. McDuff unten."

„Okay."

Auf dem Flur sagte Emily: „Mom, Bitsy meint, wir sollten besser die Tür von der Garage ins Haus zuschließen, wenn wir weggehen."

Grace sah ihre Tochter verblüfft an und spürte, wie sie im Nacken eine Gänsehaut bekam. Woher in aller Welt wusste Emily, dass sie diese Tür nicht abschlossen?

Ehe sie sich wieder den Umzugskartons zuwandte, überprüfte sie sämtliche Tür- und Fensterschlösser und kam sich dabei selbst albern vor. Es konnte doch nicht angehen, dass sie sich von Emilys Theater derart ins Bockshorn jagen ließ. Und vor allem würde sie sich nicht von einem Jared Barnett ins Bockshorn jagen lassen.

Sie hatte gerade eine weitere Ladung Handtücher ins Bad gebracht, als das Telefon klingelte.

„Hallo", meldete sie sich abwesend, weil ihr gerade der Gedanke gekommen war, dass es wahrscheinlich viel einfacher gewesen wäre, alles neu zu kaufen.

„Grace, gut, dass ich Sie erwische."

Sie erkannte die Stimme von Tommy Pakula, und ihr fiel ein, dass sie nicht zurückgerufen hatte, nachdem das Gespräch plötzlich abgebrochen war.

„Mir geht es gut. Ich weiß, ich hätte anrufen sollen, nachdem wir unterbrochen worden sind."

„Was?"

„Mein Anruf aus dem Supermarkt."

„Ach ja. Nein, das ist schon okay. Deshalb rufe ich nicht an. Ich habe hier etwas, das Sie sich ansehen sollten."

Grace hielt nach einem Stift Ausschau. Sie wusste, wenn Tommy direkt zur Sache kam, war es ernst.

„Was ist passiert?"

„Ich bin in der Nebraska Bank of Commerce, in der kleinen Zweigstelle am Highway 50. Kennen Sie die? Nehmen Sie den Interstate 80 und dann die Ausfahrt hinter der Sapp-Brothers-Filiale."

„Sie sind in der Bank?" Einen Stift hatte sie inzwischen, aber da sie kein Papier finden konnte, kritzelte sie Tommys Angaben auf den Deckel eines Kartons.

„Ja. Das ist eine ziemliche Sauerei hier."

„Pakula, Sie sind der Letzte, den ich darauf hinweisen müsste, dass Banküberfälle zu den Sauereien des FBI gehören."

„Es ist ein Mordfall. Die Täter sind einer Streife entwischt. Wir überprüfen gerade das Kennzeichen. Moment, warten Sie." Sie hörte eine gedämpfte Unterhaltung, konnte aber nur Pakulas „Auch das noch", gefolgt von einem „Scheiße!" verstehen. Dann meldete er sich zurück. „Was meinen Sie, wie lange brauchen Sie hierher?"

„Ich muss Emily zu meiner Großmutter bringen. Aber in fünfzehn, zwanzig Minuten bin ich bei Ihnen."

„Grace?"

„Ja?"

„Machen Sie sich auf einiges gefasst."

„Ich weiß, eine verdammte Sauerei. Das sagten Sie bereits."

„Ich kann mich nicht erinnern, jemals so viel Blut gesehen zu haben."

„Es gibt also mehr als ein Opfer?"

„Im Moment liegen die Hochrechnungen bei etwa fünf."

„Großer Gott, Pakula! Warum haben Sie das nicht gleich gesagt?"

„Ich dachte, das hätte ich. Ich mache hier jetzt besser weiter. Wir sehen uns in einer Viertelstunde."

19. Kapitel

17.38 Uhr
Highway 50

Melanie schlug auf die Hupe, doch der Geländewagen vor ihnen zeigte sich völlig unbeeindruckt davon und hielt sich eisern an die Geschwindigkeitsbegrenzung von fünfundsechzig Meilen pro Stunde. Im Rückspiegel sah sie die Autos an den Straßenrand ausweichen, um dem blinkenden Streifenwagen Platz zu machen. Es konnte nur noch Sekunden dauern, bis er an ihrem Heck kleben würde. Der Highway wand sich jetzt einen Hügel hinauf und hatte an dieser Stelle keine Überholspur. Doch als Jared sie anbrüllte, sie solle endlich an dem Scheißkerl vorbeiziehen, überlegte sie nicht lange.

Auf der Gegenspur kam ihnen ein Truck entgegen. Es war unmöglich zu schaffen, denn vor dem Geländewagen fuhr noch ein blauer Kleinwagen, den sie vorher nicht gesehen hatte. Sie riss das Steuer nach rechts, rammte den Geländewagen und drängte ihn über den Fahrbahnrand. Im Spiegel sah sie, wie er über den Graben schoss und gegen einen Zaun krachte.

„Geschieht ihm recht", meinte Jared. „Vielleicht kapieren die jetzt ja, dass sie uns besser Platz machen sollten."

Trotzdem kostete es Melanie einige Mühe, an dem blauen Kleinwagen vorbeizukommen. Jetzt hatte sie einen Pick-up mit Anhänger vor sich. Unmöglich, ihn vor der Kurve zu überholen, zumal der Highway gleich dahinter über eine Brücke führte und sich verengte.

„Nicht langsamer werden!" rief Jared. „Nimm den Seitenstreifen."

„Bist du verrückt? Der ist nicht breit genug! Das schaffen wir nie!"

„Mach es einfach." Er hing über der Rückenlehne und zielte mit der Waffe durch das hintere Fenster. „Nun mach schon, verdammt!"

Sie hätte am liebsten die Augen geschlossen. Mit fünfundachtzig Meilen würde sie in der Kurve die Kontrolle über den Wagen verlieren.

„Du schaffst das, Mel."

Sie hielt den Atem an und riss das Steuer herum, hörte, wie die Reifen den Kies auf dem Randstreifen aufwirbelten, und spürte den Zug am Lenkrad. Der Wagen fing an zu vibrieren, und nur mit größter Anstrengung gelang es ihr, das Lenkrad mit ihren schweißnassen Händen umklammert zu halten. Ihr Herz schlug so laut, dass sie Jareds Geschrei nur wie aus weiter Ferne wahrnahm. Sie sah sie alle schon an dem Brückenpfosten vor ihr zerschellen, doch buchstäblich in letzter Sekunde schaffte sie es, den Wagen wieder auf den Highway zu bekommen. Ihr T-Shirt klebte an ihr wie eine zweite Haut.

Die auf der Brücke verengte Fahrbahn machte auch dem Streifenwagen zu schaffen, und Melanie sah im Spiegel, wie das rotblaue Blinklicht hinter dem Pick-up mit dem Anhänger zurückblieb. Sie jagten jetzt auf die Vororte von Louisville zu, doch trotz der Geschwindigkeitsbegrenzung auf der kurvenreichen Strecke trat sie das Gaspedal weiter durch.

„Bieg da vorne ab", kreischte Jared. Sie hätte die in den Wald abzweigende Straße gar nicht bemerkt, hätte nicht das grüne Hinweisschild mit dem weißen Pfeil zum Platte River State Park am Straßenrand gestanden.

Ohne nachzudenken tat sie, was er gesagt hatte, und raste mit fünfundsiebzig Meilen die kurvige Straße hinauf. Der Streifenwagen war nicht mehr zu sehen. Vielleicht hatte der Fahrer sie ja nicht abbiegen sehen und glaubte sie noch immer auf dem Highway 50.

„Haben wir ihn abgehängt?" Sie konnte es nicht fassen.

„Fahr weiter!"

„Mach ich ja. Aber ist er noch hinter uns?"

„Da vorne rechts kommt die Einfahrt zum State Park. Fahr da rein." Er zeigte nach vorne, aber sie wusste nicht, was er meinte. „Gleich müsste ein Hinweisschild kommen."

„Wo denn, ich sehe nichts." Sie starrte geradeaus und kämpfte gegen den Impuls an, sich durch einen Blick in den Rückspiegel zu vergewissern, ob sie immer noch allein waren.

„Pass auf, gleich da vorne!" schrie Jared.

Dann sah sie das Schild, doch sie war zu schnell. Trotzdem riss sie das Lenkrad herum. Der Wagen schlingerte, verlor die Haftung und hob plötzlich ab. Sie versuchte, gegenzulenken, doch da flogen sie bereits über den Graben, durch einen Stacheldrahtzaun, prallten auf und durchpflügten mit ohrenbetäubendem Knattern, als peitsche ein Hurrikan gegen Fensterglas, ein Maisfeld.

Als der Wagen endlich zum Stehen kam, stach ihr der Geruch von Benzin und Frostschutzmittel in die Nase. Vor sich sah Melanie nur ein Dickicht aus Maispflanzen und darüber sich auftürmende schwarze Gewitterwolken.

20. Kapitel

17.51 Uhr
Nebraska Bank of Commerce

Ein Polizeibeamter winkte Grace durch das Labyrinth aus Rettungs- und Streifenwagen. Wie üblich trugen die Kleinbusse der Fernsehsender nicht gerade dazu bei, das Chaos überschaubarer zu machen. Etliche der jüngeren Beamten hatte sie noch nie gesehen, auch diesen nicht, aber die Polizisten kannten sie oder wussten zumindest, wer sie war. Es war nichts Ungewöhnliches, dass die Polizei schon am Tatort mit dem Büro des Bezirksstaatsanwalts zusammenarbeitete.

Allerdings hatte es eine ganze Weile gedauert und war für sie zu Anfang eine zusätzliche Erschwernis gewesen, bis das Omaha Police Department und das Sheriff Department von Douglas County den einzigen weiblichen Bezirksstaatsanwalt akzeptiert hatten.

Am Seiteneingang des Backsteingebäudes, in dem sich die Bank befand, reichte ihr ein anderer Beamter ein Paar Latex-Handschuhe, Überzieher für die Schuhe und eine Gesichtsmaske. Die Maske lehnte sie ab, zog jedoch die Papierüberzieher über ihre Schuhe und dann die Handschuhe an. Sie folgte dem uniformierten Polizisten einen schmalen Flur entlang und an zwei verschlossenen Türen vorbei, wovon eine ein Namensschild trug. Hoffentlich hatte sich Mr. Avery Harmon heute freigenommen oder früher Feierabend gemacht, dachte sie.

Noch bevor sie den Schalterraum betrat, nahm sie den süßlichen Geruch wahr. An der Tür blieb sie stehen, um sich einen Überblick zu verschaffen. Sie versuchte, sich den Raum ohne die Polizisten, Leichenbeschauer und Kriminaltechniker vorzustellen und sich jedes Detail einzuprägen.

Sie sah drei Leichen. Pakula hatte gesagt, es gäbe wahrscheinlich fünf. Eine Frau lag mit dem Gesicht auf dem Boden neben der gläsernen Doppeltür am Eingang. Eine Kundin, die gerade auf dem Weg nach draußen gewesen war, als die Schießerei begann? Von ihrem Standort aus konnte sie nicht erkennen, wo sie von der Kugel getroffen worden war, obwohl es ihr ganz nach einem Schuss in den Hinterkopf aussah. Jedenfalls hatte sich dort eine große Blutlache gebildet. Ein Mann in Hemd und Krawatte lag zusammengesackt im Türrahmen eines Nebenraums, sein frisch gestärktes weißes Hemd hatte sich rot gefärbt. Neben dem Schalter lag ein älterer Mann flach auf dem Rücken, wohl auch ein Kunde. Er war ihr am nächsten, sodass sie seine leeren blauen Augen, die zur Decke zu starren schienen, deutlich sehen konnte. Eines der Gläser seiner Metallbrille war zerbrochen.

„Da liegt noch einer hinter dem Tresen", sagte Tommy Pakula plötzlich neben ihr.

„Wie ist es passiert?" forderte sie ihn auf, ihr seine Vermutung über den Tathergang zu schildern. Sie kannten sich gut genug, um sich Formalitäten zu ersparen, und sie schätzte diesen Pragmatismus, den Tommy „formloses Rangehen" nannte.

„Die Täter haben die Kameras intakt gelassen." Er deutete auf die Videokameras an der Decke. „Das sind diese verdammten Billigdinger mit drei Sekunden Verzögerung, drei Stück. Einer von den FBI-Leuten hat das

Band. Wir bekommen es gleich zu sehen, aber erwarten Sie nicht zu viel."

Sie musterte Pakula, der Jeans und ein gelbes Golfhemd trug. Er war stets akkurat gekleidet. Das Hemd steckte ordentlich in der Hose, und sogar die Jeans hatte Bügelfalten. Heute zeichneten sich unter seinen Achseln jedoch deutlich Schweißflecken ab, und seine Stirn glänzte. Erst jetzt merkte sie, wie warm es war. Vielleicht stimmte etwas mit der Klimaanlage nicht, denn die Leute hier hatten sie bestimmt nicht abgestellt.

„Ich bin mir nicht ganz sicher, wie es abgelaufen ist." Das sagte Pakula immer, bevor er dann eine präzise Beschreibung des möglichen Tatverlaufs abgab. Als sie sich kennen lernten, hatte sie ihn zuerst für einen Aufschneider gehalten, bis sie merkte, dass er in neun von zehn Fällen mit seiner Analyse richtig lag.

„Wir glauben, dass es zwei waren. Auch der Streifenpolizist, der sie verfolgt hat, hat zwei Personen gesehen. Ich denke, sie sind ganz normal durch den Eingang gekommen. Einer wartet an der Tür, der andere geht zum Schalter. Die Frau hat es wahrscheinlich als Erste erwischt, doch sie hatte Glück." Er deutete auf den Blutfleck unter dem Schreibtisch, neben dem aber niemand mehr lag. „Der Mann im Büro hört den Schuss und kommt heraus, um zu sehen, was los ist. Er oder vielleicht auch die Kassiererin hat den stillen Alarm ausgelöst. Der Mann wird erschossen, dann die beiden Kunden. Die Kassiererin hat es wohl zuletzt erwischt, denke ich."

„Wird die Frau es schaffen?"

„Schwer zu sagen, es hat sie übel erwischt. Nachdem sie getroffen wurde, ist sie zusammengesackt und unter den Schreibtisch gerutscht. Das könnte ihr das Leben gerettet haben. Die Täter haben wahrscheinlich nicht bemerkt, dass sie noch lebte. Aber sie wurde in den Kopf getroffen, rechnen Sie also nicht mit einer Zeugin."

„Warum glauben Sie, dass die Kassiererin das letzte Opfer war?"

„Ach ja, das sollten Sie sich ansehen. Aber passen Sie auf, dass Sie sich keine blauen Flecke holen."

Sie folgte ihm, und um hinter den Tresen zu gelangen, stiegen sie vorsichtig über den alten Mann hinweg. Draußen war es drückend heiß, trotzdem trug er einen Tweedanzug und eine ordentlich gebundene Krawatte. Pakula kniete sich neben die Kassiererin und hob ihren Kopf vorsichtig an. Das blonde blutgetränkte Haar klebte ihr am Gesicht, sodass Grace die Eintrittswunde zunächst nicht sah. Erst als Pakula ihr Kinn anhob, erkannte sie ein kleines schwarzes Loch. Ihr Mörder hatte sich die Zeit genommen, ihr die Waffe unter den Unterkiefer zu halten, bevor er abdrückte.

Grace sah Pakula an und nickte. Auch sie hatte sofort an den Killer denken müssen, der wie ein Markenzeichen das Gebiss seiner Opfer zerstörte, um ihre Identifizierung zu erschweren.

„Das ist doch nicht möglich, oder?" sagte sie.

Pakula zuckte nur die Schultern.

21. Kapitel

18.05 Uhr
Platte River State Park

Andrew wunderte sich, dass das Knattern nicht wieder verschwand. Die Stille hier draußen schien das Rotorgeräusch noch zu verstärken. Vielleicht hatte es irgendwo einen Verkehrsunfall mit Verletzten gegeben, überlegte er, doch der Hubschrauber schien keine Anstalten zu machen, irgendwo landen zu wollen. Er kreiste über den Baumwipfeln, als würde der Pilot etwas beobachten oder nach etwas suchen.

Andrew sicherte seine Datei, schloss das Programm und klappte den Deckel zu. Weil ihn die leeren Seiten seines Spiralblocks zu sehr frustriert und entmutigt hatten, hatte er es am Laptop versucht. Er schlüpfte in seine Schuhe und ließ die Schnürbänder offen.

Der Helikopter flog jetzt eine Kurve nach rechts und kam zurück. Als er fast über der Hütte war, konnte Andrew deutlich den Schriftzug POLICE erkennen. Wonach mochte die Polizei denn hier suchen? Er erinnerte sich an Tommys überstürzten Aufbruch und fragte sich, ob der Hubschrauber vielleicht etwas mit dem Anruf zu tun hatte.

Andrew hastete in die Hütte zurück und schaltete den kleinen tragbaren Fernseher ein, den er mitgebracht hatte. Er wusste, dass er hier nur einen schlechten Empfang hatte, aber mit etwas Glück würde er schon einen Sender erwischen. Er steckte den Stecker in die Dose, schaltete das Gerät ein und drehte so lange an den wie Ohren abstehenden Antennen herum, bis er schließlich Kanal 7 aus Omaha empfing.

Er trug keine Uhr, doch es schienen gerade die Achtzehn-Uhr-Nachrichten zu laufen. Knacken und Rauschen begleitete die Laufschrift am unteren Rand des verschwommenen Bildes. Die Moderatoren Julie Cornell und Rob McCartney hatten rötliche Gesichter mit orangefarbenen Schatten, aber das störte ihn nicht. Anscheinend ging es um die Suche nach zwei Verdächtigen. Andrew drehte das Gerät lauter.

„... auf dem Highway 50 in südlicher Richtung", hörte er Julie sagen, während eine Straßenkarte eingeblendet wurde, auf der eine rot markierte Strecke zu sehen war. „Die beiden Männer werden dringend verdächtigt, am Nachmittag die Nebraska Bank of Commerce überfallen zu haben. Dabei gab es mehrere Tote. Weitere Einzelheiten sind noch nicht bekannt, aber wir werden Sie unterrichten, sobald neue Informationen vorliegen."

Andrew schaltete den Fernseher aus. Mutmaßungen und Kommentare interessierten ihn nicht, er hatte erfahren, was er wissen wollte.

Andrew holte sich eine Pepsi Light aus dem Kühlschrank und machte sich wieder an die Arbeit. Er schob den Laptop beiseite und versuchte es wieder mit dem Block. Der Wind hatte aufgefrischt, und plötzlich übertönte ein Donnergrollen aus der Ferne das Geräusch des Hubschraubers. Er schüttelte einen Kugelschreiber aus dem Zehnerpack und fing an zu schreiben.

22. Kapitel

18.11 Uhr
Nebraska Bank of Commerce

Grace setzte sich neben Pakula. Dann zwängten sich auch dessen Kollege Ben Hertz und Special Agent Jimmy Sanchez vom FBI-Büro in Omaha in den engen Van.

Darcy Kennedy, eine Kriminaltechnikerin der Polizei von Douglas County, schob die Kassette in den Schlitz. Grace musste daran denken, wie oft sie an der Fernbedienung ihres Videorekorders zu Hause verzweifelt war, doch dieses Gerät mit seinen Knöpfen, Schaltern und der imposanten Tastatur sah aus wie ein Computer, mit dem man wahrscheinlich alles machen konnte – vielleicht sogar Umzugskartons auspacken.

„Wir sehen uns zuerst die Aufnahmen vom Eingangsbereich an", erläuterte sie den anderen. „Beachten Sie, dass die Überwachungskameras hintereinander geschaltet sind. Es sind drei. Eine ist auf den Eingang gerichtet, eine andere auf den Kassenbereich und die dritte auf den Safe. Sie arbeiten abwechselnd, deshalb wirken die Aufnahmen wie eine Reihe von Schnappschüssen mit Lücken von jeweils drei Sekunden. Das klingt, als sei das nicht viel, aber wenn wir Pech haben, fehlen gerade die entscheidenden Details."

Auf den Schwarz-Weiß-Bildern war der Schalterraum kaum zu erkennen. Für Grace war das keine Überraschung, zumal sie gerade in der letzten Woche im Zusammenhang mit einer Serie von Supermarkt-Überfällen einen Stapel ähnlich unscharfer Videos hatte sichten müssen. Sie setzte ihre Lesebrille auf, doch auch das half nicht.

„Passen Sie auf, gleich gehts los."

Es schien eine Ewigkeit zu dauern, und Grace lehnte sich ein wenig vor, um, eingezwängt zwischen Pakula und Sanchez, Luft zu bekommen. Trotz der auf Hochtouren laufenden Klimaanlage war der Van die reinste Sauna.

Dann tauchten auf dem Bildschirm plötzlich zwei Gestalten auf, waren jedoch gleich wieder verschwunden. Darcy Kennedy drückte einige Knöpfe, spulte zurück und hielt das Bild an. Sie hackte auf der Tastatur herum, und nun füllten die Gestalten den ganzen Monitor aus. Grace betrachtete sie genau, doch es gab kaum etwas, das die beiden unterschied. Dunkle Overalls und eine Art Maske über der unteren Gesichtspartie. Die Waffen hielten sie mit der Mündung nach unten seitlich an den Körpern.

Darcy drückte einige Tasten, und die Gesichter wurden vergrößert.

Einer der Täter blickte zur Seite, der andere direkt in die Kamera. Zwischen seiner Maske und der dunklen Mütze wurden verschwommen zwei dunkle, leere Augen sichtbar.

„Er sieht genau in die Kamera", stellte Pakula fest. „Fast so, als wüsste der Mistkerl, dass er aufgenommen wird."

„Sind das Halstücher da vor ihren Gesichtern?" fragte Sanchez. „Die sehen ja aus wie ein paar Bankräuber aus einem alten Western."

„Wie Frank und Jesse James." Ben Hertz lachte.

„Die Aufnahme, wie sie die Bank wieder verlassen, ist

leider auch nicht ergiebiger." Darcy drückte eine Taste, und das Band sprang aus dem Gerät. „Die Kamera, die auf den Safe gerichtet ist, zeigt gar nichts, soweit ich das sagen kann. Die vom Kassenbereich hat jedoch ein paar interessante Details zu bieten."

Sie legte das nächste Band ein, und sofort erkannte Grace den langen Schaltertresen. Die Kassiererin stand dahinter, der alte Mann davor. Die Verzögerung von jeweils drei Sekunden zwischen den Aufnahmen war in der Tat ärgerlich, die Bilder ruckten wie in einem alten Charlie-Chaplin-Film. Dann tauchte von der Seite plötzlich einer der Maskierten auf. Auf dem nächsten Bild sah man den alten Mann auf Knien, die Hände hinter dem Kopf. Offenbar war er zuvor aufgefordert worden, diese Haltung einzunehmen. Dann schwebte der Maskierte auf einmal in der Luft, aufgenommen während seines Sprungs über den Tresen. Auf dem grobkörnigen Bild stachen seine strahlend weißen Turnschuhe deutlich hervor. Drei Sekunden später hielt er der Kassiererin, deren weit aufgerissene Augen trotz der schlechten Bildqualität deutlich zu erkennen waren, die Waffe unter das Kinn. Auf dem nächsten Bild war sie verschwunden. Wahrscheinlich lag sie unter dem Tresen und wurde von dem nach unten gebeugten Rücken des Killers verdeckt. Den sah man drei weitere Sekunden später über die Schulter blicken. Der alte Mann lag jetzt am Boden. Dann war der Spuk vorbei.

„Das war alles", sagte Darcy, spulte zurück und fror das Bild, das die letzten Sekunden im Leben der Kassiererin festgehalten hatte, ein.

„Mehr haben wir nicht?" fragte Pakula.

„Nein. Der übrige Schalterraum wurde von keiner Kamera erfasst."

„Aus dem, was wir sehen konnten, ist schwer zu schließen, was da eigentlich abgelaufen ist." Ben Hertz zog eine Zigarette aus der Schachtel und klopfte das Ende auf seinen Handballen, als wolle er demonstrativ auf sein Recht pochen, zu rauchen. Dann schraubte er sich aus seinem engen Sitz und spang aus dem Van.

„Es sieht mir fast so aus", begann Pakula und machte Anstalten, seinem Partner zu folgen, „als hätten die es auf die Kassiererin abgesehen."

„Meine Güte, diese Kameras sind der letzte Mist", beschwerte sich Sanchez. „Wenn die Öffentlichkeit erfährt, dass wir die Täter auf Video haben, denkt doch jeder, der Fall sei schon so gut wie aufgeklärt. Wir werden uns wie immer mit den Medien und einer aufgebrachten Bevölkerung herumschlagen müssen. Dabei haben wir rein gar nichts."

„Das stimmt nicht ganz." Darcy betätigte wieder ein paar Tasten und holte die Aufnahme, auf der der Maskierte gerade über den Tresen sprang, auf den Monitor zurück. „Wir haben Abdrücke seiner Schuhe. Mit einigen technischen Zaubertricks bekomme ich wahrscheinlich sogar die Marke heraus. Bis morgen früh können wir Ihnen vielleicht Hersteller und Schuhgröße nennen. In den Rillen der Sohlen waren Erdreste, und dazwischen habe ich ein paar kleine bläuliche Kiesel mit grauen Einsprengseln gefunden. Das könnte uns vielleicht weiterbringen." Sie hielt ihnen einen Plastikbeutel mit Erde und winzigen Steinchen hin. „Mit etwas Glück kann ich Ihnen vielleicht sagen, wo er gewesen ist, bevor er der Bank seinen Besuch abgestattet hat."

Pakula nahm den Beutel und hielt ihn hoch, damit Grace ihn sich ebenfalls ansehen konnte.

„Moment mal", sagte sie, griff nach dem Beutel und betastete die Steinchen durch das Plastik. Obwohl sie keine voreiligen Schlüsse ziehen wollte, bekam sie einen gehörigen Schreck.

„Was ist?" Alle Blicke waren plötzlich auf sie gerichtet.

„Ich glaube, ich kenne diese Kiesel. Die sehen exakt wie die auf dem Weg vor unserem Haus aus."

23. Kapitel

18.17 Uhr
Platte River State Park

Melanie schmerzte die Brust. Jeder Atemzug verursachte ihr quälende Schmerzen, und auf ihrer Zunge lag der Geschmack von Benzin.

Sie nahm ein Stöhnen wahr, dann ein Donnern – vielleicht das Gewitter? –, doch sonst war es still. Sogar das Zischen des Motors hatte aufgehört. Sie tastete nach der Verriegelung des Sicherheitsgurts und merkte, dass sie ihn gar nicht angelegt hatte. Deshalb also die Schmerzen in ihrer Brust. Sie erinnerte sich dunkel, gegen das Lenkrad geprallt zu sein, doch der Airbag hatte sich nicht aufgeblasen. Sie konnte von Glück sagen, dass sie nicht kopfüber durch die Windschutzscheibe geflogen war.

Jetzt hörte sie das Stöhnen wieder und blickte zur Seite. Die Beifahrertür stand offen, und Jared war nirgendwo zu sehen. Erschrocken drehte sie sich nach hinten um.

„Charlie? Bist du okay?"

Er lag mit dem Gesicht nach unten zusammengekauert auf dem Boden und hatte die Beine unter den Körper gezogen.

„Charlie, alles in Ordnung mit dir?" Sie griff nach hinten über die Lehne und rüttelte an seiner Schulter. Er stöhnte, als er sich schwerfällig hochstemmte und auf den Sitz rollte, wo er auf dem Rücken liegen blieb und nach oben starrte. Sie sah die dunklen Spritzer auf seinem Overall, als hätte er sich von oben bis unten mit Cola bekleckert. Ein Schreck durchfuhr sie, doch dann begriff sie, dass es nicht sein Blut war. Das Erbrochene, das in gelben Streifen an seiner Brust klebte, stammte jedoch eindeutig von ihm.

„Was ist passiert, Charlie?" stammelte sie. „Was zum Teufel habt ihr gemacht?"

Er richtete sich langsam auf, ohne sie jedoch anzusehen.

„Charlie, ich habe dich etwas gefragt!"

„Wir müssen weiter!" hörte sie plötzlich Jareds Stimme. Sie erschrak, als er ohne Overall, Strickmütze und Halstuch in der offenen Beifahrertür erschien.

„Ich will wissen, was zum Henker da in der Bank los war!" fuhr sie die beiden an, obwohl sie bei jedem Atemzug das Gefühl hatte, jemand ramme ihr ein Messer in die Brust. Ihre Baseballkappe hatte sie verloren, und die Haare hingen ihr wild ins Gesicht. Sie wischte sich die klebrigen Strähnen aus den Augen. „Verdammt noch mal, ich habe ein Recht, es zu erfahren!"

„Wir müssen hier abhauen. Sofort!" Er riss die hintere Tür auf und raunzte Charlie an: „Spiel nicht die Memme und steh endlich auf!"

Weder Melanie noch Charlie rührten sich. Sie hatte noch nie erlebt, dass Jared so mit ihrem Sohn sprach. Auch für Charlie war das offenbar neu. Er sah Jared aus glasigen Augen an, als sei er eben aus einem tiefen Schlaf erwacht und nicht etwa auf der Rückbank eines Saturn durch die Luft geflogen.

„Zieh den Overall aus!" herrschte Jared ihn an.

„Aber du hast gesagt …"

„Halt deine verdammte Klappe und beweg dich!"

Jetzt gehorchte Charlie. Melanie verhielt sich still und

sah zu, wie sich ihr Sohn aus dem Overall schälte, das Halstuch abriss und beides aus dem Wagen warf. Dann rieb er sich das Gesicht mit beiden Händen und drückte die Finger mit solcher Kraft auf die Augen, dass sie sich fragte, ob er wegzuwischen versuchte, was er gesehen hatte. Als er sich schließlich mit einem weiteren Seufzer gegen die Rücklehne fallen ließ, war sein Gesicht mit hellen Streifen übersät, wo er sich mit den Fingern die Bräunungscreme abgerieben hatte.

„Nun macht schon!" rief Jared wieder. Er war ein Stück hinter dem Wagen in die Hocke gegangen und schien zwischen den Maispflanzen etwas in der Erde zu vergraben. Melanie bemerkte, dass sie außer den Pflanzen um sich herum überhaupt nichts sah. Der Mais war zu hoch, um über ihn hinwegschauen zu können. Abgesehen von der Furche, den der Saturn in das Feld gepflügt hatte, sah sie weit und breit nur gelbgrüne Pflanzen und darüber den dunkelgrauen Himmel, aus dem es jeden Moment anfangen konnte zu regnen. Das Donnergrollen wurde lauter. Der Wind hatte aufgefrischt und pfiff durch die Reihen, dass die Stängel mit den langen Blättern und Kolben wogten, als hätten sie sich hier zu einem zornigen Tanz verabredet. Die Pflanzen waren beinahe reif, mehr gelb als grün und trocken genug, dass der Wind sie knistern und knacken ließ. Das unheimliche Geräusch und der bedrohlich dunkle Himmel ließen Melanie unwillkürlich frösteln.

Plötzlich musste sie daran denken, dass ihre Mutter bestimmte Geräusche für Vorboten eines drohenden Unglücks hielt. Dabei standen Vögel ganz oben auf ihrer Liste düsterer Vorzeichen. Melanie hörte die Krähen, die in einem schwarzen Schwarm über sie hinwegflogen, und ihr „Ka, Ka" klang wie ein Schimpfen. Doch sie zogen rasch vorbei, und ihr Krächzen wurde von dem dumpfen Grollen des näher kommenden Unwetters und dem stärker werdenden Pfeifen des Windes übertönt. Da war aber noch ein anderes Geräusch, und das hörte sich gar nicht nach einem Gewitter an.

„Scheiße!" schrie Jared. Sie zuckte zusammen, noch bevor sie das Rotorgeräusch des Helikopters erkannte. „Wir müssen uns beeilen! Los, ab in das verdammte Feld! Und duckt euch!"

Da Melanie noch immer keine Anstalten machte, sich zu bewegen, riss er ihre Tür auf und zog sie an der Schulter, sodass sie halb aus dem Wagen fiel. Ihre Hände schürften über die trockene Erde des Ackers. Als sie auf die Beine kam, sah sie Jared zwischen den Maisstängeln verschwinden. Dicht hinter ihm humpelte Charlie. Sie folgte ihnen, und in ihrem Kopf bohrte der Gedanke, dass Krähen ein Omen für Unglück und Tod waren.

Dann fielen die ersten dicken Regentropfen.

24. Kapitel

16.25 Uhr
Nebraska Bank of Commerce

„Barnett." Grace sprach aus, was Pakula dachte. „Und er war an meinem Haus."

„Das lässt sich noch nicht mit Sicherheit sagen", beschwichtigte er sie.

„Vince hat den Kies ausgesucht. Der Lieferant ist eine Firma an der Westküste."

„Wir wissen nicht, ob es tatsächlich dieselben Steine sind. Warten wir ab, was Darcy herausfindet."

„Ich weiß, dass es Barnett war."

„Aber was hat er für einen Grund, so etwas zu tun? Warum sollte er die Identifizierung der Frau verhindern wollen, indem er ihr durch den Kiefer schießt und ihr Gebiss zerstört? Wir wissen doch, wer sie war." Pakula lehnte mit verschränkten Armen an Graces Geländewagen. Entweder glaubte er nicht an ihre Theorie, oder aber seine Frage war eine Aufforderung an Grace, ihre Vermutung zu untermauern.

„Vielleicht ging es ihm ja gar nicht darum, Beweise zu vernichten. Vielleicht wollte er sich einfach nur über uns lustig machen. Uns quasi seine Visitenkarte wie auf einem Präsentierteller hinterlassen."

„Er ist gerade erst vor zwei Wochen aus dem Gefängnis entlassen worden."

„Sie haben es selbst gesagt: Er ist mit einem Mord durchgekommen. Vielleicht glaubt er jetzt tatsächlich, nichts und niemand könne ihm etwas anhaben?"

„Vielleicht. Aber wäre er wirklich so dämlich? Ich kann das nicht glauben." Er schüttelte den Kopf und beobachtete, wie die Leichen aus der Bank herausgetragen wurden.

Grace blickte zum Himmel und dann auf ihre Uhr. Auf der Herfahrt hatte sie die Unwetterwarnung gehört. Sie wollte ihre Tochter abholen, bevor es richtig losging, denn sie wusste, wie sehr sich Emily vor Blitzen fürchtete. Und nun hatte sie auch noch Angst vor einem ominösen Schattenmann, fiel ihr plötzlich wieder ein.

„Warum sollte er überhaupt eine Bank überfallen?" fragte Pakula und lenkte ihre Gedanken wieder auf den Fall. „Offenbar haben die Täter nicht mal Geld erbeutet."

„Überprüfen Sie die Opfer, und ich gehe jede Wette ein, dass es irgendeine Verbindung gibt."

Er warf ihr einen Blick zu, als sei er gar nicht erfreut, dass sie ihm sagte, was er tun solle.

„Die Leute hier waren einfach nur zur falschen Zeit am falschen Ort. Es war reiner Zufall, dass es gerade sie erwischt hat."

„Haben Sie mir überhaupt zugehört, Pakula? Ich sage Ihnen, das war kein Zufall."

„Soll ich Ihnen nicht doch lieber einen Streifenwagen schicken? Nur zur Sicherheit."

„Ich komme schon klar. Außerdem, wenn Barnett der Täter ist, wird er in den nächsten Tagen bestimmt nicht viel Zeit finden, mich zu belästigen, oder? Ich mache mir nur ein wenig Sorgen um Emily. Vince hat heute Morgen am Flughafen gesagt, ich solle nicht in jedem Schatten nach Barnett Ausschau halten. Sie hat das aufgeschnappt und fürchtet sich jetzt vor einem Schattenmann, wie sie ihn nennt, der angeblich unser Haus beobachtet."

„Sie glauben, er würde sich tatsächlich in Ihre Nähe wagen?"

„Ich weiß es nicht. Emily sagt, ihre Freundin Bitsy habe jemand gesehen." An seiner gerunzelten Stirn sah sie, dass Pakula nicht verstand.

„Bitsy?"

„Oh ja, habe ich Ihnen nicht von ihr erzählt? Seit wir umgezogen sind, hat Emily sich eine Freundin ausgedacht. Sie haben doch selbst vier Töchter, Pakula. Hatte denn keine von ihnen eine imaginäre Freundin?"

„Ich würde mir wünschen, ihre Freunde wären Fantasieprodukte. Angie geht zum Beispiel mit einem Jungen, der vor lauter Piercings aussieht wie ein Nadelkissen." Er rollte die Schultern und streckte den Nacken, als müsse er eine Verspannung lockern. Trotzdem hörte er ihr aufmerksam zu, wie sie an seinem wachsamen Blick erkannte. Pakulas Töchter brauchten sich nicht einzubilden, ihrem Vater entginge etwas. „Warum zum Geier lässt sich jemand ein Loch durch die Zunge stechen? Ist so etwas nicht lästig?"

„Es soll angeblich das sexuelle Empfinden steigern."

Diesmal sah er sie an, als habe ihre Bemerkung ihn neugierig gemacht. Für gewöhnlich sprachen sie nicht über Privates, schon gar nicht über Sex. Was sie über Familie und Privatleben des anderen wussten, hatten sie aus beiläufigen Bemerkungen übereinander erfahren.

„Herzlichen Dank", erwiderte er, klang aber gar nicht erfreut. „Das sind natürlich genau die Dinge, die ein Vater über seine Töchter erfahren will."

Grace musste lachen. Detective Tommy Pakula war einer der härtesten Cops, die sie kannte. Zugleich aber war er ständig in Sorge um seine Töchter.

Ben Hertz kam mit einem Blatt Papier wedelnd auf sie zu, und als er neben ihnen stand, schlug er mit der flachen Hand auf die Kühlerhaube. Grace war die Geste nur zu vertraut. Das war seine Art, einen Erfolg zu verkünden.

„Wir haben das Kennzeichen überprüft. Der Halter des Fluchtwagens ist ein Dr. Leon Matese. Allerdings fährt der keinen dunkelblauen Saturn, sondern einen schwarzen BMW. Und seit Dienstag letzter Woche ist er geschäftlich in Los Angeles."

„Lass mich raten", unterbrach ihn Pakula. „Er hat seinen Wagen am Flughafen abgestellt."

„Genau. Auf dem Langzeitparkplatz. Und der Saturn ..."

„Ist gestohlen", beendete Pakula den Satz.

„So siehts aus. Ein Deputy Sheriff der Polizei von Sarpy County hat sie auf dem Highway 50 entdeckt und die Verfolgung aufgenommen."

25. Kapitel

18.28 Uhr
Platte River State Park

Klingen schnitten ihr in die Haut. Zumindest fühlte es sich für Melanie so an, als sie durch das Feld rannte. Wenn die breiten Blätter der wogenden Maispflanzen sie nicht schnitten, schlugen sie ihr ins Gesicht. Sie hielt die Arme schützend vor sich ausgestreckt und geriet immer wieder ins Straucheln, wenn sie über Erdklumpen stolperte.

Jared hatte darauf bestanden, dass sie nicht in den Furchen zwischen den Reihen liefen, sondern quer durch das Feld. So wären sie aus der Luft nicht auszumachen, doch das Laufen wurde geradezu zur Tortur.

Melanie war erschöpft, ihre Brust schien explodieren zu wollen, und jeder Atemzug stach in der Lunge. Auch ihre Beine schmerzten, und ihre Arme fühlten sich zerschunden an. In ihren Ohren pfiff der Wind. Sie hörte das lauter werdende Donnergrollen und irgendwo über ihren Köpfen das Knattern der Rotorblätter, als würde der Hubschrauber jeden Moment vor ihnen niedergehen. Ob sie den Wagen wohl schon entdeckt hatten?

Sie hatte längst die Orientierung verloren und war keineswegs überzeugt, dass sie je wieder aus diesem Feld herausfanden. Es schien überhaupt nicht enden zu wollen. Inzwischen konnte sie das Getöse des Windes kaum noch von dem des Hubschraubers unterscheiden. Nur der Donner übertönte in immer kürzeren Abständen krachend das Knattern und Rauschen, und grelle Blitze zuckten über die schwarzen Wolken. Inzwischen war es so dunkel geworden, dass sie Charlie, der direkt vor ihr lief, kaum noch sehen konnte.

Plötzlich spürte sie einen wirbelnden Sog direkt über sich und schlug auf den Boden. Obwohl sie die Arme schützend vor sich ausgestreckt hatte, riss sie sich Wange und Kinn am harten Stängel einer Maispflanze auf. Jared stürzte sich auf sie und begrub ihre Beine unter seinem Gewicht.

„Bleib unten!" schrie er und drückte ihr seinen Ellbogen oder sein Knie in den Rücken.

Diesmal spürte sie nicht den geringsten Impuls, ihm zu widersprechen. Alles tat ihr weh, um nichts in der Welt wollte sie weiterlaufen. Dann begriff sie, dass der Wirbel von dem Hubschrauber über ihnen ausging. Sie versuchte, ihren Atem zu beruhigen. Da Jared über ihr lag, konnte sie sich ohnehin kaum bewegen. Sie drückte ihre Wange in die Furche, und die von den ersten dicken Regentropfen feuchte Erde kühlte ihre Abschürfungen.

Jeden Moment mussten sich die Maispflanzen teilen und platt gedrückt werden, wenn der Hubschrauber direkt über ihnen war. Reglos wartete sie darauf, von einem Suchscheinwerfer erfasst zu werden.

Sie spürte Jareds Atem und sein Herz gegen ihren Rücken pochen. Sie roch seinen Schweiß, vermischt mit dem Geruch von Mais und Erde. Oder war das der Geruch der Angst?

Vielleicht ging es ja schnell? Vielleicht durchsiebte man ihre Körper einfach mit Kugeln. Das war ihr fast schon gleichgültig, denn ihr wild schlagendes Herz musste ohnehin jeden Moment explodieren. Jetzt stand der

Hubschrauber unmittelbar über ihnen, das Knattern der Rotorblätter war ohrenbetäubend, doch plötzlich bemerkte sie, dass das Geräusch leiser wurde. Kein Scheinwerferlicht – nur das Zucken der Blitze. Kein Kugelhagel – nur Donnergrollen.

„Die sind weg", stellte Jared nach einer Weile fest und stieß sich dann so heftig von ihr ab, dass sie noch tiefer in den Boden gepresst wurde. Sie konnten nur Minuten so gelegen haben, doch Melanie kam es vor, als seien es Stunden gewesen.

„Das Gewitter", meldete sich Charlie. „Jede Wette, die können bei diesem Wetter nicht in der Luft bleiben." Sie hob den Kopf und sah in die Richtung, aus der seine Stimme zu kommen schien. Er saß auf dem Boden, hatte seine langen Beine angezogen und hielt seinen Rucksack an die Brust gedrückt. „Glaubst du, die haben uns gesehen?"

„Sie müssten den Wagen entdeckt haben." Jared spähte über die Stängel der Maispflanzen hinweg. „Es kann nicht mehr weit sein."

„Nicht mehr weit wohin?" fragte Melanie. „Weißt du überhaupt, wo wir sind?"

„Vertrau mir, und bleib dicht bei mir." Ihr Bruder verschwand zwischen den Maispflanzen. Melanie und Charlie sprangen auf, um ihn nicht aus den Augen zu verlieren.

Als sie endlich aus dem Feld herausstolperten, sah Melanie in der von Blitzen erhellten Dunkelheit nur Bäume und so dichtes Buschwerk, dass sie sich nicht vorstellen konnte, wie sie sich dort einen Weg bahnen sollten. Das Feld und der Wald waren durch einen Stacheldrahtzaun voneinander getrennt. Sie hatte die fünf Drahtreihen erst bemerkt, als sie sich den Unterarm daran aufriss.

Wieder musste sie an ihre abergläubische Mutter denken. Es würde sie kaum wundern, wenn auch die Hölle von Stacheldraht umzäunt wäre.

In diesem Moment öffnete der Himmel seine Schleusentore, und ein sintflutartiges Inferno brach über sie herein.

26. Kapitel

19.10 Uhr

Andrew riss das Blatt von seinem Block, zerknüllte es und warf es in die Ecke zu den anderen. Eins war in einem Spinnennetz gelandet und baumelte im Wind. Der Spinne schien das nichts auszumachen. Sie saß immer noch dort – eine Kreatur der Wälder, hart im Nehmen. Da war mehr nötig als schlechte Prosa, um sie zu vertreiben.

Andrew lehnte sich zurück, nahm die Brille ab und rieb sich die Augen. Vielleicht hatte es wirklich keinen Zweck. Dies war die perfekte Umgebung, um einen Psychothriller zu schreiben, inklusive Blitz und Donnergrollen. Aber vielleicht konnte er es einfach nicht mehr. Und die Schuld dafür ließ sich wirklich nicht auf sein verletztes Schlüsselbein schieben. Zugegeben, es schmerzte, wenn er schrieb, doch war das weit weniger hinderlich als sein Mangel an Einfällen.

Er starrte auf das flackernde Licht der Laterne, das über die leere Seite tanzte. In der Hütte hatte er nur eine kleine Lampe angelassen, nicht ahnend, dass es durch das Unwetter viel früher dunkel werden würde. Er wusste nicht, wie spät es war, aber genau deshalb kam er ja zum Schreiben hierher. Hier fühlte er sich losgelöst von Zeit und Raum.

Unterhalb der Veranda sah er den See im Schein der zuckenden Blitze aufleuchten. Das Unwetter hatte sich wie ein tiefschwarzer Schatten über die Umgebung gelegt. Nur auf der anderen Seite des Sees, drüben am Bootssteg, brannte einsam eine gelbe Lampe.

Im Wald rings um den See lagen rund ein Dutzend Hütten, doch wenn kein Licht brannte, konnte man sie nachts nicht sehen. Vermutlich waren sie vorgestern noch belegt gewesen. Das lange Labor-Day-Wochenende im Spätsommer war für viele die letzte Möglichkeit, dem Alltag noch einmal zu entfliehen. Darin sahen die meisten Menschen wohl den eigentlichen Sinn des Tags der Arbeit. Bei ihm war das anders. Seine Zeit begann am Tag danach, weil er die Abgeschiedenheit suchte. Allerdings hatte er ganz vergessen gehabt, wie dunkel es hier draußen wurde.

Er liebte die Stille, wenn er schreiben konnte, wenn er im Fluss war, nicht jedoch, wenn ihm die Sätze misslangen und er seinem Gehirn ein Wort nach dem anderen mühsam abtrotzen musste. In solchen Situationen lenkte sie ihn eher ab, weil er plötzlich Geräusche wahrnahm, die er sonst nicht beachtete – das Anspringen des Kühlschrankmotors etwa oder das Tropfen des Wasserhahns.

Draußen knackten und ächzten die Äste der Bäume. Vorhin noch hatte er die Nachtschwalben über dem See und die Zikaden gehört. Doch das Gewitter hatte sogar die Nachttiere zum Schweigen gebracht. Auch die Spinne verharrte reglos in ihrem Netz. Andrew fiel auf, dass der Hubschrauber verschwunden war. Eine Weile noch hatte er sein Brummen in der Ferne gehört, doch auch das war jetzt verstummt. Er war völlig allein. Keine üble Sache, auch wenn Tommy das anders zu sehen schien.

Während der letzten Jahre, seit Nora ihn verlassen hatte, war er viel allein gewesen. Er hatte es so gewollt, um sich ganz auf das Schreiben und seine anderen Verpflichtungen als Autor konzentrieren zu können. Er sagte sich, dass er nichts vermisse, eher im Gegenteil, denn er hatte sich oft ein schlechtes Gewissen gemacht, wenn er Nora nicht genug Zeit widmete. Er genoss es, niemandem Rechenschaft schuldig zu sein. Er brauchte die Freiheit, wegzufahren und sich für Wochen abzukapseln, ohne dass eine Frau ihm vorwarf, er schließe sie aus seinem Leben aus.

Er war in einer Familie aufgewachsen, in der das ständige Gezänk der Eltern um alles und jedes den Alltag bestimmt hatte. Er hatte sich damals ein Bett mit seinem älteren Bruder teilen müssen, der ihm nur widerwillig die beiden Schubladen in der gemeinsamen Kommode überließ. Seine jüngere Schwester hatte ihn verpetzt, sobald sie ihn in einem seiner Verstecke beim Lesen aufstöberte. Er war mit der ständigen Sehnsucht aufgewachsen, in Ruhe gelassen zu werden. Endlich konnte er sich sein Leben so gestalten, wie es ihm gefiel, warum sollte er das wieder aufgeben? Und so sehr er Nora auch geliebt hatte, musste er doch zugeben – obwohl er sich selbst für diesen Gedanken hasste –, dass es schließlich eine Erleichterung gewesen war, als sie endlich ging. Er wusste nicht einmal genau, warum.

Unsinn, natürlich wusste er es. Seine Bindungsangst. Er hatte Angst, sich mit Haut und Haaren auf jemanden einzulassen, der ihn letztlich ja doch enttäuschen würde. Inzwischen glaubte er, dass es seine Bestimmung war, allein zu leben. Aber dann war ihm Erin Cartlan begegnet, und auf einmal hatte er wieder gewusst, was ihm im Leben fehlte.

Er rieb sich die Schulter, richtete die Bandage und blickte ratlos auf den leeren Block. Der Donner hörte sich jetzt ganz anders an als vorhin. Aus dem Grollen in der Ferne war ein widerhallendes Krachen geworden. Den Regen bemerkte er erst, als der Wind feinen Sprühnebel auf die Veranda wehte.

Er stapelte seine Blocks und Aktenordner auf den Laptop und trug alles in die Hütte. Vielleicht würde es morgen besser gehen. Ein Morgen gab es schließlich immer.

27. Kapitel

19.25 Uhr
Omaha

Grace versuchte sie beide mit dem Schirm vor dem Regen zu schützen, doch sie konnte mit Emily nicht Schritt halten. Ausgerechnet bei diesem Gewitter musste der dumme Fernauslöser für das Garagentor den Geist aufgeben. Vielleicht lag es an den Batterien, oder aber der Blitz hatte die Elektrik lahm gelegt.

Emily rannte die Stufen zur Veranda hinauf, als wolle sie sich vor dem nächsten Blitz in Sicherheit bringen.

„Beeil dich, Mom!" rief sie, als Grace gerade in eine knöcheltiefe Pfütze trat – mehr ein Loch als eine Pfütze, und das mitten in ihrem Vorgarten.

Das Haus war stockdunkel, und Grace fragte sich, ob wohl der Strom ausgefallen war. Vince hatte an mehreren Lampen Zeitschaltuhren angebracht, eine unten und zwei oben, weil sie ständig vergaß, die Alarmanlage einzuschalten.

Als sie die Haustür aufschloss, warf sie einen Blick auf die Umgebung. Die Straßenlaternen brannten und auch etliche Verandaleuchten vor den umliegenden Häusern. Und drüben bei den Rasmussens sah sie das bläuliche Licht des Fernsehers durch das Fenster.

Sie betätigte den Schalter am Eingang und war erleichtert, als das Licht anging. Erleichtert genug, um sich nicht weiter zu fragen, warum die Zeitschaltuhren nicht funktioniert hatten. Vielleicht eine Unterbrechung in der Stromzufuhr. Dies war immerhin ein altes Haus.

Sie mochte keinen weiteren Gedanken an Jared Barnett verschwenden, der vielleicht durch ihren Garten geschlichen war. Es reichte, dass Emily sich wegen dieses Schattenmannes sorgte. Und wenn es tatsächlich Barnett war, der dieses Massaker in der Bank angerichtet hatte, war es ohnehin nur eine Frage der Zeit, bis man ihn schnappte. Vielleicht hatten sie ihn sogar schon.

Emily blieb so nah bei ihr, dass sie gegen ihr Bein stieß. Ihr kleiner Wirbelwind würde allerdings niemals zugeben, Angst zu haben. Genau wie ihre Mutter.

„Bist du noch hungrig?" Grace schwenkte die McDonald's-Tüten hin und her, um Emily abzulenken. Sie hatte sich von ihr überreden lassen, Cheeseburger zu holen. Allerdings war ihr das nicht schwer gefallen, denn Grace war selbst Fast-Food-Junkie. Auch das hatte Emily von ihr geerbt. Außerdem war Grace zu müde zum Kochen, nachdem sie fast eine Stunde gebraucht hatte, ihre Großmutter zu überzeugen, dass bei ihnen zu Hause alles in Ordnung war.

Emily hatte Wenny von dem Schattenmann erzählt, und prompt war die Fantasie mit der alten Dame durchgegangen. Ihr hatte es ohnehin immer widerstrebt, dass ihre Enkelin einen juristischen Beruf ergriffen hatte und dem Gesetz Geltung verschaffte, wie ihr Vater das getan hatte. Also musste sie ihr wieder mal einen Vortrag über alle möglichen Risiken und Gefahren halten. Schließlich hatte Wenny ihr sogar angeboten, den ehemaligen Dienstrevolver ihres Vaters, eine .38er Smith & Wesson, die sie im Nachttisch verwahrte, mitzunehmen.

Sie hatten dieses Gespräch nicht zum ersten Mal geführt. Aber zum ersten Mal hatte Grace ernsthaft überlegt, ob sie sich nicht tatsächlich eine Waffe zulegen sollte.

„Können wir im Wohnzimmer essen?" fragte Emily.
„Auf dem Fußboden?"
„Im Wohnzimmer ja, aber nicht auf dem Fußboden."

Grace ging in die Küche, holte zwei Teller heraus, verteilte die Fritten darauf und legte die Cheeseburger dazu. Die Kultursünde war schließlich nur halb so groß, wenn man sie auf echten Tellern servierte, oder? Sie übergoss die Fritten mit Ketchup – ihr Beitrag als Hausfrau zu ihrem heutigen Menü.

„Kann ich eine Pepsi haben?" fragte Emily, wurde jedoch im gleichen Moment von einem Blitz abgelenkt, der den Garten hinter dem Haus hell aufleuchten ließ. Der Garten, durch den Jared Barnett vielleicht geschlichen war. Grace ermahnte sich, diesen Gedanken sofort zu verscheuchen.

„Bring die Teller rüber ins Wohnzimmer, und ich hole die Pepsi aus der Garage. Dann brauchen wir auch noch zwei Gläser und Eis." Grace versuchte ihre Tochter zu beschäftigen, damit sie nicht so sehr auf das Gewitter achtete. Es würde wohl bald wieder abziehen. „Nimm immer nur einen Teller, Emily", rief sie ihr über die Schulter hinweg zu, als sie die Tür zur Garage öffnete und den Lichtschalter betätigte.

Beinahe wäre sie über das Spielzeug auf der ersten Treppenstufe gestolpert. Als sie gerade nach Emily rufen wollte, um sie zu ermahnen, sie solle ihre Sachen nicht überall herumliegen lassen, merkte sie, dass sie den Gegenstand auf der Stufe gar nicht kannte. Sie nahm ihn hoch und betrachtete ihn. Das musste einer von Vinces

Scherzen sein – vielleicht so eine Art Einweihungsgeschenk für ihren Vorgarten.

Der Keramikzwerg war so hässlich, dass er schon fast wieder niedlich aussah.

Donnerstag, 9. September

28. Kapitel

2.09 Uhr
Platte River State Park

Andrew schreckte hoch. Ein Donnerschlag musste ihn wohl geweckt haben. Das Aufflackern der Blitze hinter dem Schlafzimmerfenster erinnerte ihn an eine blinkende Neonreklame. Regen trommelte noch immer gegen die Scheibe, doch das Gewitter schien jetzt weiterzuziehen. Nach dem nächsten grellen Blitz begann Andrew zu zählen. „Einundzwanzig, zweiundzwanzig, dreiundzwanzig, vierundzwanzig ..." Das Donnerkrachen war längst nicht mehr so laut wie vorhin, als er zu Bett gegangen war. Das Gewitter zog tatsächlich ab, endlich.

Er drehte sich auf die Seite, auf die falsche, und ein stechender Schmerz schoss ihm in den Rücken. Er hatte schon fast vergessen, wie es war, in einer bequemen Lage zu schlafen – oder auch nur, eine Nacht ganz durchzuschlafen.

Er legte sich das harte Schaumstoffkissen zurecht und bedauerte, nicht sein eigenes Kopfkissen mitgenommen zu haben. Seit dem Unfall schätzte er die Vorzüge eines weichen Kissens umso mehr, und plötzlich fragte er sich, ob er es tatsächlich zwei Wochen hier aushalten würde. Ach herrje, suchte er jetzt etwa schon nach einem Vorwand, um früher abzureisen?

Bei jedem Blitz sah er die Schatten der sich draußen im Wind wiegenden Bäume über die Zimmerdecke tanzen.

Es war noch gar nicht lange her, da hatte er nachts vor Geldsorgen wach gelegen und sich gefragt, wie er seine monatlichen Rechnungen bezahlen oder auf welches Konto er sich den nächsten Vorschuss am besten überweisen lassen sollte, ohne dass die Bank das Geld gleich einbehielt. Diese Zeit sollte für immer der Vergangenheit angehören, doch nun fragte er sich, ob seine Schreibblockade nicht das Ende seiner Glückssträhne – seines Strohfeuers, wie sein Vater sagen würde – bedeuten mochte.

Manchmal hörte er die Stimme seines Vaters sagen: „Bildest du dir tatsächlich ein, das alles zu verdienen? Du glaubst, du bist etwas Besonderes? Hältst du dich etwa für was Besseres?"

Sein Vater war seit fast fünf Jahren tot, doch in seinen Gedanken war er stets präsent, um ihn zu ermahnen, wenn er zu selbstsicher wurde.

Andrew schloss die Augen und ignorierte die plötzliche Enge in der Brust. Er musste an etwas anderes oder vielleicht an jemand anderen denken. Er versuchte sich Erin vorzustellen, ihr Lächeln, ihr Lachen. Sie hatte ein wunderbares Lachen. Er erinnerte sich ...

Ein Geräusch ließ ihn zusammenfahren. Er riss die Augen auf und lauschte mit angehaltenem Atem. Das war kein Donner gewesen, da war er sicher. Es hatte geklungen, als käme es vorne aus der Hütte.

Er lauschte und versuchte, in die Dunkelheit starrend, etwas zu erkennen. Im Wohnzimmer hatte er eine Lampe angelassen, doch ihr schwaches Licht reichte nicht über den Flur bis ins Schlafzimmer. Er wartete den nächsten Donner ab und lauschte wieder.

Nichts.

Vielleicht spielte ihm seine Fantasie ja einen Streich. Dass er inmitten des Gewitters versucht hatte, sich eine finstere Killerfigur für seinen nächsten Roman auszudenken, war sicher nicht die beste Voraussetzung für friedliche und sanfte Träume gewesen. Außerdem sollte er sich wohl besser etwas mit dem Bier zurückhalten, solange er Schmerzmittel nahm.

Da hörte er es wieder. Und diesmal war er fast sicher, dass das Geräusch aus der Hütte gekommen war.

Er konzentrierte sich und suchte nach einer harmlosen Erklärung für das Geräusch. Vielleicht hatte er ein Fenster nicht richtig geschlossen, oder das Unwetter hatte ein Stück Fliegengitter gelöst, das nun gegen den Rahmen schlug. Sicher gab es eine ganz simple Ursache.

Dann sah er im Flur einen Schatten über die Wand huschen.

Es war jemand in der Hütte.

29. Kapitel

2.23 Uhr

Andrew bemühte sich, ruhig zu bleiben. Sein Herz pochte jedoch auf einmal so laut, dass es alle anderen Geräusche zu übertönen schien. War vielleicht ein Mitarbeiter der Parkverwaltung gekommen, um nach ihm zu sehen? Durchaus möglich. Doch ein Ranger hätte sich an der Tür bemerkbar gemacht.

Verdammt, hatte er überhaupt abgeschlossen? Natürlich. Er war ein Stadtmensch, abschließen war so etwas wie ein Reflex.

Er hörte eine Bodendiele knarren. Sein Blick schoss durch das kleine Schlafzimmer, während er versuchte, ganz still zu liegen und kein Geräusch zu machen. In der Ecke neben dem Sessel stand sein Koffer. Er überlegte, was er eingepackt hatte, aber es war nichts dabei, das ihm hätte als Waffe dienen können.

Ein scharrendes Geräusch, doch er konnte nicht erkennen, ob es sich in seine Richtung bewegte. Andrew glitt aus dem Bett und stieß mit der verletzten Schulter gegen das Bettgestell. Er biss sich auf die Unterlippe, bis der Schmerz nachließ, kroch in die Nische zwischen dem Bett und dem Schrank und wartete auf den nächsten Blitz, um das Zimmer inspizieren zu können. Der Schrank war leer, nicht einmal einen Besen hatte er darin vorgefunden. Dann fiel ihm die hölzerne Kleiderstange ein.

Er richtete sich wieder auf, verharrte und lauschte. Leise öffnete er die Schranktür und tastete nach der Stange. Hoffentlich war sie nicht festgeschraubt. Er legte die Finger um das glatte Holz, doch ein Rascheln ließ ihn innehalten. Er lauschte, doch er hörte nur seinen eigenen Herzschlag.

Er starrte in Richtung Schlafzimmertür. Wieder ein Rascheln, als würde jemand seine Sachen durchsuchen. Er versuchte sich zu erinnern, wo er seine Brieftasche abgelegt hatte.

Andrew hob die Stange aus ihrer Halterung und zog sie langsam und behutsam aus dem Schrank. Mit seinem gesunden Arm testete er, wie hoch er sie heben konnte, ehe der grässliche Schmerz in der Schulter ihn stoppte. Es ging gar nicht übel. Obwohl er jetzt bedauerte, das Angebot der Physiotherapie nicht häufiger genutzt zu haben.

Vorsichtig schlich er zur Tür, hielt abermals inne und lauschte. Er glaubte einen bläulichen Schimmer zu erkennen, vielleicht die Kühlschrankbeleuchtung. Ein hungriger Einbrecher?

Andrew umfasste die Stange fester.

30. Kapitel

2.35 Uhr

Zentimeter für Zentimeter schob sich Andrew den Flur entlang. Aus der Küche kamen immer noch Geräusche, und der bläuliche Schein des Kühlschranklichts erhellte die gegenüberliegende Wand. Er sah den Schatten eines nach vorne gebeugten Körpers.

Der Mistkerl durchsuchte seinen Kühlschrank, das war seine Chance. Mit drei langen Sätzen war Andrew in der Küche und hob die Kleiderstange, jederzeit bereit, zuzuschlagen.

Die Frau fuhr herum, die Augen weit aufgerissen vor Schreck. Sofort hob sie beide Arme vor ihr Gesicht, um den Schlag abzuwehren. Andrew hielt inne.

„Wer sind Sie? Und was zum Teufel tun Sie da?"

Sie sah völlig verdreckt aus, ihre Kleidung war mit Lehm verschmiert, und die schmutzig blonden Haare hingen ihr über die Augen. Ihr Gesicht war blutunterlaufen, obwohl kaum zu erkennen war, wo der Bluterguss aufhörte und der Schmutz anfing, eine Wange war aufgeschürft.

„Ich habe gefragt, was zum Teufel Sie hier tun?"

Er bemerkte, dass sie über seine Schulter hinwegsah. Dann spürte er den Luftzug, roch den Regen und wusste, dass die Tür zur Veranda offen stand. Langsam drehte er sich um, ohne jedoch die Frau aus den Augen zu lassen. Die kleine Lampe, die er angelassen hatte, stand in der Ecke auf dem Boden, und ihr schwacher gelber Schein reichte aus, dass er die beiden Männer draußen sehen konnte. Einer saß am Tisch, der andere stand hinter ihm. Sie schienen genauso schmutzig und durchnässt zu sein wie die Frau.

„Was wollen Sie?" fragte er. Inzwischen war seine Angst in Zorn umgeschlagen. Zorn nützt mir in dieser Situation mehr, sagte er sich und umfasste die Kleiderstange wieder fester.

„Wir mussten vor dem Gewitter flüchten", erklärte einer der Männer und rückte sich auf dem Stuhl zurecht. Es war zu dunkel auf der Veranda, als dass Andrew sein Gesicht hätte erkennen können.

„Hatten Sie einen Unfall?" Andrew sah wieder die Frau an. Ihr Blick wanderte zwischen ihm und dem anderen Mann hin und her, wobei sie es vermied, Andrew in die Augen zu sehen. Sie stand still, die Hände in den Taschen ihrer Jeans, doch sie schien nervös zu sein.

Da sie nicht antwortete, blickte er hinüber zu dem anderen Mann. Er war jetzt näher an die Fliegengittertür getreten und betrachtete sie, als habe irgendetwas daran sein Interesse geweckt.

„Ja, man könnte sagen, dass wir einen Autounfall hatten."

Etwas an der Art, wie er das sagte, veranlasste Andrew, die Kleiderstange fester zu packen. Er überlegte, ob er es schaffen könnte, zur Tür zu springen, sie zuzuschlagen und abzuschließen, bevor die merkten, was er vorhatte. Dann hätte er es nur noch mit der Frau zu tun. Er musterte sie erneut.

Sie war nicht sehr groß, durchnässt und wirkte ängstlich. Ja, sie hatte Angst, das sah er ganz deutlich. Aber er war sich auf einmal nicht sicher, ob ihre Angst ihm oder den beiden Männern auf der Veranda galt.

„Eine schlimme Nacht mit diesem verdammten Unwetter." Andrew versuchte seine Stimme möglichst ruhig klingen zu lassen. Er ging durch den Raum, als wolle er zum Fenster, um hinauszuspähen. „Es sieht aber ganz so aus, als wäre das Schlimmste vorbei."

Nur noch ein paar Schritte, und er wäre an der Tür. Aber verdammt, was sollte er mit der Kleiderstange machen? Er brauchte die Hand, um die Tür zuzuknallen und abzuschließen.

„Ich kann Sie nach Louisville fahren", erbot er sich und glaubte immer noch, den Überraschungseffekt auf seiner Seite zu haben. Er war nur noch zwei Schritte von der Tür entfernt, als der andere Mann aufstand. Er hob die Hand wie zum Gruße, eine so beiläufige Bewegung, dass Andrew sie kaum beachtete. Die Waffe sah er erst, als es bereits zu spät war.

Im gleichen Moment erfüllte eine Explosion den Raum.

31. Kapitel

2.47 Uhr

Melanie konnte es nicht fassen. Jared hatte den Mann tatsächlich töten wollen. Einfach so. Die Kugel hatte seine Stirn gestreift. Zwei Zentimeter weiter rechts, und sie wäre ihm geradewegs durch den Kopf gegangen.

Jared stand jetzt über ihm, den Finger noch am Abzug. Der Mann lag auf dem Boden und wirkte völlig verstört. Er fuhr sich über die Wunde und betrachtete das Blut an seinen Fingerspitzen, als könne er nicht glauben, dass es seins war. Melanie hielt den Atem an und beobachtete die Szene. Charlie sah ebenfalls reglos zu. Sie rechnete fest damit, dass Jared die Waffe hob und noch einmal schoss. Sie rechnete damit, in der nächsten Sekunde den Kopf des Mannes explodieren zu sehen. Sie wollte die Augen schließen, doch sie konnte es nicht.

Aber dann wandte Jared sich um, trat ein paar Schritte zur Seite und ließ sich in den Sessel fallen. Er nahm etwas vom Tisch, das nach einer ledernen Aktentasche aussah, und schien sich plötzlich für deren Inhalt zu interessieren. Er überprüfte die einzelnen Fächer, öffnete Reißverschlüsse, zog Notizzettel heraus, überflog sie und schob alles in die Tasche zurück. Dann holte er einige Bücher heraus, sah sich die Einbände an und wollte sie schon wieder zurück in die Tasche schieben, als er stutzte. Er überflog den Klappentext, sah den Mann auf dem Boden an und dann wieder auf das Buch.

„Sie sind dieser Typ hier", stellte er fest und hielt das

Buch hoch. „Sie haben dieses Buch geschrieben, was? Andrew Kane."

Melanie beobachtete den Mann, diesen Kane. Er blickte auf, als Jared seinen Namen nannte, also war er wohl okay. Vielleicht hatte die Kugel keinen großen Schaden angerichtet.

„Sie schreiben also Bücher", fuhr Jared fort.

Melanie wusste nicht, ob Jared beeindruckt war oder sich über ihn lustig machte. Seit Jared aus dem Gefängnis entlassen worden war, wirkte er verändert, und manchmal hatte sie nicht die geringste Ahnung, was gerade in ihm vorging.

„Wie viele Bücher haben Sie geschrieben, Andrew Kane?" Jared blätterte das Buch durch, hielt einige Male inne und schien tatsächlich hier und da eine Passage zu lesen.

Schließlich setzte sie sich Jared gegenüber auf das abgewetzte Sofa. Was für eine Wohltat, endlich mal wieder entspannt zu sitzen. Erst jetzt merkte sie, dass ihre Beine wie betäubt waren. Die Kratzer und Schnitte auf ihren Armen brannten, doch sie wollte dem keine Beachtung schenken. Sie wollte vor allem wissen, was Jared jetzt vorhatte.

Melanie versuchte sich zu erinnern, wann sie Jared das letzte Mal mit einem Buch in der Hand gesehen hatte. Selbst als Kind hatte er praktisch nie gelesen, geschweige denn seine Hausaufgaben gemacht. Er hatte immer jemanden gefunden, der ihm die Arbeit abnahm. Trotzdem lehnte er sich jetzt zurück und schien ganz fasziniert zu sein, ob von dem Buch oder der Tatsache, dass er es mit einem Schriftsteller zu tun hatte, vermochte sie nicht zu sagen. Wohl eher Letzteres, vermutete sie, auch wenn der Schreiberling blutend zu seinen Füßen lag. Genau dort, wo Jared andere Menschen am liebsten sah.

Armer Andrew Kane, konnte Melanie nur denken. Wenn er seine verdammten Schlüssel doch nur im Auto stecken gelassen hätte. Mehr hatte Jared gar nicht gewollt, nur den Wagen. Sie hatte vorgeschlagen, sich ins Haus zu schleichen und die Schlüssel zu suchen. Sie hatte sich an die Blutspritzer auf Charlies Overall erinnert und sich gesagt, dass es ja nicht noch weitere Verletzte geben müsse. Aber dann war Jared plötzlich eingefallen, dass er Hunger hatte.

„Ernsthaft, wie viele Bücher haben Sie geschrieben?" fragte Jared noch einmal.

Melanie sah, wie Andrew Kane sich langsam aufrichtete und sich gegen die Wand lehnte. Jede Bewegung schien ihm Mühe zu bereiten. Wie hatte er sich überhaupt mit dieser lächerlichen Stange verteidigen wollen, wo sein rechter Arm doch durch die Bandage praktisch an seinen Körper gefesselt war.

„Das ist mein fünftes", antwortete er mit einer Stimme, die kräftiger klang, als man angesichts seiner Situation hätte glauben mögen. Dann saß er da, sah Jared an und wartete auf die nächste Frage, als sei es das Natürlichste der Welt, dass sie über seine schriftstellerische Tätigkeit sprachen, nachdem Jared gerade versucht hatte, ihm den Kopf wegzupusten.

„Ich habe ein paar Gedichte geschrieben", erklärte Jared. Melanie starrte ihn ungläubig an und warf Charlie dann einen Blick zu, um zu sehen, ob er ihrem Bruder diesen Blödsinn abkaufte. Charlie hatte jedoch einen

Beutel Kekse gefunden und futterte sich zum Boden der Packung durch.

„Kennen Sie *Richard Cory*?" fragte Jared den Autor.

Fast hätte sie laut aufgelacht. Wie lächerlich zu glauben, dass Jared und dieser Autor dieselben Leute kannten. Zu ihrer Überraschung antwortete der jedoch: „Und Richard Cory, in einer stillen Sommernacht, ging heim und schoss sich eine Kugel durch den Kopf."

„Ich liebe dieses Gedicht." Jared grinste. „Da ist dieser Typ, dieser Richard Cory, und alle bewundern ihn, weil er reich ist und gut aussieht und das alles. So scheint es jedenfalls, richtig? Und dann geht dieser Typ nach Hause und bläst sich das verdammte Hirn weg. Da sieht man mal wieder, dass nicht alles Gold ist, was glänzt."

Ein Gedicht, ein beschissenes Gedicht! Melanie konnte nicht glauben, dass sie nass, frierend und schmutzig hier saß und Jared sich mit einem Mann, den er gerade eben noch hatte töten wollen, über solchen Quatsch unterhielt. Aber vielleicht bedeutete das, dass es für sie doch noch ein Happyend gab. So, wie immer in diesen Büchern.

Dritter Teil

VERDAMMT DICHT DRAN

32. Kapitel

8.05 Uhr
Omaha, Gerichtsgebäude

Als Grace Wenninghoff ihr Büro betrat, saß Max Kramer in dem Sessel vor ihrem Schreibtisch und benutzte gerade ihr Telefon. Er hob einen Finger, um ihr zu bedeuten, dass das Gespräch gleich beendet sei. Schließlich sagte er in den Hörer: „Nein, er ist weiß. Mehr kann ich Ihnen im Moment nicht sagen. Ich muss Schluss machen." Er legte auf, griff nach dem Starbucks-Pappbecher, den er auf ihrem Schreibtisch abgestellt hatte, und lehnte sich zurück – ganz so, als sei er hier zu Hause.

„Habe mein Handy vergessen", erklärte er knapp.

„Wo haben Sie erfahren, wie grauenhaft unser Automatenkaffee ist?" erwiderte sie und beschloss, sein unverschämtes Verhalten zu ignorieren. Sie drängte sich an ihm vorbei, um hinter ihren Schreibtisch zu gelangen, stellte ihren Kaffeebecher ab und setzte sich.

„Ich bin süchtig nach diesem Zeug. Ich habe sogar schon angefangen, nachmittags Kaugummi zu kauen, um meine Entzugserscheinungen zu lindern."

Sie zog zwei Akten aus dem Stapel auf ihrem Schreibtisch und blickte Kramer an. Kaffee war offenbar nicht seine einzige Sucht, sie konnte deutlich erkennen, dass er auch an den Nägeln kaute. Teurer Anzug, akkurat geschnittene Haare, Seidenkrawatte, und trotzdem achtete er nicht auf seine Hände. Seltsam für einen Anwalt. Sie konnte jedenfalls kein Plädoyer halten, ohne mit den Händen zu gestikulieren. Vince würde wahrscheinlich sagen, dass sie überhaupt nicht redete, ohne in der Luft herumzufuchteln.

„Ihre Klientin hat mehrere Vorstrafen", erklärte sie kühl und kam zur Sache. Ein kurzes Geplauder über Kaffee war die einzige Nettigkeit, die sie dem Mann zugestehen wollte, der dafür gesorgte hatte, dass Jared Barnett wieder auf freiem Fuß war. „Wie kommen Sie also darauf, zu glauben, es gäbe Spielraum für Verhandlungen?"

„Sie kann den Mann identifizieren, der die Überfälle auf die Supermärkte während der letzten Wochen auf dem Kerbholz hat." Er verkündete das wie eine offizielle Verlautbarung, lehnte sich zurück, nippte an seinem Kaffee und sah Grace an, als hätte er ihr gerade den Namen, die Anschrift und eine DNA-Analyse des Täters geliefert.

„Wieso glaubt ..." Grace machte eine Pause, um in der Akte nach dem Namen der Beschuldigten zu suchen. „... Carrie Ann Comstock denn, dass sie ihn identifizieren kann?"

„Sie war in der Nähe des Ladens an der Fünfzigsten Ecke Ames Street, als der ausgeraubt wurde. Sie hat ihn wegrennen sehen."

„Der Laden wurde um Viertel nach eins in der Nacht überfallen. Was genau hat sie denn zu dem Zeitpunkt dort gemacht?"

Sie beobachtete ihn. Seine Finger trommelten gegen den übergroßen Becher, den er mit beiden Händen umfasst hielt. Der Nagel seines rechten Zeigefingers war bis zum Bett abgenagt. Sie traute keinem Anwalt, der sich die Nägel abkaute und mehr Geld beim Friseur ließ als sie.

„Was sie dort getan hat, ist nicht wichtig."

Genau diese Antwort hatte sie erwartet. Sie lehnte sich zurück, beide Hände um ihren Kaffeebecher gelegt, bereit zur Kraftprobe.

„Sie war also nah genug, um ihn zu identifizieren?"

„Sie war nah genug, um ihn zu identifizieren", bestätigte Max Kramer und legte sein Sonntagsgrinsen auf.

„Warum hat sie sich dann nicht schon früher gemeldet?"

Er zuckte die Achseln, eine eingeübte Geste, die reichlich übertrieben wirkte. „Wer weiß? Also, haben wir einen Deal?"

„He, Grace." Pakula stand plötzlich in der offenen Tür. „Oh, tut mir Leid. Ich wusste nicht, dass Sie …" Er stutzte, als er Max Kramer erkannte, und fügte dann hinzu: „Dass Sie gerade einen Haufen Scheiße in Ihrem Büro haben."

Grace musste ein Lächeln unterdrücken. Sie sah Kramer den Kopf schütteln. Dann rückte er sich in seinem Sessel so zurecht, dass er Pakula den Rücken zeigte. Detective Tommy Pakula war an Jared Barnetts Hauptverhandlung und auch an seinem Wiederaufnahmeverfahren beteiligt gewesen. Grace wusste, dass man ihm wohl die Zunge abschneiden müsste, um ihn daran zu hindern, Kramer die Meinung zu sagen. Er lehnte sich mit verschränkten Armen in den Türrahmen und wartete auf ein Zeichen von ihr, ob er sie störte oder durch sein Auftauchen von diesem Mistkerl erlöste.

„Wir sind ohnehin gerade fertig", erklärte sie und genoss Kramers verdutztes Gesicht. Verwundert zog der die Brauen hoch, offenbar ebenfalls eine einstudierte Gebärde. Anscheinend beurteilte er die Situation ganz anders. „Lassen Sie mich die Einzelheiten wissen, und ich melde mich dann bei Ihnen." Sie erhob sich – was nun ihrerseits eine gespielte Geste war – und schob ihren Sessel zurück, als habe sie eine Verabredung mit Pakula.

Max Kramer stand nur widerwillig auf. „Okay, ich rufe Sie dann heute Nachmittag an."

Er blieb kurz vor der Tür stehen und wartete, dass Pakula ihm Platz machte. Grace warf dem Detective einen Blick zu, der bedeuten sollte: Ganz ruhig und höflich bleiben!

„Nehmen Sie es nicht persönlich", sagte Kramer, als Pakula gerade so weit zur Seite trat, dass er sich an ihm vorbeiquetschen konnte.

Grace rollte mit den Augen. Warum hielt Kramer nicht einfach die Klappe und haute ab?

„Nee, wieso auch", erwiderte Pakula. „Was sollte ich denn persönlich nehmen? Sie erzählen ja bloß Bill O'Reilly und der ganzen Scheißwelt da draußen, dass die Polizei von Omaha Jared Barnett reingelegt hat. Warum sollte ich das wohl persönlich nehmen?"

Kramer schüttelte den Kopf, als hätte er keine Zeit für solchen Unsinn. „Das ist nichts Persönliches."

„Natürlich nicht", stimmte Pakula zu. „Sollten Sie jemals in die Verlegenheit kommen, den Notruf 911 zu wählen, und die Polizei taucht nicht auf, dann ist das auch nichts Persönliches."

Kramer schüttelte wieder den Kopf. In einer Tasche

seines Jacketts klingelte es, und er zog sein Handy heraus. Er klappte es auf und machte sich auf den Weg den Flur hinunter, ohne auf den Gedanken zu kommen, er könne Grace eine Erklärung schulden. Hatte er nicht eben noch behauptet, er hätte sein Handy vergessen?

Pakula blieb im Türrahmen stehen und sah Kramer nach. Grace wartete. Schließlich wandte er sich ihr zu und fragte: „Haben Sie schon gefrühstückt?"

Sie schüttelte den Kopf.

„Was halten Sie davon, wenn wir uns auf dem Weg zur Autopsie ein paar Egg McMuffins genehmigen?"

33. Kapitel

8.15 Uhr
Platte River State Park

Andrew spürte kaum noch etwas von den Schmerzen seines lädierten Schlüsselbeinknochens. Wer hätte gedacht, dass ein Streifschuss an der Stirn ein so wirksames Gegenmittel war?

Herrgott, tat das weh! Sein Kopf fühlte sich an, als sei die gesamte Stirnseite aufgeschürft und nur noch blutiges, rohes Fleisch. Er fürchtete, sich jeden Moment übergeben zu müssen. Übelkeit überrollte ihn in Wellen, doch wenigstens wurde sein Blick langsam wieder klar, nachdem er stundenlang alles dreifach gesehen hatte. Er wünschte, das ständige Klingeln in den Ohren abstellen zu können, aber das Pochen im Kopf ließ seinen Schädel vermutlich ohnehin jeden Moment platzen und erlöste ihn von dem Übel.

Seine nächtlichen Besucher hatten seine Dusche entdeckt und sich über den Inhalt seines Kühlschranks hergemacht. Vielleicht hatte er ja Glück, und sie verschwanden einfach mit seinen Wagenschlüsseln und der Brieftasche, sobald sie fertig waren. Er wusste immer noch nicht, ob dieser Jared ihn hatte erschießen oder nur erschrecken wollen. Irgendwie kam ihm der Kerl bekannt vor, und er konnte sich nicht vorstellen, dass er versehentlich danebengeschossen hatte. Aber vielleicht wollte er das ja nur glauben, um sich Mut zu machen.

Der Jüngere, Charlie, hatte ihm geholfen, auf das Sofa zu kommen. Und er hatte sich bei ihm auch noch wie ein

Idiot dafür bedankt. Eine reflexartige Reaktion, die so paradox war, dass der Junge ihn ungläubig angesehen hatte. Dann hatte er jedoch grinsend genickt. Als er aus dem Bad gekommen war, hatten sich seine schwarzen Haare in einen roten Schopf verwandelt, und sauber geduscht sah er jetzt wirklich wie ein Junge aus. Er hatte mitbekommen, dass er die Frau ‚Mom' nannte. Na großartig, mitten in den Wäldern wurde er von einer Familienbande überfallen und ausgeraubt.

Nun war Charlie an der Reihe, ihn zu bewachen, während die Frau schon seit einer ganzen Weile unter der Dusche stand und Jared ein Nickerchen hielt, hinten im Schlafzimmer und womöglich auch noch in seinem Bett. Hoffentlich quälte ihn das verdammte Schaumstoffkissen genauso wie ihn.

Charlie hatte Jareds Waffe. Andrew war aufgefallen, dass die Frau das Ding nicht anrührte. Ihr Sohn aber hatte sich den Revolver in den Bund seiner Jeans gesteckt – genau genommen in den Bund *seiner* Jeans, denn Charlie und Jared hatten sich bei seinen Sachen bedient.

Charlie hatte sich eins seiner Lieblings-T-Shirts mit dem Logo der Nebraska Huskers über seinen knochigen, fast rachitisch wirkenden Oberkörper gestreift. Es war ihm viel zu weit, und er wirkte beinahe verloren darin.

Wahrscheinlich versuchte er nun, etwas gegen seinen flachen Bauch zu unternehmen und in das T-Shirt hineinzuwachsen, jedenfalls hatte er sich mittlerweile das dritte turmhohe Sandwich gemacht, das er jetzt gierig verschlang. Das erste hatte ihm vor einigen Stunden seine Mom geschmiert, und dabei hatte er sie offenbar überrascht.

Seine Vorräte waren ihm jedoch bemerkenswert gleichgültig. Die drei sollten doch seinen Kühlschrank leer fressen, seine Klamotten anziehen, seine Brieftasche und sogar sein neues Auto mitnehmen, Hauptsache, sie verschwanden endlich.

Von seinem Platz auf dem Sofa aus sah er über die Veranda auf den See. Bald würde es richtig hell sein, und dann war dieser Albtraum hoffentlich vorüber.

Die Frau kam aus dem Bad, ein Handtuch um den Körper gewickelt. Mit dem nassen Haar und der rosigen Haut wirkte sie viel zu jung, um Charlies Mutter zu sein. Und so spärlich bekleidet sah sie eigentlich überhaupt nicht wie eine Mutter aus.

„Meinen Sie, Sie haben auch etwas für mich?"

Andrew sah sie verblüfft an, da ihre Frage fast ein wenig kokett klang. War das ein Spiel? Die Männer gaben die bösen Buben und sie die Verführerin?

„Bedienen Sie sich", erwiderte er knapp und machte eine Handbewegung in Richtung des verstreuten Inhalts seines Koffers. Jared und Charlie hatten zunächst alles auf der Küchenarbeitsplatte ausgebreitet, die Sachen jedoch einfach auf den Fußboden geworfen, als sie mit ihrer Sandwich-Produktion begannen. Zögerlich sah sie seine Sachen durch und legte sogar einige Teile ordentlich zusammen, die Jared und Charlie achtlos hingeworfen hatten.

Andrew überlegte, ob er sie falsch eingeschätzt hatte. Vielleicht hatte sie ja einfach nur höflich sein wollen, weil ihr die ganze Situation nicht behagte.

Er sah wieder hinaus auf den See, dessen silbrig ruhige Oberfläche er dem Chaos in der Hütte – die seine Zuflucht hatte sein sollen – vorzog.

„Funktioniert der?" Charlie hatte den kleinen Fernseher entdeckt und steckte bereits den Stecker in die Dose. „Hier draußen gibt es wahrscheinlich keinen Kabelanschluss, oder?" Trotzdem sah er suchend an der Wand entlang. Das Sandwich in der einen Hand, begann er mit der anderen an den Antennenohren des Gerätes zu drehen. Das Rauschen und Flimmern hinderte ihn nicht am Weiteressen. Erst als etwas aus seiner kunstvollen Konstruktion herausrutschte – eine Scheibe Tomate, gefolgt von einem Stück Zwiebel – und zu Boden fiel, unterbrach er seine Bemühungen, einen Sender zu finden, nahm beides vom Teppich auf, betrachtete es prüfend und stopfte es sich dann in den Mund.

Schließlich erwischte er eine Station, die einigermaßen klar zu empfangen war. Andrew erkannte dieselben orangeroten Schatten, die auch er gestern Abend hinnehmen musste. Es sah nach den Frühnachrichten aus.

„Bisher liegen keine Meldungen über Tornados vor, obwohl in Douglas und Sarpy County mehrere Windhosen beobachtet wurden. Mehr davon später. Nun die letzten Informationen über den Überfall auf die Nebraska Bank of Commerce gestern Nachmittag. Wie viel Geld die beiden maskierten Täter erbeutet haben, ist weiterhin unbekannt."

Andrew sah zu Charlie hinüber, der wie gebannt auf die Mattscheibe starrte. Die Spitze seiner Zunge lugte zwischen seinen Zähnen hervor. Auch die Frau hielt inne, um zuzuhören. Andrew erinnerte sich an den Bericht von gestern Abend. Zwei Flüchtige auf dem Highway 50 in südlicher Richtung. Warum zum Teufel hatte der Polizeihubschrauber die drei nicht entdeckt? Nur weil die da oben nicht richtig hingesehen hatten, saßen sie jetzt hier in seiner Hütte.

In den Nachrichten wurde eine Karte eingeblendet, die zeigte, wo die Verdächtigen zuletzt gesichtet worden waren. Ihren Wagen hatte man angeblich etwas abseits des Highway 6 entdeckt. Die Anwohner der Gegend wurden aufgefordert, ihre Häuser abzuschließen und wachsam zu sein. Eine Beschreibung der Täter gab es nicht. Andrew hingegen prägte sich ihr Aussehen ein und machte sich im Geiste eine Liste ihrer besonderen Merkmale.

„Die beiden Männer sind bewaffnet und gefährlich. Bis jetzt hat die Polizei die Namen der Toten noch nicht bekannt gegeben."

Andrew fuhr hoch. Tote?

„Bekannt ist bisher nur, dass es sich offenbar um zwei Bankangestellte und zwei Kunden handelt. Eine Frau wurde in das University Medical Center eingeliefert und schwebt noch immer in Lebensgefahr. Nach einer nicht offiziell bestätigten Information wurden alle vier Opfer aus nächster Nähe erschossen. Sachdienliche Hinweise nimmt jede ..."

Andrew fühlte Panik in sich aufsteigen, als ihm plötzlich klar wurde, warum ihm Jareds Gesicht bekannt vorgekommen war. Er hatte den Mann in mehreren Nachrichtensendungen gesehen, und sein Foto war auf der Titelseite des *Omaha World Herald* gewesen. Jared Barnett!

Tommy Pakula hatte den Namen während der letzten Wochen mehrfach erwähnt und das Rechtssystem verflucht, das es einem schmierigen Anwalt ermöglicht hatte, einen verurteilten Mörder aus dem Gefängnis zu holen.

Andrew trat der Schweiß auf die Stirn, und sofort fing seine Wunde an zu brennen. Er hatte zu viele Recherchen betrieben, zu viele Gespräche mit Polizisten geführt und zu viele Statistiken studiert, um sich jetzt noch etwas vorzumachen.

Jared Barnett würde nicht einfach mit seiner Brieftasche und seinem Auto abhauen. Jedenfalls nicht, bevor er beendet hatte, was ihm wohl gestern Abend misslungen war – ihn zu töten.

34. Kapitel

8.27 Uhr

Melanie ließ sich in den Sessel fallen und nestelte an den Khaki-Shorts herum, die sie zwischen Andrews Sachen gefunden hatte.

All das Blut auf Jareds und Charlies Overalls, was hatte sie sich bloß eingebildet, woher es stammte? Und die Schüsse? Wahrscheinlich war ihnen jemand in die Quere gekommen, und dann war es passiert.

Aber vier Schüsse aus nächster Nähe? Das musste ein Irrtum sein. Die Medien bauschten ja immer gleich alles auf und machten wegen der Einschaltquoten aus jeder Mücke einen Elefanten.

Sie beobachtete Charlie. Er schrubbte seine halbhohen Nikes mit einem Handtuch, bis unter dem verkrusteten Lehm wieder das strahlende Weiß zum Vorschein kam. Die Nachrichten mit der Bilanz dessen, was sie angeblich angerichtet hatten, schienen ihn nicht zu berühren. Seine Schuhe waren ihm wichtiger. Da bemerkte sie, dass er bereits ein zweites Paar säuberte. Nach seiner Entlassung aus dem Gefängnis hatte sich Jared ein Paar von Charlie geborgt. Und nun putzte Charlie auch die Schuhe seines Onkels. Er sorgte für ihn, obwohl es eigentlich umgekehrt hätte sein müssen – Jared sollte sich um ihren kleinen Charlie kümmern.

Sie glättete den Stoff der Shorts mit beiden Händen, ohne Charlie aus den Augen zu lassen. Ihr Junge konnte niemanden verletzen, geschweige denn unschuldige Augenzeugen erschießen. Und schon gar nicht aus nächster

Nähe. Charlie wusste doch nicht einmal, wie man mit einer Waffe richtig umging. Sie hatten nie Waffen benutzt, das hätte sie niemals zugelassen. Sie duldete nicht mal Waffen im Haus. Waffen brachten nur Unheil und führten zu Unfällen.

Vielleicht war das auch in der Bank so gewesen. Vielleicht war einfach nur ein Unfall passiert.

„Wir haben eine halbe Stunde", sagte Jared. Sie fuhr erschrocken herum und fragte sich, wie lange er wohl schon dort an der Wand lehnte. „Mach die Kühltasche voll." Er deutete auf eine kleine Tasche in der Ecke. „Und warum bist du noch nicht angezogen? Vergiss mal den modischen Schnickschnack und zieh verdammt noch mal irgendwas über."

Ihr brannten die Wangen, doch sie regte sich nicht. Sie spürte Andrew Kanes Blick auf sich ruhen. Charlie hockte noch immer mit den Schuhen vor dem Fernseher.

„Hör auf, mich herumzukommandieren wie damals, als ich noch ein kleines Mädchen war, Jared. Ich werde gar nichts tun, bevor du mir nicht sagst, was da in der Bank passiert ist." So, nun war es heraus. Dass ihre Stimme wenig selbstbewusst geklungen hatte, war ihr egal.

„Zerbrich dir nicht meinen Kopf. Tu, was ich sage, und alles wird gut."

Sie musste daran denken, dass er damals genau dasselbe gesagt hatte. Das war nun fast fünfundzwanzig Jahre her. Sie war zehn gewesen und er zwölf. Auch damals war alles voller Blut gewesen. Es war über die ganze Wand gespritzt und in die Ritzen des Linoleumfußbodens gesickert. Seitdem hasste sie Waffen. Er würde sich um alles kümmern, hatte Jared gesagt. Alles würde wieder gut werden, und es bliebe ihr Geheimnis, hatte er versprochen.

„Ich will wissen, was passiert ist", insistierte sie, doch ihre Stimme klang beinahe so hilflos wie die des zehnjährigen Mädchens damals.

„Wir haben jetzt keine Zeit für Diskussionen, Mel. Wir müssen verdammt noch mal von hier verschwinden, und zwar schnell. Sobald die Sonne aufgeht, wird die Polizei den ganzen Park umkrempeln, oder glaubst du, die sind blöd?"

Jared schob sich an ihr vorbei und begann, Andrews Sachen zu durchwühlen. Er stülpte eine braune Papiertüte um und verteilte den Inhalt auf der Arbeitsplatte. Dann riss er einen Beutel mit Müsliriegeln auf und ging durch den Raum, als würde er nach etwas suchen.

„Das ist eine verdammt beschissene Geschichte, Jared", versuchte sie es wieder. Vielleicht war es ja doch ein Unfall gewesen, tröstete sie sich im Stillen. Wie die Sache mit dieser Rebecca Moore. Jedenfalls hatte ihre Mutter gesagt, das alles sei ein Unfall gewesen, obwohl Melanie keine Ahnung hatte, woher sie das wissen wollte. Jared sprach nie darüber.

Er ignorierte sie, ging wieder an ihr vorbei und zog zwei schmutzige Rucksäcke unter einem Sessel hervor. Dass Charlie außer seinem eigenen auch ihren Rucksack mitgenommen hatte, merkte sie erst jetzt.

„Ist das deiner?" Jared stellte ihn auf die Arbeitsplatte, und sie nickte. „Dann bist du ja gerettet. Wie ich dich kenne, hast du doch bestimmt Sachen zum Wechseln und dein Make-up mitgenommen, richtig? Na, dann los, Melanie, zieh dich um."

„In den Nachrichten haben sie gesagt, dass es Tote gab, Jared."

Mit einer schwungvollen Bewegung hievte er Charlies Rucksack neben ihren, öffnete ihn und stopfte die Müsliriegel hinein. Doch zunächst musterte er dessen Inhalt, zog eins von Charlies Comic-Heften heraus, einige Straßenkarten und mehrere Pez-Spender, die er einen Augenblick betrachtete, ehe er kopfschüttelnd alles wieder einpackte.

Eine der Karten ließ er draußen und faltete sie auf. Er sah sich kurz um und fegte mit einer Armbewegung über die Arbeitsplatte. Das Mayonnaiseglas, Löffel, eine Scheibe Brot und leere Pepsi-Dosen flogen auf den Boden und verschwanden zwischen Andrews Kleidungsstücken. Melanie registrierte, dass Andrew Kane mit keiner Wimper gezuckt hatte.

Charlie war aufgestanden und stand jetzt hinter Jared, der sich über die Karte gebeugt hatte. Aber Charlie schien nicht nur neugierig, sondern auch verärgert zu sein, was Melanie an seiner gerunzelten Stirn und den zusammengekniffenen Augen erkannte. Er mochte es überhaupt nicht, wenn sich jemand an seinen Sachen zu schaffen machte.

„Was zum Henker sollen diese roten Kreise bedeuten?" fragte Jared und zeigte auf die Karte.

„Ich habe einen Haufen Karten, nicht nur die von Nebraska", erklärte Charlie eifrig. Ein kleiner Junge, der seinen Onkel beeindrucken wollte. Er griff in seinen Rucksack und holte ein Bündel Straßenkarten heraus. „Städte mit coolen Namen kreise ich ein. Eines Tages werde ich die alle besuchen, einfach so." Er deutete mit dem Zeigefinger auf einen Kreis auf der ausgebreiteten Karte. „Princeton. Jede Wette, du wusstest nicht, dass es in Nebraska ein Princeton gibt. Ist das nicht cool, wenn ich Leuten sagen kann, dass ich in Princeton war?"

Jared ließ den Blick über die Karte wandern. Er deutete auf einen anderen Kreis und sagte: „Ich verstehe, was du meinst, Kleiner. Hier ist Stella. Du kannst dann auch erzählen, dass du die Nacht in Stella verbracht hast." Er versetzte Charlie einen Stoß mit dem Ellbogen und lachte. „*In Stella*, verstehst du?"

Melanie beobachtete die beiden und wollte nicht glauben, dass sie in dieser Lage lachen und scherzen konnten.

„Die Bullen suchen uns vermutlich auf dem Interstate", fuhr Jared fort.

„Die glauben, wir hätten einem Farmer einen roten Pick-up geklaut", erklärte Charlie mit breitem Grinsen. „Ich habe es in den Nachrichten gehört."

„Tatsache? Das gibt uns ein bisschen Luft. Bis Colorado bleiben wir auf dem Highway 6. Sieht mir ganz so aus, als kämst du endlich durch einige deiner roten Städte, Kleiner."

„Cool. Ich habe auch eine Karte von Colorado. Ich war noch nie in Colorado."

Melanie nahm ihren Rucksack und drückte ihn an die Brust. Dass der angetrocknete Lehm in kleinen Brocken auf das Handtuch bröselte, das sie sich umgewickelt hatte, störte sie nicht. Sie wollte sich umziehen gehen, blieb dann aber stehen und beobachtete, wie die beiden Männer ihre Zukunft verplanten.

Keiner hatte sie gefragt, ob sie in dieses verdammte Colorado wollte. Die zwei hatten sie in diese fürchterliche Lage gebracht und schienen überhaupt nicht zu begreifen, wie tief sie in der Klemme steckten.

„Die haben gesagt, du hast vier Menschen umgebracht, Jared." Ihre Stimme versagte fast. „Stimmt das? Vier Tote? So haben sie es in den Nachrichten gesagt. Alle aus nächster Nähe erschossen. Tot."

„Vier?" wiederholte Jared und sah Charlie fragend an, der bestätigend nickte. „Soll das heißen, einer von den Scheißtypen lebt noch?"

35. Kapitel

8.32 Uhr
Gerichtsmedizin

Als Frank Irwin das Tuch wegzog und Grace die Leiche auf dem Stahltisch liegen sah, fiel ihr auf, dass die Frau kleiner wirkte, als sie sie in Erinnerung hatte. Das Blut war von ihrem Körper abgewaschen worden, und Grace konnte jetzt erkennen, in welchem Ausmaß der Schuss den Kieferknochen zerfetzt hatte. Die klaffende Wunde begann unter dem Kinn und zog sich fast bis zum Ohr hoch.

„Auf dieser Seite hat die Kugel sämtliche Zähne zerstört", erklärte Frank und öffnete der Toten mit seinen behandschuhten Fingern den Mund. „Die Eintrittswunde ist hier unter dem Kinn. Dort ist die Kugel ausgetreten und hat einen Teil ihres Nackens weggerissen."

„Eine ziemlich merkwürdige Art, jemanden zu erschießen, oder, Frank?"

„Pakula hat mir von Ihrer Theorie erzählt, Grace."

„Und?"

„Das ist sieben Jahre her. Ich war damals noch nicht hier, aber ich habe von dem Fall gehört. Ich habe mir die Akten besorgt." Er ging hinüber zur Leuchttafel, schaltete das Licht ein und klemmte zwei Röntgenaufnahmen nebeneinander fest.

Ohne dass er es erwähnen musste, wusste Grace, dass die Röntgenbilder Rebecca Moores zerstörten Kiefer zeigten. Rebeccas Leiche war vor sieben Jahren in einem Graben nördlich des Dodge Park entdeckt worden – vergewaltigt, mit drei Stichwunden und einer Schussverletzung unter dem Kinn. Jemand hatte den Körper in einen schwarzen Plastiksack gesteckt und im Graben entsorgt. Einer ihrer Kommilitonen, Danny Ramerez, hatte damals ausgesagt, er habe gesehen, dass sie am Tag ihres Verschwindens vor der Central High School zu Jared Barnett in den Wagen gestiegen war. Sieben Jahre später zog Danny Ramerez seine Aussage plötzlich zurück. Eigenartig.

„Die Verletzungen sind ähnlich", erklärte Frank. „Leider konnte ich in der Akte keine Angaben über das Kaliber finden. Und wie es scheint, können wir auch nicht sicher sagen, welche Art Waffe hier benutzt wurde, oder?"

„Wir haben eine Kugel aus der Wand hinter der toten Kassiererin geholt", erwiderte Pakula. „Sie stammt aus einer .38er, aber mehr kann ich noch nicht sagen. Es sieht so aus, als wäre aus zwei Waffen geschossen worden. Der Bericht der Ballistiker kommt wahrscheinlich erst morgen."

„Was wissen wir über die Kassiererin?" Grace hätte gerne gewusst, warum Jared es ausgerechnet auf diese junge Frau abgesehen hatte. Dass Jared der Täter war, stand für sie außer Frage.

„Sie heißt Tina Cervante", erklärte Pakula. „Sie war dreiundzwanzig Jahre alt, allein stehend und lebte mit zwei Freundinnen im Westen von Omaha. Sie stammt aus Texas. Ihre Familie lebt dort. Sie ist hergezogen, um aufs College zu gehen, brach das Studium aber ab und bekam diesen Job bei der Bank. Ich will nachher noch mit ihren Mitbewohnerinnen sprechen. Aber hier ist noch etwas Interessantes. Vor etwa einem Jahr bekam sie eine Anzeige wegen Fahrens unter Drogeneinfluss. Es war bereits ihre dritte Anzeige, eine ziemlich ernste Sache. Und nun dürfen Sie raten, wer ihr verdammter Anwalt war."

Grace interessierte sich mehr für die Hände der Frau. „Warten Sie einen Moment." Sie schlug das Tuch zurück und betrachtete Tinas Zehen. „Sie hat doch wahrscheinlich mit den beiden anderen Mädchen zusammengewohnt, weil sie keine eigene Wohnung bezahlen konnte. Und trotzdem hat sie sich professionelle und vermutlich regelmäßige Maniküre und Pediküre geleistet?"

„Außerdem hat sie sich die Nase richten lassen." Frank deutete auf eine winzige, kaum sichtbare Narbe, die Grace glatt entgangen wäre. „Das ist eine sehr gute Arbeit, nicht billig. Es wurde vermutlich vor sechs bis acht Monaten gemacht."

„Dann hat sie ihre finanziellen Prioritäten wohl etwas durcheinander gebracht. Das greift bei den Kids heutzutage wie eine Epidemie um sich", bemerkte Pakula, als spräche er aus leidvoller Erfahrung. Wahrscheinlich fühlte er sich an seine Töchter erinnert. „Vielleicht gab es jemand, der sie unterstützte oder sie aushielt. Aber mich interessiert vor allem, wie eine attraktive, rechtschaffene junge Frau wie Tina Cervante an einen so windigen Anwalt wie Max Kramer geraten ist."

„Kramer war ihr Anwalt in dieser Strafsache?" Grace fragte sich, ob Pakula auf etwas Bestimmtes hinauswollte. Kramer hatte mit allen möglichen Fällen zu tun. Eine Verkehrsstrafsache im Zusammenhang mit einem Drogendelikt war nichts Ungewöhnliches.

„Es ist nicht meine Aufgabe, Urteile zu fällen", unterbrach Frank sie, „aber ich frage mich, wie rechtschaffen eine junge Frau ist, die bereits drei Anklagen wegen Fahrens unter Drogeneinfluss am Hals hat. Außerdem" – er wies auf eine Edelstahlschale auf der Instrumentenablage – „war sie im zweiten Monat schwanger."

36. Kapitel

9.00 Uhr
Platte River State Park

Die Übelkeit ließ langsam nach, nicht allerdings seine Panik. Während Jared und Charlie ihre Fluchtroute quer durch das Land planten, rasten Andrews Gedanken hin und her. In einer Küchenschublade lagen mehrere stumpfe Messer. Dann gab es einen Schürhaken für das Kaminfeuer, erinnerte er sich, doch er konnte ihn nirgends entdecken. Sonst fiel im nichts ein, womit er sich hätte wehren können. Als sich das Tageslicht in strahlendem Orange über den Baumwipfel hinter dem See ausbreitete und sogar in die dunklen Ecken der Hütte drang, musste er sich eingestehen, dass seine Lage hoffnungslos war.

Sein Blick verschwamm zeitweilig immer noch, doch dafür spürte er die Schmerzen in seiner Schulter kaum mehr. Außerdem, was spielte es schon für eine Rolle, dass er seinen rechten Arm nicht gebrauchen konnte, wenn sich sein ganzer Körper lahm anfühlte.

Er wollte ausprobieren, ob er gehen konnte, und stellte die Füße auf den Boden. Noch bevor er sich aufrichten konnte, war Jared bei ihm und fuchtelte ihm mit der Waffe vor der Nase herum. Andrew fragte sich, warum sie ihn nicht einfach erledigten und seinem Albtraum ein Ende bereiteten.

Jared ließ sich ihm gegenüber in den Sessel fallen. Die Waffe steckte er in den Bund der Jeans – seiner Jeans. Dort wurde sie von einem Ledergürtel mit einem seltsamen Verschluss gehalten, auf den ein Wappen graviert war, das Andrew nicht kannte. Während er es noch anstarrte, merkte er plötzlich, dass Jared mit ihm redete.

„Das ist verdammt gut. Woher wissen Sie das alles über Mord?"

Erst da fiel Andrew auf, dass Jared sein letztes Buch in der Hand hielt, den Zeigefinger zwischen zwei Seiten, um eine bestimmte Stelle wiederzufinden. Er musste darin gelesen haben, als er sich im Schlafzimmer hingelegt hatte. Der Kerl las sein Buch. Großer Gott! Und jetzt wollte er anscheinend auch noch mit ihm darüber diskutieren. Was für eine groteske Situation.

„Sie müssen 'ne ganze Menge nachforschen, was? Ich meine, ich weiß, Sie erfinden das alles, aber ein paar Sachen sind ... Mann, oh Mann, ich sag Ihnen, die sind verdammt dicht dran. Diese Stelle, wo Sie die Autopsie schildern, die ist richtig Klasse. Da, wo sie merken, warum der Killer den Toten die Daumen abgeschnitten hat. Wie kommen Sie auf solches Zeugs?" Er öffnete das Buch und blätterte ein paar Seiten weiter. „Ja, das ist alles verdammt scheißreal." Dann sah er plötzlich auf und grinste. „Ich glaube, Sie mögen Ihren Killer."

Andrew legte den Kopf zurück auf den abgewetzten Stoff der Sofalehne. Wenn doch bloß das Pochen in seinem Schädel aufhören würde. Es hinderte ihn beim Nachdenken, und außerdem fiel ihm das Hören schwer. Aber wenn er das eben richtig verstanden hatte, dann hatte ihm gerade ein Mörder das größte Kompliment gemacht, das er sich denken konnte. Fast hätte er lächeln müssen, als er sich vorstellte, wie sein Verleger das Zitat als Werbung im Klappentext benutzte: Vierfacher, nein fünffacher Mörder urteilt: Das ist alles verdammt scheißreal.

Jared schien es nicht zu stören, dass er keine Antwort bekam. Anscheinend bevorzugte er ohnehin Monologe. Er ließ sich weiter über den Realismus der Geschichte aus, ehe er sich zu einer Analyse der Szenen herabließ, die Andrew seiner Meinung nach falsch angegangen war. Dieser Jared entpuppte sich als veritabler Buchkritiker.

Andrew rieb sich den schmerzenden Kopf und ließ ihn einfach reden. Irgendwann bemerkte er, dass Charlie und Melanie hinausgingen und den Wagen beluden. Er sah, dass seine Sachen hinausgeschleppt wurden, richtete sich auf und drehte sich um. Wo zum Teufel waren seine Aktentasche, seine Notizbücher und sein Laptop?

„Nur die Ruhe, Mann", beschwichtigte Jared, und es klang gar nicht maßregelnd, sondern beinahe tröstend. „Ich sorge dafür, dass Sie alles kriegen, was Sie brauchen."

„Was *ich* brauche?"

„Ja, Sie kommen mit. Ich zeige Ihnen, wie das wirklich läuft."

37. Kapitel

9.41 Uhr
Omaha Police Department

„Was wissen wir sonst noch?" fragte Grace. Sie saß mit Pakula in dessen Büro und stellte fest, dass der Kaffee bei der Polizei offensichtlich noch furchtbarer war als der bei der Staatsanwaltschaft. Vielleicht kam es ihr aber auch nur so vor, weil sie an Kramers duftenden Starbucks-Kaffee denken musste.

„Der Schuhabdruck stammt von einem Nike Air, Größe zwölf. Über die Kieselsteine weiß Darcy morgen mehr." Er sah ihr in die Augen. „Was, wenn sie identisch sind mit denen vor Ihrem Haus?"

„Dann haben wir einen weiteren Grund anzunehmen, dass es Barnett ist."

„Aber warum sollte er um Ihr Haus schleichen?"

„Soll das ein Witz sein? Er taucht im Gericht auf, vor meiner Reinigung und in dem Supermarkt, in dem ich einkaufe. Er versucht mir Angst einzujagen."

„Ja, aber wie kann er Ihnen Angst machen, wenn er durch Ihren Garten schleicht, ohne dass Sie etwas davon mitbekommen?"

„Hören Sie, Pakula. Ich bilde mir das nicht ein, und ich erfinde auch nichts."

„Moment mal, das habe ich nicht behauptet. Ich sage nur, wenn es ihm darum geht, Sie einzuschüchtern, warum dann dieses Versteckspiel? Warum parkt er beispielsweise nicht einfach vor Ihrer Einfahrt und dreht Ihnen eine Nase?"

„Worauf wollen Sie hinaus, Pakula?"

„Sind Sie sicher, dass er nicht in Ihrem Haus war?"

Grace starrte ihn an. Sie mochte sich nicht einmal vorstellen, wie Jared Barnett durch ihre Zimmer spazierte und in ihren Umzugskartons herumwühlte.

„Wir müssen diesen Bastard schnappen", erwiderte sie. „Was ist mit der Fahndung? Das Letzte, was ich in den Nachrichten gehört habe, war, dass man den Saturn gefunden hat."

„Stimmt. Ist am Highway 6 in ein Maisfeld gerast. Zur selben Zeit wurde einem Farmer ganz in der Nähe der Pick-up gestohlen. Er hat den Diebstahl nicht beobachtet, als der Mann nach Hause kam, war der Wagen einfach weg. Die Täter müssen im Gewitter durch das Feld geflüchtet sein und sind dann mit dem Pick-up weiter, ehe die Straßensperren errichtet werden konnten. Die Suche nach dem Wagen läuft. Die kommen nicht weit."

„Okay, großartig. Dann haben wir ihn vielleicht heute noch. Falls es tatsächlich Barnett ist, kommt er nie wieder auf freien Fuß." Grace schob ihren Kaffee beiseite und stand auf, um sich zu strecken. Auf Pakulas Schreibtisch herrschte ein noch größeres Chaos als auf ihrem. Sie konnte sich nicht erinnern, unter all den Akten jemals die Tischplatte gesehen zu haben. „Was ist mit der Überlebenden?"

„Ihr Zustand hat sich nicht verbessert, sie liegt immer noch im Koma. Die Ärzte wissen nicht, ob sie das Bewusstsein jemals wieder erlangt. Klingt nicht gut."

„Ich muss zurück." Sie zerknüllte ihren Pappbecher und warf ihn in Pakulas Papierkorb, der heute ausnahmsweise einmal nicht überquoll. „Oh, fast hätte ich es vergessen. Max Kramer möchte uns einen Deal vorschlagen. Seine Klientin will unseren Supermarkt-Räuber gesehen haben und kann ihn angeblich identifizieren."

„Nein, was für ein Zufall. Wer ist denn die Klientin?"

„Eine gewisse Carrie Ann Comstock."

„Sie machen Witze. Diese drogenabhängige Nutte würde nicht mal ihre eigene Mutter erkennen, wenn sie ihr über den Weg liefe."

Grace zuckte die Achseln. „Wahrscheinlich haben Sie Recht. Aber interessieren würde mich schon, auf wen sie mit dem Finger zeigen will."

Pakulas Telefon klingelte, und er hob die Hand in einer vertrauten Geste, die bedeuten sollte: Warten Sie einen Moment.

„Pakula", meldete er sich. „Ja." Er wartete, nickte zuerst und schüttelte dann den Kopf. „Heilige Scheiße!" Er klopfte so heftig mit dem Bleistift auf einen Notizblock, dass Grace nur darauf wartete, dass die Spitze abbrach. „Nein, wir treffen uns dort." Er warf den Hörer auf die Gabel.

„Haben sie den gestohlenen Pick-up gefunden?"

„Ja. Aber wie sich herausgestellt hat, haben der Stiefsohn des Farmers und dessen Freunde sich den Wagen heimlich ausgeliehen. Und wer weiß, wo die Bankräuber inzwischen sind. Wir fangen praktisch wieder bei null an." Er schnappte sich sein Jackett von der Sessellehne und nahm es über den Arm. „Ich melde mich später bei Ihnen."

Er war schon fast aus dem Büro, da drehte er sich um, kam zurück und blieb vor ihr stehen. „Ich schicke einen Streifenwagen in Ihre Gegend. Ich sage Ihnen das nur, damit Sie mir nicht in den Hintern treten, wenn Sie ihn zufällig entdecken."

Er war zur Tür hinaus, ehe sie antworten oder ihm danken konnte.

38. Kapitel

10.00 Uhr
Platte River State Park

Melanie glaubte nicht, dass Andrew Kane in der Verfassung war, zu fahren. Seine Augen wirkten seltsam glasig, selbst nachdem er die Brille aufgesetzt hatte. Und die Baseballkappe verdeckte seine Wunde kaum. Jared bestand jedoch darauf, und sie wollte ihn nicht noch provozieren, indem sie ihm widersprach. Sie war froh und erleichtert, dass Jared den Mann nicht einfach erschossen und im Wald verscharrt hatte. Das Wichtigste war jetzt, eine sichere Zuflucht zu finden.

„Wir werden ein bisschen im Zickzack fahren, Andrew", erklärte Jared von seinem Lieblingsplatz auf der Rückbank aus. Er hatte Melanie angewiesen, auf dem Beifahrersitz Platz zu nehmen, da die Cops ja nicht nach einem gut aussehenden Paar in einem roten Luxusauto suchten. Er hatte Charlies Karte auf den Knien ausgebreitet, um die gelb markierte Route, die er vorhin in der Hütte ausgearbeitet hatte, genau verfolgen zu können.

„Zuerst fahren wir nach Südosten. Und mach das verdammte Radio an!"

Melanie schaltete das Radio ein. Die Nachrichten hatten schon angefangen.

„... erfuhr, dass die jungen Männer mit seinem Pickup ohne sein Wissen unterwegs gewesen waren. Die Behörden gehen nun davon aus, dass die Bankräuber in einem zweiten Fluchtauto unterwegs sind, das sie zuvor in der Nähe abgestellt hatten. Nach einem anonymen Hinweis wurde dieser Wagen, ebenfalls ein gestohlener Saturn, diesmal in Weiß, südlich von Rock Port, Missouri, auf dem Interstate 29 gesehen und war vermutlich Richtung Kansas City unterwegs. Das Kennzeichen des Wagens lautet: Nebraska NKY-403. Wir weisen dringend darauf hin, dass die Verdächtigen bewaffnet und äußerst gefährlich sind. Weitere Informationen hierzu in einer halben Stunde. Das war Stanley Bell vom Nachrichtensender KKAR."

Dann meldete sich der Moderator. „Es ist 10 Uhr 6. Wie finden Sie das? Wir können mit Lenkwaffen ein Ziel in Hunderten Kilometern Entfernung treffen. Wir sehen Bilder vom Mars. Aber wir finden keinen verdammten Saturn auf unseren eigenen Straßen. Und überhaupt, warum sind diese beiden Typen bloß dauernd in einem Saturn unterwegs?"

„Mach leiser", sagte Jared. Dann holte er das Handy aus Andrews Aktentasche, gab eine Nummer ein und wartete.

„He, ich bins. Ist doch egal." Jared klang gelassen und ruhig, obwohl sein Gesprächspartner anscheinend so außer sich war, dass Melanie seine Stimme hören konnte. „Sie sind es gewesen, der denen diesen Scheißtipp gegeben hat. Sie sind diese anonyme Quelle, von der sie das mit dem weißen Saturn haben, stimmts? Sie wollen mich reinlegen, Sie verdammter Scheißkerl! Stimmt doch, oder?"

Melanie war verdattert. Wer wusste denn noch von dieser Sache? Wem zum Geier hatte Jared von dem zweiten Fluchtwagen erzählt, den er auf dem Parkplatz in der Nähe der Bank abgestellt hatte? Sie hatte erst davon erfahren, als ihnen die Cops schon auf den Fersen waren. Vielleicht jemand, den er im Gefängnis kennen gelernt hatte? Sie schob einen Daumennagel zwischen ihre Zähne, um nicht dauernd auf die Unterlippe zu beißen.

„Ich habe da noch diese Sache zu erledigen", sagte Jared dem anderen. „Das müssen Sie jetzt für mich machen." Weiteres Gezeter, doch dann sagte Jared einfach: „Tun Sie es!" und klappte das Gerät zu.

„Scheißkerl", sagte er. „Heutzutage kann man wirklich keinem mehr trauen."

Melanie sah, wie er sich gegen die Wagentür sinken ließ. Einen Moment lang erinnerte er sie wieder an den Zwölfjährigen, der aus dem Zugfenster auf vorbeiziehende Weiden und Maisfelder blickte, der sich einsam und verraten fühlte, der auf der Suche nach etwas Besserem und nie zufrieden war. Sie waren beide um ihre Kindheit betrogen worden und hatten viel zu schnell erwachsen werden müssen. Oft fragte sie sich, ob nicht alles anders geworden wäre, wenn ihre Mutter sich mehr um ihre Kinder gekümmert hätte, anstatt diese ganzen bunten Pillen einzuwerfen und mit Wodka hinunterzuspülen. Sie hatte nicht mal mitgekriegt, geschweige denn verhindert, dass ihr Stecher – dieser Arsch von Melanies Vater – ihre Kinder windelweich schlug. Sollte eine Mutter ihre Kinder nicht schützen, war das nicht ein Naturinstinkt oder so etwas? Sie jedenfalls empfand diesen Beschützerinstinkt Charlie gegenüber. Trotzdem konnte sie die Schuld nicht allein ihrer Mutter geben. Auch Jared tat das nicht. Vielleicht hatte das etwas mit diesen Blutsbanden zu tun, und damit, was Jared immer sagte, dass eine Familie eben zusammenhalten muss. Jared hatte jedenfalls zu ihr gehalten, dafür stand sie jetzt in seiner Schuld.

Der kurvige Highway war im Moment wenig befahren. Der Regen hatte die Luft abgekühlt und einen frisch geschrubbten blauen Himmel hinterlassen. Die Schwüle war einer frischen und klaren Luft gewichen. Melanie dachte daran, wie oft sie mit Charlie davon gesprochen hatte, raus aufs Land zu fahren. Allerdings hatte sie sich ihre Ausflüge etwas anders vorgestellt.

„Nehmen Sie die Abfahrt nach Nebraska City." Jared beugte sich plötzlich vor, um wieder die Rolle des Co-Piloten zu übernehmen. „Wir müssen zu einem Bankautomaten." Er hielt eine Bankkarte hoch, die er aus Andrews Brieftasche genommen hatte. „Sie werden eine kleine Bargeldabhebung vornehmen."

39. Kapitel

10.46 Uhr
Platte River State Park

Tommy Pakula trat auf die Bremse seines Ford Explorer, als an der Einfahrt zum Platte River State Park plötzlich der Van des kriminaltechnischen Labors vor ihm auftauchte. Er stand neben einem Streifenwagen am Straßenrand. Das Frühstück lag ihm plötzlich wie ein Stein im Magen. Heilige Scheiße! Er hatte nicht damit gerechnet, dass die Unfallstelle direkt an der Zufahrt zum Park lag.

Gleich hinter den Fahrzeugen der Ermittler sah er auf dem Asphalt die Brems- und Schleuderspuren und dahinter den zerrissenen Stacheldraht. Das Auto war durch den Zaun gerast und hatte eine tiefe Furche in die Erde gepflügt, die sich während der Gewitternacht mit Wasser gefüllt hatte. Wie sollte man ohne Gummistiefel zu dem Wagen gelangen?

Pakula winkte Ben Hertz zu und ließ sein Fenster heruntersirren. „Hat schon jemand den Park überprüft?"

„Einer der Jungs hat mit dem Parkaufseher gesprochen. Er wohnt auf dem Gelände. Ihm ist nichts Ungewöhnliches aufgefallen. Seiner Aussage nach ist der Park derzeit kaum besucht, nur eine Hütte ist vermietet."

„Das ist ein Freund von mir. Andy Kane, du kennst ihn."

„Ja, klar. Der Krimiautor, richtig?"

„Genau der. Er ist hier draußen, weil er schreiben wollte. Ich werde mal nach ihm sehen. Bin gleich zurück."

„Die Jungs aus dem Hubschrauber sagten, der Wagen war leer, als sie ihn gefunden haben. Die haben sich aus dem Staub gemacht. Es würde mich nicht wundern, wenn sie hier in der Nähe ein zweites Fluchtauto geparkt hätten. Sie sollen in einem weißen Saturn Richtung Kansas City unterwegs sein. Lange waren die jedenfalls nicht hier in der Gegend. Die wären sonst auch schön blöd gewesen."

„Ja, wahrscheinlich hast du Recht. Aber ich sehe mal nach. Ich bin gleich zurück." Er ließ das Fenster hinaufgleiten und fuhr in die Einfahrt zum Park.

Ben Hertz lag mit seiner Theorie vermutlich richtig, trotzdem hatte Tommy ein mulmiges Gefühl. Er fuhr die gewundene Straße hinauf zu den Owen-Hütten auf der gegenüberliegenden Seite des Sees. Als er um die letzte Biegung kam, sah er bereits, dass Andrews Wagen nicht da war. Er hielt vor dem Haus, öffnete die Tür und zog die Handbremse an.

Als er die Stufen zur Veranda hinaufstieg, überlegte er, ob er nicht besser gestern Abend noch einmal nach Andrew gesehen hätte. Aber vielleicht war er ja nur kurz unterwegs, machte Besorgungen oder war zum Frühstücken nach Louisville gefahren. Oder er hatte nach ihrem gestrigen Gespräch seine Sachen gepackt und arbeitete jetzt zu Hause. Immerhin hatte er seinen Fernseher dabeigehabt. Er war also nicht ganz von der Außenwelt abgeschnitten gewesen und hatte bestimmt die Nachrichten verfolgt.

Er klopfte, wartete jedoch nicht ab, sondern drehte den Türknauf. Die Tür war nicht verschlossen, und Tommy spürte, wie sich ihm die Nackenhaare sträubten.

„Andrew? He, bist du hier, alter Knabe?" rief er. Er

hoffte auf Antwort und wusste zugleich, dass die Hütte leer war.

Auf dem Küchenfußboden lagen verstreute Kleidungsstücke, dazwischen Flaschen und Pepsi-Dosen. Mit leisen Schritten ging er durch das Haus. Im Bad lagen feuchte Handtücher auf dem Boden. Die Ablage war von Zahnpasta und Shampoo beschmutzt, in den Abflüssen des Waschbeckens und der Dusche entdeckte er Lehm- und Schmutzspuren. Ein Blick ins Schlafzimmer ließ keinen Zweifel, im Bett hatte jemand geschlafen.

Pakula versuchte sich auszumalen, was sich hier wohl abgespielt haben mochte. Offensichtlich hatte Andrew gestern Nacht unerwarteten Besuch gehabt, der sich großzügig an seinen Sachen bedient hatte. Er sah sich nach dem Laptop um, konnte ihn jedoch nirgendwo entdecken. Der Fernseher allerdings stand angeschlossen mitten im Raum.

Auf der Veranda und den Stufen entdeckte er lehmige Schuhabdrücke. „Andrew, mein Freund, du hast die verdammte Verandatür nicht abgeschlossen, was? Wo zum Teufel steckst du jetzt bloß?"

Vielleicht war er ja entkommen und in die Wälder gelaufen. Im Moment war Tommy nur froh, dass er nirgendwo eine Leiche entdeckte, erschossen, nein, regelrecht hingerichtet, wie die Opfer in der Bank. Er blickte hinüber zum See und auf die dahinter liegenden Wälder. Selbst wenn Andrew im Dunkeln dort herumgestolpert wäre, hatte er immerhin den Vorteil, dass er sich hier auskannte.

Pakula ging in die Hütte zurück, klappte sein Handy auf und wollte eine Suchaktion veranlassen. Andys Wagen immerhin würde nicht schwer zu finden sein, signalrot und mit diesem auffallenden Kennzeichen. Von wegen, die Täter seien nicht blöde. „Keine Verbindung", erschien auf dem Display, und er erinnerte sich, dass sein Handy schon gestern während des Gesprächs mit Grace den Dienst quittiert hatte. Er schüttelte den Kopf. Armer Andrew, jetzt konnte er nicht mal Hilfe rufen.

Nein, so durfte er nicht denken. Andy ging es sicher gut. Er musste ihnen entkommen sein. Vielleicht tranken sie heute Abend schon ein Bier zusammen und lachten über die ganze Geschichte.

In diesem Moment entdeckte Pakula das Blut.

40. Kapitel

10.53 Uhr
Highway 75

Andrew sah immer wieder in den Rückspiegel. Seit er diesen Wagen fuhr, schien er wie automatisch in jede Radarfalle zu tappen, wieso, verdammt, nicht auch heute? Wo immer es ging, überschritt er die Geschwindigkeitsbegrenzung und gab sich Mühe, sein Tempo konstant zu halten, damit Jared seinen Versuch, auf sich aufmerksam zu machen, nicht bemerkte. Doch weit und breit kein Wagen oder Motorrad der State Patrol, es war wie verhext.

Die hatten vier, vielleicht fünf Leute bei einem Bankraub umgebracht, und jetzt brauchten sie Geld? Merkwürdig. Es sei denn, sie hatten ihre Beute irgendwo versteckt. Vielleicht hatten sie auch befürchtet, die Scheine wären markiert oder die Seriennummern könnten sie verraten. Aber hätten sie nicht wenigstens Geld für ihre Flucht dabeihaben müssen? Oder war die Sache schief gelaufen, und sie hatten überstürzt fliehen müssen?

Jedenfalls war Jared ausgesprochen ungehalten gewesen, als Andrew ihm gesagt hatte, dass sein Limit für Barabhebungen am Automaten bei vierhundert Dollar am Tag läge.

Andrew hatte so vor dem Autoschalter gehalten, dass die Überwachungskamera seiner Meinung nach auch einen Teil der Rückbank aufnehmen musste. Zumindest hoffte er das. Er hatte kurz überlegt, eine falsche Geheimzahl einzugeben, damit die Karte eingezogen würde.

Dann hätte Jared ihn in die Bank gehen lassen müssen. Doch diesen Gedanken hatte er schnell wieder verworfen, als ihm eingefallen war, was das letzte Mal passiert war, als Jared eine Bank betreten hatte.

Also hatte er vierhundert Dollar aus dem Automaten gezogen und Jared die Scheine übergeben. Nun waren sie wieder unterwegs und verließen Nebraska City auf dem Highway 75 in südlicher Richtung. Im Rückspiegel sah Andrew, dass Jared konzentriert den Radionachrichten lauschte. Der Milchbubi neben ihm schien immer noch damit beschäftigt, in sein – Andrews – T-Shirt hineinwachsen zu wollen und stopfte einen Mini-Doughnut mit Schokoladenüberzug nach dem anderen in sich hinein.

Andrew warf einen vorsichtigen Blick zur Seite. Melanie hatte den Kopf gegen das Seitenfenster gelehnt. Zuerst hatte er gedacht, sie schliefe, aber dann merkte er, dass sie einfach nur still in die Landschaft starrte. Etwas an ihrem Verhalten war seltsam. Ihre deutlich spürbare Nervosität, ihre Aufregung angesichts der Ereignisse in der Bank, all das ließ ihn vermuten, dass sie mit den beiden Kerlen auf der Rückbank hinter ihnen nicht unbedingt einer Meinung war.

Mein Gott, warum fiel denn niemandem auf, dass er viel zu schnell fuhr? In Nebraska City war er sogar verbotenerweise links abgebogen, doch der Fahrer des Pickup, dem er die Vorfahrt genommen hatte, hatte angehalten und ihn mit einem freundlichen Winken passieren lassen.

„Dreh das lauter!" rief Jared plötzlich von hinten und riss Andrew aus seinen Gedanken. Auch Melanie schreckte auf und griff nach dem Knopf an dem Radio.

„… wahrscheinlich aus dem Platte River State Park entkommen. Wie die örtlichen Behörden mitteilen, wird zurzeit nach einem in Nebraska zugelassenen roten Saab 9-3, Baujahr 2004, mit dem Kennzeichen A WHIM gefahndet. Die zuständigen Behörden gehen davon aus, dass die beiden Tatverdächtigen möglicherweise den Besitzer des Wagens entführt haben. Die Polizei bittet um Mithilfe der Bevölkerung und hat die Hotline 800–592–9292 eingerichtet. Hinweise nimmt auch jede Polizeidienststelle unter der Notrufnummer 911 entgegen. Sollten Sie das gesuchte Fahrzeug sehen, versuchen Sie auf keinen Fall, sich den Verdächtigen zu nähern. Die Männer sind bewaffnet und gefährlich. Inzwischen hat die Polizei auch die Namen der vier Toten bekannt gegeben, die bei dem Bankraub …"

„Scheiße! Scheiße! Schalt das verdammte Ding aus!"

„Was machen wir jetzt?" Melanie drückte das Radio aus und drehte sich zu Jared herum, als sei er ihre letzte Hoffnung.

„Halt die Klappe, Mel! Lass mich nachdenken."

„Das ist doch alles Wahnsinn, Jared. Charlie und ich hätten diesen Scheiß niemals mitmachen dürfen."

„Halt verdammt noch mal die Klappe."

Sie drehte sich um und sah wieder aus dem Fenster, wobei sie mit den Händen den Saum ihres Hemdes knetete. Andrew glaubte auch zu bemerken, dass ihre Unterlippe bebte, doch ehe er sich vergewissern konnte, zog sie die Lippe zwischen die Zähne.

Andrew beobachtete Jared im Rückspiegel. Seine kühle Beherrschung hatte sich rasch verflüchtigt. Unruhig rutschte er auf dem Sitz hin und her, sah ständig aus dem einen und dann wieder aus dem anderen Fenster. Schließlich fing er sogar an, sich so zu verrenken, dass er in den Himmel spähen konnte. Charlie ließ sich nach einer Weile von ihm anstecken und hielt ebenfalls nach einem möglichen Polizeihubschrauber Ausschau.

„Wie zum Geier haben die das rausgekriegt?"

Andrew dachte, Jared würde nur Dampf ablassen, ohne eine Antwort zu erwarten. Doch dann spürte er plötzlich einen Schlag auf dem Hinterkopf.

„Wie?" schrie Jared. „Womit haben Sie denen einen Tipp gegeben?"

„Ich habe nichts getan!" beteuerte Andrew. Plötzlich pochte sein Herz so wild, dass es ihm in den Ohren dröhnte. Konnte man mit einem Mann vernünftig reden, der offenbar keinen Grund brauchte, um völlig auszuflippen? Würde er den Wagen jetzt beseitigen und ihn gleich mit? „Was hätte ich denn tun können? Sie waren doch die ganze Zeit bei mir."

Er musste sich dringend etwas einfallen lassen, um seine Panik in den Griff zu kriegen. Er durfte auf keinen Fall klein beigeben. Denk positiv! Nutz die Wendung der Ereignisse zu deinem Vorteil! Einen Versuch war es immerhin wert, denn was hatte er schon zu verlieren? Während Jared sich hin und her drehte, um nach Verfolgern Ausschau zu halten, tastete er vorsichtig nach dem Lichtschalter. Warum war er nicht eher darauf gekommen? Er musste etwas tun, um auf sich aufmerksam zu machen. Wenn er etwas Zeit schinden könnte – ja, Zeit schinden wäre gut. Er dachte nach.

„Vielleicht könnten Sie die Situation ja zum Vorteil für sich wenden", hörte er sich auf einmal sagen. Wenn er sich doch bloß konzentrieren könnte. Warum wollte ihm jetzt nicht einfallen, was er alles über die Polizeiarbeit wusste? Jetzt könnte er die Ergebnisse seiner Recherchen für seine Bücher praktisch anwenden. Jahrelang hatte er sich mit Kriminellen und Killern beschäftigt, doch im Moment schien ihm nur eines sicher: Er musste so tun, als sei er auf Jareds Seite.

„Wovon reden Sie?" Jared verharrte auf dem Rücksitz und starrte angestrengt nach hinten.

Andrew merkte, dass Melanie ihn ansah. Bisher hatte er eher den Eindruck gehabt, sie ignoriere ihn.

„Die suchen diesen Wagen, richtig?" fuhr er fort. „Ich könnte eine falsche Spur legen. Ich könnte runterfahren bis Kansas, vielleicht rüber nach Missouri. Inzwischen hauen Sie in die entgegengesetzte Richtung ab."

Schweigen.

Es fiel Andrew schwer, auf eine Reaktion zu warten. Doch er sagte nichts weiter, damit seine Verzweiflung nicht zu offensichtlich wurde. Er widerstand sogar dem Impuls, in den Rückspiegel zu sehen. Er musste Jared Gelegenheit geben, nachzudenken, ob ihm sein Vorschlag nützte. Psychopathen dachten immer nur an sich. Darauf setzte Andrew.

Schließlich beugte Jared sich vor, langte mit dem Arm über die vordere Sitzlehne und deutete nach vorn. „Sehen Sie die Farm da drüben? Fahren Sie da ab."

41. Kapitel

11.00 Uhr

Melanie ließ den Kopf gegen das weiche Leder der Kopfstütze sinken und atmete erleichtert auf. Endlich nahm Jared Vernunft an. Sie spürte den Wunsch in sich aufsteigen, einfach im Wagen sitzen zu bleiben und mit Andrew Kane davonfahren zu können, selbst wenn das bedeutete, verhaftet zu werden. Sie wollte einfach nur, dass dieser Wahnsinn endlich zu Ende war.

Sie fuhren die lange Zufahrt zu der Farm hinauf, und Jared wies Andrew an, direkt vor dem Haus zu parken. Obwohl er nur langsam fuhr, sprangen Kiesel hoch und schlugen gegen das Chassis. Charlie begann wieder, vor sich hin zu pfeifen, bis Jared ihm den Ellbogen in die Rippen stieß und murmelte: „Halt die Klappe."

Melanie ignorierte die beiden und bewunderte das Farmhaus, ein großes, zweistöckiges Gebäude. Sie war in einem stinkenden, von Kakerlaken verseuchten Apartment groß geworden und hatte als Kind immer von einem solchen Haus mit breiter Veranda geträumt. Allerdings hatte sie Jared nie etwas davon gesagt. Er hätte sie nur ausgelacht und ihr gesagt, sie solle aufhören zu träumen. Auf der Veranda stand sogar eine Hollywoodschaukel, wie man sie in Filmen sah, wenn die Leute an langen Sommerabenden zusammensaßen und Limonade tranken.

„Wie wollen wir es machen?" fragte Charlie, und Melanie hörte ihn bereits seinen Rucksack vom Boden nehmen.

„Ihr haltet die Klappe. Ich mache das. Das gilt auch für Sie, Kane."

Als sie das Haus erreichten, erschien ein Mann in einem blassgelben Oxford-Hemd und mit einer roten Baseballkappe auf dem Kopf neben der Scheune.

„He, sehen Sie mal, Kane." Jared deutete nach vorn. „Der hat dieselbe Scheißkappe auf wie Sie."

Der Farmer hob die Hand zum Gruß und kam auf den Wagen zu.

„Lächeln!" raunte Jared.

Melanie hörte ein metallisches Kratzen, warf einen Blick nach hinten und sah Jared die Waffe aus seinem Gürtel ziehen. Unwillkürlich zog sich ihr Magen zusammen.

„Jared, was zum Teufel ..."

„Einfach nur lächeln, Mel. Entspann dich. Charlie, du nimmst das." Er schob ihm die Waffe zu, und Charlie ließ sie unter seinem Oberschenkel verschwinden. „Du bleibst im Wagen. Sorg dafür, dass der Schreiberling nicht abhaut. Melanie, du kommst mit. Wir müssen telefonieren."

Ihr blieb keine Zeit, sich Gedanken darüber zu machen, was er vorhatte. Erleichtert, dass er die Waffe offenbar nicht benutzen wollte, war es ihr fast schon gleichgültig, was er von ihr verlangte.

Jared drückte auf den Schalter in der Armlehne, und sein Fenster glitt lautlos hinab. Andrew tat das Gleiche, doch da der Mann bereits den Wagen erreicht hatte, war es zu spät, ihn davon abzuhalten.

„Guten Morgen", sagte Jared in einem freundlichen Ton, den sie sofort als falsch erkannte. „Wir sollen einem

Freund beim Umzug helfen, aber wir haben uns verfahren. Dürften wir Ihr Telefon benutzen, um ihn anzurufen?"

„Wie heißt er denn? Ich kenne hier in der Gegend praktisch jeden." Der Mann blieb vor dem Saab stehen, nickte Andrew zu und wandte sich wieder an Jared.

„Er hat das Haus gerade erst gekauft. Wir helfen beim Einzug."

„Das ist ja seltsam. Ich wusste gar nicht, dass hier ein Haus zum Verkauf stand. Wissen Sie den Namen des Vorbesitzers?"

Melanie begann wieder ihren Hemdsaum zu bearbeiten. Warum hielt dieser Idiot nicht einfach die Klappe und ließ sie sein verdammtes Telefon benutzen?

„Ach herrje", erwiderte Jared. „Den Namen weiß ich wirklich nicht. Ich weiß nur, dass wir schon vor einer Stunde hätten da sein sollen. Der wird ganz schön sauer auf uns sein. Ich verspreche, mich kurz zu fassen. Ihre Frau hat doch nichts dagegen, wenn wir Ihr Telefon benutzen, oder?"

„Nein, nein. Sie ist zum Friseur gefahren. Ihre Freundin holt sie jeden Donnerstag ab, und sie verbringen den Vormittag in der Stadt."

„Nett von Ihnen, dass Sie ihr das gestatten."

„Ihr gestatten?" Der Mann lachte. „Junge, Junge, wenn Sie sich einbilden, Frauen etwas vorschreiben zu können, werden Sie Ihr blaues Wunder erleben. Die haben ihren eigenen Kopf." Er beugte sich herunter und sah Melanie an.

Die lächelte ihm zu, doch am liebsten hätte sie ihn gewarnt, keinen Scheiß zu machen wegen Jared.

„Kommen Sie rein", sagte er endlich, richtete sich auf und forderte sie mit einer einladenden Geste auf, ihm zu folgen.

Jared öffnete die Tür und stieg aus. Er nickte Charlie zu und musterte Melanie mit einem kurzen Blick. Sie kannte diesen Ausdruck in seinen Augen, der bedeutete: Halt jetzt bloß die Klappe und tu, was ich dir gesagt habe.

Sie kamen in eine gemütliche Küche mit Stillleben an den Wänden und fröhlichen gelb und weiß karierten Gardinen an den Fenstern. Wie gerne hätte sie sich mit einer Tasse Kaffee an den Tisch gesetzt und wäre eine Weile geblieben, um endlich zur Ruhe zu kommen.

Der Mann wies auf das Telefon auf dem Tresen. Weder Melanie noch der Mann hatten bemerkt, dass Jared ein Fleischermesser von der Arbeitsplatte genommen hatte. Plötzlich packte er den Mann beim Kragen, setzte ihm das Messer an die Kehle und zwang ihn, sich auf einen Stuhl zu setzen.

„Hol irgendwas zum Fesseln!" herrschte er Melanie an.

Sie war wie gelähmt, ihre Knie drohten nachzugeben. Sie starrte die beiden an und erkannte die Panik in den großen braunen Augen des Farmers.

Plötzlich war die Erinnerung an jenen Tag vor so vielen Jahren wieder da, fast so, als würde alles noch einmal von vorne anfangen. Jared, der ihren Vater von hinten festhielt, die dünnen Arme um dessen fleischigen Nacken geschlungen. Er hatte nicht locker gelassen, obwohl seine Beine in der Luft baumelten und ihr Vater mit den Armen um sich schlug, um Jared zu fassen zu kriegen. „Hol irgendwas zum Fesseln!" hatte Jared geschrien, und auch damals hatte sie sich nicht bewegen können, fassungslos, dass sie es tatsächlich taten. Immer wieder waren sie ihren Plan durchgegangen und hatten ihn nach jeder Prügelorgie ihres Vaters weiterentwickelt. Manchmal waren Jareds Augen so geschwollen gewesen, dass sie das Schreiben übernehmen musste, obwohl aus ihrer Nase noch Blut auf das kleine Notizbuch tropfte, in dem sie alles notierten, was sie für ihr Vorhaben benötigten. Eine Waffe hatte nicht auf der Liste gestanden, trotzdem war sie an jenem Abend zur Hand gewesen.

„Melanie!" schrie Jared sie an. „Das Verlängerungskabel!"

Endlich drehte sie sich um und erwartete fast, ihren Vater zu sehen, voller Blut und Erde, als sei er soeben aus dem Grab gestiegen, das Jared für ihn ausgehoben hatte. Doch da waren nur die karierten Gardinen und ein Gänseblümchenrollo, das leicht im Wind baumelte.

„Keine unbedachte Bewegung, Mr. Farmer!" warnte Jared den Mann. „Wir wollen nur Ihre Autoschlüssel. Wir müssen uns Ihren Wagen ausborgen."

„Okay." Der Mann wollte auf etwas deuten, hielt jedoch in der Bewegung inne, als Jared ihm das Messer unter das Kinn drückte. „Die Schlüssel hängen neben der Tür. Es ist der mit dem St.-Christopherus-Anhänger."

„Melanie", begann ihr Bruder, jetzt in seiner sanften, hypnotisierenden Tonlage. „Hol die Schlüssel und das Verlängerungskabel."

Ihr kam das alles wie ein Traum vor, wie ein Albtraum. Sie starrte auf den Blutstropfen auf dem gelben Kragen des Farmers, und ihr Magen wollte rebellieren. Sie bemühte sich, die Erinnerung an die schmuddelige Küche ihrer Kindheit zu verscheuchen. Überall war Blut gewesen, an den Wänden und auf dem Linoleum, wo die Kakerlaken kurvige rote Spuren hinter sich her gezogen hatten.

„Die Schlüssel!"

Melanie setzte sich wie in Trance in Bewegung. Ja, sie konnte das, Schritt für Schritt. Sie würden ihn fesseln und die Schlüssel nehmen. Sie würde es überstehen. Sie hatte es schon einmal überstanden. Sie musste sich nur konzentrieren. Und dann würde sie diese friedliche gemütliche Küche verlassen und wieder in ihren Albtraum zurückkehren.

42. Kapitel

11.12 Uhr

Andrew beobachtete Charlie im Rückspiegel. Der Junge wirkte auf ihn wie ein kleiner Welpe, der auf die Rückkehr seines Herrchens lauerte. Die Waffe lag auf dem Sitz neben seinem Schenkel. Charlie hatte die flache Hand daneben gelegt, als scheue er sich, die Waffe anzufassen. Ein Blick in seine Augen zeigte Andrew jedoch, dass er nicht eine Sekunde zögern würde, sie zu benutzen, falls es notwendig wurde.

Andrew versuchte sich ein Bild von ihm zu machen und entwarf eine Charakterstudie wie für eine seiner Romanfiguren. Charlie hatte eine gewisse Gerissenheit, schien aber ansonsten nicht besonders klug zu sein. Zugleich ging etwas Unschuldiges, fast Kindliches von ihm aus, das mit dieser Gerissenheit nicht im Einklang stand. Zuerst hatte er das für eine Masche gehalten, für eine Rolle, die er spielte, um seine Umwelt zu manipulieren. Er sah auf eine etwas verruchte Weise gut aus, und sein offenes, naives Gesicht mit diesem schelmisch schiefen Grinsen ließ Andrew ahnen, dass ihm jedes Unrechtsbewusstsein für das fehlte, was hier ablief. Er hatte fast den Eindruck, als hielte er das alles für ein Spiel. Oder er tat nur so.

Charlie merkte, dass er beobachtet wurde, und sah auf. Ihre Blicke trafen sich im Spiegel, doch Charlie sah sofort wieder weg.

„Bist du schon lange mit Jared befreundet?" fragte Andrew, als wäre nun die Zeit gekommen, um höfliche Konversation zu treiben.

„Befreundet?" Charlie zog eine Miene, als erfordere diese Frage gründliches Nachdenken. „Jared ist mein Onkel."

Das war also die Verbindung. Andrew hatte sich schon gefragt, ob Melanie Jareds Freundin war. Aber sie waren Geschwister.

Er blickte prüfend zur Haustür und zur Garage. Nichts. Von seinen Recherchen wusste er, dass es Kidnappern zunehmend schwerer fiel, ihren Opfern etwas anzutun, sobald sie sie als Menschen wahrnahmen. Er konnte nur hoffen, dass sich das auch in seinem Fall bewahrheiten würde. Immerhin hatte er Jared mit seiner Arbeit beeindruckt. Doch je länger die beiden nun wegblieben, desto unsicherer wurde Andrew, ob sein Plan aufgehen und Jared ihm gestatten würde, davonzufahren. Was immer Jared dort im Haus anstellte, das entschied auch sein Schicksal, dessen war er sicher.

„Er scheint ein netter Kerl zu sein. Schade, dass ich ihn nicht besser kenne", sagte er und warf Charlie im Spiegel einen Blick zu.

„Jared ist cool." Charlie nickte. „Und er weiß 'ne Menge", fügte er hinzu.

„Aber manchmal ist er ein bisschen streng zu deiner Mom, oder?" Andrew testete, wie weit er gehen konnte. Wem galt die Loyalität des Jungen?

„Was meinen Sie?" Das Thema schien ihn allerdings nicht sonderlich zu interessieren, er starrte weiter aus dem Fenster.

„Ich weiß nicht", erwiderte Andrew wie beiläufig, als sei es nur eine Beobachtung. „Er schreit sie ziemlich oft an."

„Ach das." Charlie kicherte vor sich hin.

Andrew erwartete eine Erklärung, doch es kam keine. Seine Beobachtung bedurfte nach Charlies Ansicht offenbar keines Kommentars.

Plötzlich öffnete sich das Garagentor, und ein blauer Chevy Impala tauchte auf. Andrew beobachtete, wie Charlie die Waffe nahm, sie jedoch wieder losließ, als er Jared am Steuer erkannte und Melanie auf dem Beifahrersitz. Jared fuhr den Chevy aus der Garage und hielt so dicht neben dem Saab an, dass Andrew seine Tür nicht öffnen konnte. Dann drehte er sein Fenster herunter und bedeutete Andrew, dasselbe zu tun.

„Charlie, bring unsere Sachen rüber", rief er.

Der Junge sprang geradezu aus dem Wagen. Andrew ließ den Kofferraum aufspringen. Je schneller wir das hinter uns bringen, desto schneller bin ich frei, dachte er und merkte, wie Jared ihn anstarrte. Versuchte er abzuschätzen, ob er ihm trauen konnte? Oder überlegte er bereits, wie er seine Leiche beseitigen würde?

Jared streckte ihm die Hand hin. „Geben Sie mir die Schlüssel, Kane."

Er zog sie vom Zündschloss ab und übergab sie. Okay, sicher wollte Jared ein Spielchen treiben. Er würde die Schlüssel in den Kies werfen, damit er auf Händen und Knien danach suchen musste. Das würde ihn Zeit kosten und vielleicht ein letztes Mal demütigen. Aber Jared warf die Schlüssel nicht fort. Stattdessen rief er nach Charlie, der sofort angedackelt kam. Jared gab ihm irgendwelche Anweisungen, drückte ihm die Schlüssel in die Hand und ließ sich die Waffe geben.

Andrew fühlte Panik in sich aufsteigen. Sein Herz

hämmerte geradezu in der Brust. Großer Gott, war dieser Typ verrückt? Wie hatte er sich nur einbilden können, Jared würde ihn am Leben lassen? Er war sich zu sicher gewesen, dass es klappen würde, und hatte keinen Plan B. Er sah kurz zum Haus hinüber und wusste, dass der Farmer ihm nicht zur Hilfe kommen würde, selbst wenn er noch lebte. Jared hätte ihn nicht zurückgelassen, ohne ihn wenigstens irgendwo einzusperren oder ihn zu fesseln.

Jared ließ den Chevy langsam weiterrollen, gerade so weit, dass er aussteigen konnte, Andrews Tür aber blockiert blieb. Dann ging er, ohne Andrew aus den Augen zu lassen, um den Saab herum und riss die Beifahrertür auf.

„Kommen Sie, Kane."

Er war wie gelähmt vor Entsetzen. Jared wollte ihn nicht nur töten, sondern eine Zeremonie daraus machen. Er wollte ihn hinrichten. Sie würden zusammen hinter das Haus gehen, und er müßte vielleicht sogar sein eigenes Grab ausschaufeln.

„Warum erledigen Sie es nicht gleich hier?" presste er hervor.

„Wovon zum Henker reden Sie?"

„Wenn Sie mich erschießen wollen, tun Sie es einfach. Gleich hier auf der Stelle. Jetzt." Er konnte nicht glauben, dass er es war, der das sagte. Wie in einem letzten trotzigen Aufbegehren umklammerte er das Lenkrad mit der gesunden Hand. Wenn schon, dann hier, in seinem eigenen neuen Wagen, der seinen Erfolg und seinen Neuanfang symbolisieren sollte.

„Steigen Sie verdammt noch mal aus! Wir haben nicht den ganzen Tag Zeit!"

Als er sich immer noch nicht bewegte, begann Jared zu lachen.

„Wenn Sie nicht sofort aus diesem Scheißauto steigen, erschieße ich Sie tatsächlich! Arschloch! Nun machen Sie schon. Sie fahren. Wenn Sie erst mal am Steuer dieser Klapperkiste sitzen, werden Sie sich sowieso wünschen, ich hätte Sie umgebracht."

Langsam und widerstrebend kroch Andrew aus dem Wagen und stieß sich bei dem Versuch, seine Kopfwunde zu schützen, die verletzte Schulter.

Ein paar Minuten später waren sie bereit weiterzufahren und warteten nur auf Charlie, der den Saab in der Garage abstellte. Andrew sah seinen Wagen hinter der sich schließenden Tür verschwinden, und damit schwand auch seine Hoffnung, bald frei zu sein.

Er wollte gerade losfahren, als Jared plötzlich sagte: „Augenblick noch, ich habe was vergessen."

Andrew dachte sich nichts dabei, bis ihm Melanies Gesicht auffiel. Nervös biss sie auf ihrer Unterlippe herum, während sie beobachtete, wie Jared die Stufen zur Veranda hinauflief und im Haus verschwand.

„Was hat er denn vergessen?" fragte er. Doch sie sah ihn nicht an und schien ihn nicht einmal zu hören.

Erst als sie Jared wieder aus der Haustür kommen und die Stufen hinunterspringen sah, löste sich ihre Anspannung und wich offensichtlicher Erleichterung. Er kam so rasch zurück, dass er nicht getan haben konnte, was sie befürchtet hatte. Sogar ein kurzes Lächeln huschte jetzt über ihr Gesicht, als Jared sich mit einer übertriebenen Geste die rote Baseballkappe des Farmers aufsetzte. Charlie hielt sich den Bauch vor Lachen.

Andrew jedoch erstarrte innerlich. Das konnte doch nicht ... Nein, dieser Gedanke war verrückt. In seinem letzten Roman gab es eine Szene, in der der Killer noch einmal zurückgeht, weil ihm kalt ist. Es ist eine frostige Winternacht, also holt er sich den Filzhut seines Opfers und denkt dabei, dass der Tote ihn ja ohnehin nicht mehr braucht. Jared hatte in dem Buch gelesen – vielleicht ja auch diese Passage?

„Sehen Sie, Kane", begann Jared, nachdem er auf der Rückbank Platz genommen hatte und sie die lange Zufahrt wieder hinunterfuhren. „Jetzt haben wir die gleichen Baseballkappen. Der Typ braucht sie ohnehin nicht mehr." Die Kiesel prasselten wie Gewehrkugeln gegen das Chassis des Chevy.

Entsetzt sah Andrew in den Rückspiegel und in zwei dunkle, leere Augen. Jared grinste. Er wusste, was Andrew wusste. Dass sie soeben zu Komplizen geworden waren.

Vierter Teil

BLUTIGE SPUR

43. Kapitel

11.15 Uhr
Gerichtsgebäude

Grace schob die nächste Kassette in den Videorekorder. Sie wollte sich die Bänder der Überwachungskameras aus den überfallenen Supermärkten noch einmal ansehen, bevor sie mit Max Kramer sprach. Die Ermittlungen waren an einem toten Punkt angelangt, trotzdem missfiel ihr die Vorstellung, auf Max Kramer und seine dubiose Zeugin angewiesen zu sein. Sie traute dem Kerl einfach nicht.

Viel war auf den Bändern nicht zu sehen. Der Täter trug eine dunkle Maske über der unteren Gesichtshälfte und eine Strickmütze, Handschuhe, ein dunkles, langärmeliges T-Shirt und Jeans. Die Bilder ruckelten zwar nicht wie die des Banküberfalls im Drei-Sekunden-Takt vor sich hin, waren abgesehen davon aber auch nicht besser. In allen drei Fällen waren die Kameras hinter der Kasse angebracht und hatten den Verkaufstresen sowie die aus dieser Position einsehbaren Regalreihen der Läden aufgenommen.

Grace hatte bereits alle Bänder durchlaufen lassen und betrachtete sie nun noch einmal. Sie drückte auf Play und stellte fest, dass sie zu weit zurückgespult hatte. Dasselbe war ihr mit der ersten Kassette passiert. Auch diesmal sah sie einen Kunden, der unmittelbar vor dem Überfall seine Einkäufe bezahlte. Wahrscheinlich lauerte der Täter draußen auf der Straße, beobachtete den Laden und wartete eine günstige Gelegenheit ab.

Grace wollte gerade vorspulen, hielt dann aber inne und drückte die Pausentaste.

Merkwürdig. Hatte sie versehentlich die erste Kassette noch einmal eingelegt? Sie drückte auf Stopp und ließ sie herausspringen. Nein, es war die richtige. Sie schob sie wieder in den Recorder, spulte zurück und drückte auf Play.

Im hinteren Teil des Ladens sah sie einen Mann – es schien ein Teenager zu sein, doch wegen der kontrastarmen Aufnahme war das schwer zu erkennen – auf die Tiefkühlschränke zugehen. Sie hielt das Band an und fror das Bild ein. Dann schob sie die erste Kassette in den anderen Rekorder, spulte zurück, drückte Play und wartete.

Da war er.

Sie drückte auf Pause, lehnte sich zurück und betrachtete die beiden Bildschirme. Das schien tatsächlich derselbe Junge zu sein – dieselben struppigen Haare, derselbe schlaksige Gang, ausgebeulte Jeans und dieselben halbhohen, weißen Turnschuhe. Seine Schuhe waren es, die ihr aufgefallen waren. Welcher Junge in dem Alter schaffte es, seine Schuhe so strahlend weiß zu halten? Konnte das wirklich Zufall sein, dass er sich Minuten vor dem Raub in beiden Läden aufgehalten hatte?

Sie blätterte in den Aktenordnern nach den Adressen der überfallenen Läden. Einer lag im nördlichen Teil Omahas, einer im Westen der Stadt und der dritte im Nordwesten.

Sie nahm eins der Bänder heraus und legte die dritte Kassette ein. Zweimal derselbe Junge, das mochte Zufall sein. Sie spulte zurück, drückte auf Play und wartete.
Nichts.
Sie spulte weiter zurück und sah sich die Aufnahme noch einmal an. In dem Laden war einiges los gewesen. Das hier musste der Überfall sein, der am Nachmittag stattgefunden hatte. Die beiden anderen waren in der Nacht verübt worden, doch dann war der Täter offenbar übermütig geworden und hatte am helllichten Tag zugeschlagen.
Grace sah genau hin, ohne etwas zu entdecken. Etliche Kunden gingen an dem Tiefkühlschrank vorbei oder nahmen Waren heraus, doch der Junge war nicht dabei. Sie spulte bis zum Anfang zurück und versuchte es ein drittes Mal.
„Grace?"
Sie hielt das Band an, drehte sich um und sah Joyce Ketterson in der Tür zu dem kleinen Konferenzraum stehen.
„Da ist der Anruf, auf den Sie gewartet haben. Auf Leitung zwei."
„Danke, Joyce."
Sie nahm den Hörer ab und sah wieder auf das Standbild.
„Hallo, mein Herz", grüßte sie. „Tut mir Leid, dass ich nicht da war, als du vorhin angerufen hast."
„Mir bleiben nur ein paar Minuten. Wie läufts denn zu Hause?"
Vince klang müde. Mit Ausnahme eines Nickerchens hatte er während des langen Fluges wahrscheinlich nicht geschlafen.

„Hier ist alles okay." Sie wollte nicht, dass er sich wegen Barnett Sorgen machte. Er konnte ja ohnehin nichts tun. „Wie läuft die Konferenz?"

„Gut. Aber ich muss gleich wieder rein. Ich wollte nur hören, wie es euch geht."

Sie lächelte. Er gab sich ebenfalls alle Mühe, das Thema Barnett zu umgehen.

„He, was ist mit diesem Keramikkauz?" fragte sie. „Wollen wir den wirklich in den Garten stellen?"

„Ich weiß nicht, was du meinst."

„Ich meine diesen Zwerg."

„Welchen Zwerg?"

„Na, diesen Gartenzwerg, den du auf die Garagenstufe gestellt hast."

„Ich habe keine Ahnung, wovon du redest, Grace. Moment ... Richard winkt, ich muss wieder rein. Ist auch bestimmt alles okay bei euch?"

„Aber klar."

„Okay. Gib Emily einen Kuss von mir. Ich liebe dich."

„Ich liebe dich auch."

Sie musste Emily nach dem Gartenzwerg fragen. Die Handwerker waren doch schon seit letzter Woche nicht mehr da gewesen. Und wenn Jared Barnett nun doch in ihrem Haus gewesen war? Aber warum sollte er dann ausgerechnet einen dummen Gartenzwerg zurücklassen?

Sie schüttelte den Kopf und betrachtete das Videobild. Und plötzlich sah sie ihn.

Sie war sicher, dass es derselbe Junge war. Er stand vor einem Tiefkühlschrank, mit dem Rücken zur Kamera, und hielt einem kleinen Mädchen die Tür auf. Seine rechte Hand lag auf dem oberen Türrahmen. Eine Stelle, die man sonst kaum anfasst, schoss es Grace durch den Kopf. Mit etwas Glück hätten sie damit seine Fingerabdrücke.

Und ja, da unten, am Bildrand kam ein weißer, halbhoher Turnschuh zum Vorschein.

Sie nahm ihr Telefon und gab die Nummer des kriminaltechnischen Labors ein.

„Darcy, hier ist Grace. Ich habe hier etwas, das Sie sich ansehen sollten."

44. Kapitel

11.17 Uhr
Platte River State Park

Tommy Pakula saß in seinem Explorer und hielt sein Handy auf dem Schoß. Durch das Fenster der offen stehenden Fahrertür beobachtete er, wie die breitkrempigen Hüte der Deputys von Sarpy County zwischen den Bäumen verschwanden. Inzwischen waren die Spürhunde eingetroffen, doch Pakula glaubte nicht daran, dass die Männer in den Wäldern etwas finden würden. Wären sie nicht einer falschen Fährte gefolgt und hätten nach dem vermeintlich gestohlenen Pick-up gefahndet, hätten sie die verdammten Hunde schon früher eingesetzt. Obwohl er nicht sicher war, ob sie bei dem Regen gestern Witterung hätten aufnehmen können. Sogar der Hubschrauber hatte die Suche ja wegen des Gewitters abbrechen müssen. Diese Mistkerle hatten wirklich verdammtes Glück.

Pakula strich sich mit der Hand über seine Glatze. Immerhin hatten sie kein frisches Grab hinter der Hütte gefunden. Doch hieß das noch lange nicht, dass sein Freund außer Gefahr war. Er hatte kurz überlegt, Andrews Namen an die Medien zu geben, doch die würden ihn anhand des Kennzeichens des roten Saab schon früh genug herausbekommen. Und es wäre besser, wenn Andrews Foto nicht schon jetzt über jeden Bildschirm flimmerte. Einerseits könnte sich so zwar jemand melden, der ihn vielleicht gesehen hatte, andererseits bestand natürlich die Gefahr, dass die Täter sich dann in die Enge getrieben fühlten. Pakula war sich sicher, dass diese Psychopathen nicht lange zögern würden, sich einer Geisel zu entledigen, die das Risiko erhöhte, entdeckt zu werden.

Pakula wollte nicht weiter darüber nachdenken. Er schlug die Tür zu und fuhr den kurvigen Weg hinunter zur Parkeinfahrt, wo Ben Hertz und die Techniker des kriminaltechnischen Labors die Umgebung absuchten. Zwischen den Maisreihen stand noch immer Regenwasser, überall war Schlamm.

Er stieg aus, ging auf den zerrissenen Stacheldrahtzaun zu und sah das mit Lehm bespritzte Schild „Betreten verboten" im Wind baumeln – diese Typen hatten wirklich keinerlei Respekt, weder vor Privateigentum noch vor Menschenleben.

„Wir sammeln ein, was wir können", rief Ben Hertz ihm zu, als Pakula auf den Wagen zuging und vergeblich versuchte, die Schlammlöcher zu meiden. „Dann ziehen wir den Wagen raus und nehmen ihn auseinander." Ben fingerte eine Zigarette aus der Packung. Als einer der Kriminaltechniker ihm einen rügenden Blick zuwarf, zuckte er mit den Schultern und stapfte durch den Matsch von dannen.

Pakula erkannte den großen schlanken Jungen, Wes Howard, und murmelte ein Hallo. Er beneidete seine Kollegen von der Spurensicherung nicht. Mit Latexhandschuhen an den Händen krochen sie im Schlamm herum und suchten Quadratmeter für Quadratmeter ab. Pakula blieb einige Meter vor dem Saturn stehen und versuchte sich auszumalen, was nach dem Unfall passiert sein mochte. Was hatten die Kerle getan, und wie waren sie zu Andrews Hütte gelangt?

„Ist der Airbag aufgegangen?" fragte er.

„Gott sei Dank nicht", erwiderte Wes. „Diese Dinger vernichten manchmal sämtliche Spuren."

„Manchmal liefern sie uns ein paar Blut- oder Schleimtropfen für eine DNA-Analyse."

„Blutspuren haben wir auch so genug, und dazu jede Menge Erbrochenes auf dem Rücksitz."

„Das ist ja interessant", erwiderte Pakula. „Sonst noch was?"

„Sobald wir den Wagen rausgezogen haben, suchen wir den Innenraum nach Fingerabdrücken ab. Die Fußspuren ringsherum sind ziemlich weggewaschen. Allerdings habe ich, glaube ich wenigstens, ein paar brauchbare Teilabdrücke auf dem Teppichboden hinten. Das ist alles ziemlich voll gekotzt."

„Haben die nichts zurückgelassen?" Pakula kam nah genug heran, um einen Blick ins Wageninnere zu werfen.

„Zwei blutverschmierte Overalls und ein Halstuch. Keine Waffen. Aber ich habe das hier gefunden." Wes hielt einen Plastikbeutel hoch, in dem sich eine Art Anhänger oder Medaillon befand. „Es sind keine Witterungsspuren zu erkennen, deshalb glaube ich kaum, dass es vor dem Unfall schon hier gelegen hat. Es ist nur voller Lehm. Da ist übrigens eine Gravur auf der Rückseite." Er reichte Pakula den Beutel. „TLC und JMK, sagt Ihnen das was?"

„Nein. Hätten Sie was dagegen, wenn ich das mitnehme?"

„Von mir aus kein Problem. Aber sprechen Sie das mit Darcy ab. Wenn ich mich recht entsinne, wurde in der Bank eine zerrissene Halskette gefunden."

„Von einem der Opfer?"

„Keine Ahnung."

„Wo, sagten Sie, haben Sie das gefunden?"

„Neben dem Wagen, es steckte in diesem verdammten Schlamm. Ziemlich tief sogar. Vielleicht hätte ich es gar nicht entdeckt, wenn ich nicht gerade da eine Erdprobe genommen hätte. Falls es jemand verloren hat, muss er anschließend ganz schön darauf rumgetrampelt haben."

„Heißt das, Sie vermuten, einer von denen hat es absichtlich in den Schlamm gesteckt, um es loszuwerden?"

„Wäre immerhin möglich."

Pakula starrte auf den Wagen, als sähe er ihn zum ersten Mal. Irgendetwas kam ihm seltsam vor. Die Kühlerhaube des Saturn war verbeult, die vordere Stoßstange hing herab. Der Lack war vom Stacheldraht zerkratzt, und der Kühlergrill war vermutlich hin. Die Windschutzscheibe allerdings war intakt, also schien niemand mit dem Kopf dagegen geschlagen zu sein. Irgendetwas an dem Bild schien nicht zu stimmen.

„Haben Sie den Wagen genau so vorgefunden?"

„Ja. Die Täter sind wahrscheinlich rausgesprungen und weggerannt. Die Türen standen offen, also sind sie wohl ziemlich überstürzt geflüchtet."

Das ist es, dachte Pakula.

„Aber warum stehen dann drei Türen offen?" fragte er. „Haben sie vielleicht etwas mitgenommen, das auf der Rückbank lag?"

„Möglich", antwortete Wes. „Aber hinten hat definitiv auch jemand gesessen."

45. Kapitel

11.33 Uhr
Auburn, Nebraska

„Wir fahren in die falsche Richtung", stellte Melanie fest. Zwar war sie ihr ganzes Leben lang nicht weiter als hundert Meilen von Omaha entfernt gewesen, aber selbst sie wusste, dass Colorado westlich von Nebraska lag. Und sie fuhren jetzt nach Süden.

Sie war hungrig und müde, und die grelle Sonne stach ihr in die Augen. Sie klappte die Sonnenblende herunter und sah sich unvermutet einem goldgerahmten Jesusbild gegenüber, das mit Nadeln am Stoff der Innenseite befestigt war.

„Auch das noch", grummelte sie und klappte die Blende wieder hoch. Lieber ließ sie sich die Sonne in die Augen scheinen.

„Ich habe Hunger", erklärte sie und hoffte, es klang dringlich genug, dass Jared sich erweichen ließ, am nächsten Drive-in anzuhalten. Sie blickte über die Schulter und warf einen Blick auf Charlie, der den Kopf gegen die Scheibe gelehnt hatte und schlief. Sein rotes Haar stand in alle Richtungen ab, und sein Kinn hatte er auf die rechte Faust gestützt. Von ihm war also keine Unterstützung zu erwarten.

„Ich sagte, ich habe ..." Sie wurde von einem Müsliriegel unterbrochen, der ihr über die Schulter auf den Schoß flog. „Ich brauche ..." Die Wasserflasche verfehlte ihren Kopf um Haaresbreite. „Mein Gott, pass doch auf!" schimpfte sie und schüttelte den Kopf.

Charlie streckte sich, kicherte und meinte dann: „Ja, lass uns anhalten. Ich muss pissen."

Melanie unterdrückte ihr Lächeln. Dann war sie ja nicht die Einzige.

„Wie steht es mit dem Benzin?" Jared beugte sich über den Sitz nach vorn, um selbst nachzusehen, als traue er Andrew nicht. „Der nächste Ort ist Auburn. Da gibt es bestimmt eine Tankstelle. Wir tanken voll, decken uns mit Vorräten ein, und Charlie kann pinkeln. Dann fahren wir zurück."

„Was soll das heißen, wir fahren zurück?" kam Charlie Melanie zuvor.

Jared klappte die Karte auf und gab sie Charlie. „Nach Colorado."

„Ich wusste es. Ich habe doch gesagt, wir fahren in die falsche Richtung", sagte Melanie und sah dabei Andrew an. Der hatte kein Wort mehr gesagt, seitdem sie die Farm verlassen hatten. Er starrte geradeaus auf die Straße, und seine Augen blieben hinter einer Sonnenbrille verborgen, die er hinter der Sonnenblende entdeckt hatte.

Melanie riss den Müsliriegel auf, und im gleichen Moment tauchte hinter dem Hügel der Ort auf. Vielleicht verkauften sie an der Tankstelle sogar Pizzastücke, oder sie hatten einen Drehgrill mit Hotdogs. Manche Tankstellen hatten sogar beides. Jedenfalls brauchte sie etwas Vernünftiges in den Magen. Sie merkte auf einmal, dass sie sich gar nicht mehr erinnern konnte, wann sie zuletzt gegessen hatte.

Jared hing wieder über der Rückenlehne des Vordersitzes, um einen besseren Blick zu haben, als sie sich dem Ort näherten.

„Wir brauchen auch Zahnpasta und Zahnbürsten", sagte Melanie und schien bereits eine ganze Einkaufsliste zusammenzustellen.

„Frauen!" rief Jared und schlug Andrew mit der Hand auf die Schulter, als wären sie die besten Freunde.

Melanie zuckte zusammen. Sie konnte sich denken, dass seine bandagierte Schulter noch ziemlich schmerzte. Andrew hingegen zuckte mit keiner Wimper. Stur wie ein Roboter starrte er geradeaus. Hoffentlich schlief er nicht ein, dachte sie. Ihre geprellten Rippen verkrafteten keinen weiteren Unfall.

„Das sieht gut aus. Fahren Sie da rein." Jared deutete auf eine Gas-N'-Shop-Tankstelle, die offenbar erst kürzlich frisch renoviert worden war. „Melanie, sieh im Handschuhfach nach. Ich brauche eine Sonnenbrille."

„Ich brauche auch eine. Bringst du mir eine mit?" fragte Charlie.

Sie öffnete das Handschuhfach und wühlte darin herum. Zwischen Straßenkarten, Streichhölzern und einer Packung Zigaretten fand sie eine dunkle Sonnenbrille und reichte sie ihrem Bruder. Gerade wollte sie das Fach wieder schließen, da merkte sie plötzlich, wie sehr sie sich nach einer Zigarette sehnte. Ihre Finger wollten gerade nach der Packung greifen, da fuhr Jared dazwischen.

„Melanie, du tankst den Wagen auf. Charlie, geh pinkeln, aber beeil dich. Hast du gehört, was ich gesagt habe, Melanie?"

„Kann ich nicht reingehen und ein paar Sachen kaufen?" Sie drehte sich zu ihm um und sah ihn beinahe flehentlich an.

„Hast du was an den Ohren?"

„Ach, komm schon, Jared. Ich brauche ein paar Sachen. Und ich brauche vor allem was Richtiges zu essen."

„Ich kümmere mich darum."

Sie warf ihm einen verärgerten Blick zu. „Das sagst du immer."

Sie musste vorsichtig sein. Wenn sie ihm mit ihrem Jammern auf die Nerven ging, würde er ausrasten. Zwar hatte er noch nie gegen sie, Charlie oder gar ihre Mutter die Hand erhoben, aber sie hatte erlebt, zu was er in seinem Zorn fähig war. Vielleicht war in der Bank ja alles schief gelaufen, weil sich jemand seinen Befehlen widersetzt oder eine dicke Lippe riskiert hatte?

„Ich besorge dir deinen ganzen Scheißkram", erwiderte er. „Du machst den Tank voll, und dann wartest du."

Sie sah Jared die Waffe überprüfen, und auf einmal war ihr Hunger verschwunden. Er schob sie in den Taillenbund seiner Jeans und zog das T-Shirt darüber.

Sie wollte ihm sagen, dass er die Waffe hier lassen solle, sie hätte ihnen doch schon genügend Scherereien bereitet. Und sie hätte ihn gern gefragt, wie zum Teufel man eine Bank überfallen und kein Geld mitnehmen konnte. Doch beides wagte sie nicht. Dann raubten sie eben auch noch eine Tankstelle aus. Was machte das jetzt noch für einen Unterschied? Zudem war das so gut wie risikolos, denn sie wusste nur zu gut, das jemand, dem man eine Waffe vor die Nase hielt, alles tat. Er bettelte und flehte und heulte sogar wie ein kleines Kind. Wie ihr Vater damals. Der hatte wie ein Baby gewimmert, als ihm klar wurde, dass ihn seine Schwüre, sie und Jared nie wieder zu prügeln, nicht retten konnten. Es war zu spät gewesen für Entschuldigungen.

„Alles klar?" fragte Jared und riss Melanie aus ihren Gedanken. Dann tippte er Andrew wieder auf die bandagierte Schulter. „Sie kommen mit, Kane."

46. Kapitel

11.41 Uhr

Andrew hatte versucht, die Stimmen der anderen auszublenden. Ihr Gezänk zerrte an seinen Nerven. Er sehnte sich danach, abzuschalten und alles um ihn herum zu vergessen. So, wie es ihm oft gelang, wenn er im Schreibfluss war.

Allerdings hatte er im letzten Jahr die ernüchternde Feststellung machen müssen, dass er diesen Zustand nicht nach Belieben an- und abschalten konnte. Wenn es so einfach wäre, würde er jetzt den Schalter umlegen und für eine Weile in eine Fantasiewelt abtauchen. War das nicht genau Tommys Vorwurf gewesen? Dass er zu viel in seinen Gedanken lebte und zu wenig in der realen Welt?

Wann hatte dieses Gespräch eigentlich stattgefunden? Es kam ihm vor, als läge es bereits Tage zurück, dass er mit Tommy auf der Veranda vor seiner Hütte gesessen hatte, und dabei war es erst gestern gewesen. Plötzlich ging ihm ein Licht auf. Die Information, dass sie mit seinem Saab unterwegs gewesen waren, musste von Tommy stammen. Bestimmt hatte er die Medien informiert. Vermutlich war er zur Hütte gefahren, um nach ihm zu sehen. Wie dumm, dass er nicht gleich daran gedacht hatte. Wenn Tommy mit dem Fall betraut war, gab es vielleicht eine Möglichkeit, ihm eine Nachricht zukommen zu lassen. Fragte sich nur, was und wie?

„Gehen wir." Jared stieß ihm gegen die Schulter, und der Schmerz schoss ihm den Arm hinab bis in die Fingerspitzen. Mühsam unterdrückte er eine sichtbare Reaktion

– er hatte sich vorgenommen, sich nichts anmerken zu lassen. Die Genugtuung, ihn leiden zu sehen, gönnte er diesem Mistkerl Jared nicht.

„Behalten Sie die Kappe und die Sonnenbrille auf", herrschte Jared ihn an. „Und bleiben Sie dicht bei mir. Keine Hektik, wir lassen uns Zeit. Wenn Mel getankt hat, zahlen Sie alles mit Ihrer Kreditkarte. Die Abbuchung wird sie auf unsere Spur bringen, und es sieht dann so aus, als führen wir nach Süden."

Jared händigte Andrew dessen Brieftasche aus, und erst jetzt fiel ihm wieder ein, dass er sie die ganze Zeit über gehabt hatte. Verdammt, konzentrier dich! Warum zum Teufel konnte er sich nicht konzentrieren? Wenn nur der pochende Kopfschmerz endlich nachlassen würde. Er musste die Spinnweben aus seinem Hirn fegen. Ja, genau so fühlte es sich an, als würden sich seine Gedanken ständig in einem feinen, klebrigen Netz verfangen.

„Haben Sie das kapiert, Kane?"

„Ja, hab ich", erwiderte Andrew gerade noch rechtzeitig, um einem weiteren Schubs gegen seine verwundete Schulter zuvorzukommen.

„Und überlassen Sie das Reden mir. Sie halten Ihre verdammte Klappe."

„Ich muss echt dringend pissen", drängelte Charlie.

„Okay, okay, wir gehen ja schon."

Alle vier Autotüren öffneten sich fast gleichzeitig. Andrew ließ sich Zeit und streckte sich übertrieben. Es tat gut, endlich wieder auf den Beinen zu stehen. Er nutzte den Moment, die Umgebung der Tankstelle in Augenschein zu nehmen. Er inspizierte jede Richtung und nahm jedes Detail wahr, inklusive des Zeitungsständers vor dem

Laden. Auf dem *Omaha World Herald* prangte die Schlagzeile „Killer auf der Flucht", und das *Lincoln Journal* titelte schlicht und ergreifend „Menschenjagd".

Als er neben Jared auf den Shop zuging, eruierte Andrew seine Fluchtmöglichkeiten. Warum versetzte er Jared nicht einen heftigen Stoß und rannte davon? Er war in guter Verfassung, zumindest war er das vor dem Bruch seines Schlüsselbeins gewesen. Außerdem war er fast einen Kopf größer als Jared. Der war allerdings weitaus drahtiger. Trotz seiner pochenden Kopfschmerzen musste er seine Chancen nutzen, was hatte er denn zu verlieren?

Er warf einen Blick in die Seitenstraßen, die von einzelnen Häusern gesäumt waren. Hier bot sich bestimmt eine Möglichkeit, sich zu verstecken. Hinter dem Laden war ein Zaun, der vermutlich das ganze Grundstück einfasste. Der Weg auf der anderen Seite des Highways führte über den Parkplatz. Das war nicht gut. Aber die Häuser auf der anderen Straßenseite boten ihm die größere Chance.

Er musste Jared nur kräftig genug stoßen, damit er umfiel. Vielleicht in den Zeitungsständer. Das könnte ihm genügend Zeit für die Flucht verschaffen. Er beobachtete Jared aus den Augenwinkeln. Sie waren jetzt auf gleicher Höhe. Noch ein paar Schritte. Sein Herz schlug schneller. Ein überraschender Stoß, er schaffte das.

In diesem Moment ging die Ladentür auf, und eine Frau mit einem Kleinkind kam heraus. Verdammt.

47. Kapitel

11.46 Uhr
Omaha

Tommy Pakula fand das Haus, nachdem er in etwa ein halbes Dutzend Sackgassen eingebogen und wieder hinausgefahren war. Er hasste diese neuen Wohnsiedlungen. Da war ihm sein Haus im Süden der Stadt lieber, wo die Straßen gerade waren und man sich noch an Häuserblocks orientieren konnte, anstatt durch ein Labyrinth zu irren, das heutige Stadtplaner offenbar für originell hielten.

Auf dem Weg zur Haustür sah er sich um und fragte sich, wie sich Tina Cervante dieses Haus hatte leisten können. Selbst wenn sie sich die Kosten mit zwei Mitbewohnerinnen geteilt hatte, musste die Miete doch mindestens doppelt so hoch sein wie für ein Apartment. Er dachte an das Mädchen, das er in der Gerichtsmedizin gesehen hatte, daran, dass es offenbar regelmäßig zur Maniküre gegangen war und sich die Nase hatte richten lassen. Tinas Vater war Mechaniker bei einer Spedition in Dallas, ihre Mutter stellvertretende Geschäftsführerin eines Hummer-Restaurants. Beide verdienten nicht schlecht, trotzdem bezweifelte er, dass sie ihre Tochter derartig großzügig hatten unterstützen können, da sie noch vier weitere Kinder zu versorgen hatten.

Die Tür wurde von einer jungen Frau geöffnet, die ihm wie ein Britney-Spears-Verschnitt vorkam.

„Sind Sie Danielle Miller?"

Sie fuhr sich gähnend mit den Fingern durch das wirre

Haar, ohne eine Hand vor den Mund zu legen. „Ja. Wollen Sie endlich die Klimaanlage in Ordnung bringen? Sie haben sich ja wirklich Zeit gelassen, wir haben schon vor zwei Tagen angerufen."

Pakula war verdutzt. Er hatte befürchtet, Tinas Mitbewohnerinnen wären angesichts des Todes ihrer Freundin vielleicht gar nicht in der Lage, seine Fragen zu beantworten. Doch wie sich nun zeigte, belastete Danielle die defekte Klimaanlage weitaus mehr als die Nachricht, dass ihre Mitbewohnerin ihr Leben auf dem abgetretenen Teppichboden einer Bank ausgehaucht hatte.

„Nein, Miss Miller. Ich fürchte, ich kenne mich mit Klimaanlagen nicht besonders gut aus." Pakula griff in die Tasche und holte seine Dienstmarke heraus, während sie die Augen verdrehte, weil sie ihn offenbar für einen Vertreter hielt. „Ich bin Detective Pakula vom Police Department Omaha. Ich möchte mich mit Ihnen über Tina Cervante unterhalten."

„Oh, Sie meinen, wegen dieser Sache in der Bank gestern?"

„Ja, wegen dieser Sache in der Bank gestern", wiederholte er und bemühte sich, sie sein Unverständnis nicht zu deutlich spüren zu lassen. Er musste an seine älteste Tochter Angie denken, obwohl die etwas jünger war als Danielle Miller. Dennoch rechnete er sie derselben Generation zu, die es offenbar unheimlich cool fand, ihre Umgangsformen dem Sozialverhalten von Küchenschaben anzupassen, und die anderen Menschen ihren Respekt dadurch ausdrückte, indem sie ihnen ins Gesicht gähnte.

„Was wollen Sie denn wissen?"

„Dürfte ich für ein paar Minuten hereinkommen?"

„Klar doch." Sie drehte sich um, ging ins Haus zurück und hielt das anscheinend für eine Aufforderung, ihr zu folgen.

Pakula entschied sich, die freundliche Einladung anzunehmen, und trat ein. Auch die Inneneinrichtung ließ sich nicht lumpen, stellte er fest. Die Möbel waren ausgesuchte Designerstücke, an den Wänden hingen signierte Lithografien, und die Füße wärmte ein teurer Orientteppich.

„Wie haben Sie und Ihre Freundinnen dieses Haus gefunden?" erkundigte er sich. „Es ist sehr schön eingerichtet. Ist eine von Ihnen Innenarchitektin?"

„Ach du meine Güte, nein!" Lachend ließ sich Danielle in eine Ecke des Ledersofas fallen und schlug die nackten Füße übereinander. „Tina hat es gefunden." Sie zuckte die Achseln, was wohl bedeuten sollte: So einfach ist das. „Eigentlich ist das nicht mein Stil. Es kommt mir ein bisschen so vor, als würde ich bei meinen Eltern leben. Verstehen Sie, was ich meine?"

Er nickte und verkniff sich die Frage, was sie denn für ihren Stil hielt. Verglichen mit ihrem Verhalten jedenfalls hatte die Einrichtung eindeutig zu viel Klasse. Aber wenigstens hatte er sie zum Reden gebracht.

„Tina hatte ein Faible für so was, wissen Sie?" Schließlich meinte Pakula doch so etwas wie einen feuchten Schimmer in ihren Augen zu erkennen. „Sie hat Leute immer dazu gebracht ... na ja, ihr Sachen zu geben oder sie wenigstens benutzen zu lassen."

„Wirklich? Was für Sachen denn?"

„Ach, ich weiß nicht. Autos und so Zeug zum Beispiel."

„Sie meinen Jungs, Freunde von ihr?"

Danielle verdrehte die Augen, der feuchte Schimmer war entweder verschwunden, oder er hatte ihn sich eingebildet. „He, sie stand auf Männer in Ihrem Alter. Aus irgendeinem Grund fuhr sie auf solche Typen ab. Oh Gott, ich meine natürlich nicht, dass Sie alt sind oder so."

„Und wo traf sie diese älteren Herren gewöhnlich?" Er gab sich Mühe, nicht gekränkt zu wirken.

„Keine Ahnung, wo sie den Letzten kennen gelernt hat. Aber ich glaube, dass er ziemlich sauer auf sie war und sie Schluss gemacht haben."

„Wieso glauben Sie das?"

„Weil sie in letzter Zeit nicht mit ihm sprechen wollte, wenn er anrief. Ich musste mir immer Ausreden für sie ausdenken. Aber ich glaube, er hat das gemerkt."

„Demnach hat er hier angerufen."

„Na klar."

„Kennen Sie seinen Namen?"

„Ich weiß nur, dass er Jay heißt."

Pakula zog den Plastikbeutel aus seiner Jackentasche und reichte ihn ihr. „Hat er Tina das hier geschenkt?"

„Ja. Zu ihrem Geburtstag im Juli. Seitdem ging die Sache übrigens den Bach runter. Nach diesem Geschenk meinte Tina wohl, er wolle mehr von ihr als sie nur zu ... na ja, ich meine ... mit ihr ins Bett zu gehen."

„Wenn jemand einem ein teures Schmuckstück wie das hier zum Geschenk macht, würde ich doch annehmen, dass er damit etwas ausdrücken möchte."

„Ja, sollte man meinen. Aber wissen Sie, es ist, wie ich ihr immer sage ... gesagt habe. Gott, ich kann einfach nicht glauben, dass sie tot ist."

Sie wirkte, als würde ihr der Tod ihrer Freundin erst jetzt richtig bewusst werden. Pakula senkte den Kopf und wartete ab. Er wusste, dass die meisten Menschen in einer solchen Situation keine hohlen Phrasen wie „Es wird schon wieder" hören wollten. Die meisten wollten einfach in Ruhe gelassen werden, bis sie sich wieder gefangen hatten. Das Schweigen fiel ihm nicht leicht.

„Das klingt fast, als hätten Sie lange vor Tina gewusst, dass diese Beziehung nicht funktionieren konnte."

„So was funktioniert nie", erwiderte sie und zog ein Papiertuch aus einer Box hinter einer Vase hervor. „Das ist ja das Problem, wenn man sich mit älteren Männern einlässt. Am Ende bleiben die dann doch bei ihren Ehefrauen."

48. Kapitel

11.52 Uhr
Auburn

Andrew versuchte, die Aufmerksamkeit der Verkäuferin hinter dem Ladentresen auf sich zu ziehen. Kein leichtes Unterfangen, wenn die Augen hinter einer Sonnenbrille verborgen waren. Außerdem rannte die Frau ständig von einem Ende des langen Verkaufstresens zum anderen. Nur als sie hereingekommen waren, hatte sie ihnen kurz zugenickt.

Jared belud Andrews freien Arm mit Zahnpasta, Rasierklingen, Kartoffelchips, Schokoriegeln und Comicheften. Anscheinend hatte er vor, die nächsten Monate auf dem Highway zu verbringen.

Andrew behielt die Frau im Auge und betete, dass sie endlich in ihre Richtung sehen möge. War es denn zu viel verlangt, dass sie ihnen wenigstens ein paar Fragen stellte: Woher kommt ihr, Jungs? Wohin fahrt ihr?

Stattdessen war die kleine, zierliche Person ständig in Bewegung. Den ergrauten Kopf gesenkt, wieselte sie unablässig hin und her, von dem Miniofen, in dem sie kleine Pizzas buk, zum Hotdog-Grill und dann wieder zurück zu dem Teil der Theke, wo sie Sandwiches belegte. Andrew konnte nur staunen.

Sie arbeitet hier, weil sie es muss, dachte er, vielleicht, weil ihre Rente nicht reicht. Er fragte sich, ob es ihren Kindern oder Enkeln Sorge bereitete, dass sie in einem Tankstellen-Laden arbeitete. Wahrscheinlich nicht. In Omaha wäre das anders, ja, aber hier draußen? Hier war das kein Problem. Hoffentlich blieb es dabei. Vielleicht würde sie nie erfahren, dass sie heute einen Mörder bedient hatte.

Seit die Frau mit dem Kleinkind gegangen war, hatte kein anderer Kunde den Laden betreten. Andrew ließ den Blick auf der Suche nach einem Hinterausgang langsam an den Regalen entlangwandern. Es musste einen geben. Vielleicht am Ende des kleinen Flurs, der in der Ecke begann. Und wenn die Tür tagsüber verschlossen war?

Plötzlich kam ihm eine Idee. Jared wollte, dass er die Einkäufe mit seiner Kreditkarte bezahlte. Das hieß, er musste den Beleg quittieren. Wenn nach ihm gesucht wurde, würde mit Sicherheit auch sein Kreditkarten-Konto überwacht. Ob sie sich wohl auch die Originalbelege ansahen? Er hatte keine Ahnung, aber er musste wenigstens versuchen, Tommy eine Nachricht zukommen zu lassen.

Jared holte ein Sechserpack Bier aus dem Kühlschrank, als Andrew bemerkte, dass Melanie sich wieder ins Auto setzte, und zwar auf den Fahrersitz. Jared sah es ebenfalls und versetzte ihm einen Schubs in Richtung Kasse. Sie stapelten ihre Einkäufe vor der kleinen Frau auf, die sie nun endlich ansah.

„Die Pizza riecht gut", bemerkte Jared. „Machen Sie die hier selbst?"

„Den Boden bekommen wir tiefgefroren. Ich belege ihn dann." Sie begann, die Preise in die Kasse einzutippen und verstaute jedes Teil zuerst in einem Beutel, bevor sie sich dem nächsten zuwandte.

„Wir nehmen noch ein paar Pizzas und Sandwiches mit."

Sie trippelte davon, packte die Pizzastücke in quadratische Kartons und wickelte die Sandwiches ein. Zu den Sandwiches holte sie noch zwei große Dillgurken aus einem Glas und verpackte sie separat. Und noch immer stellte sie keine Fragen und fing keine Unterhaltung an.

„Mit dem Benzin macht das dreiundvierzig Dollar siebenundsechzig."

Andrew gab ihr seine American-Express-Karte.

Sie steckte sie in den Automaten, wartete auf das leise Rattern und reichte ihm schließlich den Beleg zum Unterschreiben. „Kaugummi", sagte Andrew plötzlich. „Ich habe Kaugummi vergessen."

Jared sah sich um, und in dem Moment, als er ihm den Rücken zuwandte, um in den Ständer hinter sich zu greifen, drehte Andrew den Kreditkartenbeleg um und kritzelte hastig „CO über 6" auf die Rückseite. Als Jared das Kaugummi-Päckchen auf den Tresen warf, hatte Andrew die Quittung bereits unterschrieben und gab sie der Verkäuferin zurück.

Sie hielt das Kaugummi in der einen und den Quittungszettel in der anderen Hand. „Zahlen Sie das bar?"

„Ja." Andrew holte Kleingeld aus der Tasche und hoffte inständig, sie würde seine Hieroglyphen nicht schon jetzt entdecken und ihn fragen, was das zu bedeuten habe. Doch sie schien nichts bemerkt zu haben.

Jared drückte ihm einen der beiden Einkaufsbeutel in die Hand und klemmte ihm das Bier unter den Arm, als wolle er ihn absichtlich belasten. Melanie war bis vor die Ladentür gefahren. Jared hielt die Tür auf, während Andrew Charlie das Bier durch das Autofenster reichte.

Als sich Andrew auf den Beifahrersitz setzen wollte,

bemerkte er, dass Jared noch immer an der Tür stand, als hielte er sie jemandem auf. Er sah sich um, doch außer ihnen war niemand da. Ihre Blicke trafen sich, und Jareds Augen sagten: Ich habe gesehen, was Sie getan haben. Dann drehte er sich um und ging zurück in den Laden.

Andrew meinte sich übergeben zu müssen, noch bevor er den Schuss hörte.

49. Kapitel

12.05 Uhr

„Zum Teufel, was hast du getan, Jared?" brüllte Melanie und hatte den Eindruck, ihre Stimme würde sich überschlagen. Nachdem Jared es sich seelenruhig auf dem Rücksitz bequem gemacht hatte, war sie losgefahren und wollte nicht glauben, dass das, was sie gehört hatte, kein Schuss gewesen war. Als sie jetzt an dem Stoppschild anhielt, merkte sie, wie ihre Hände auf dem Lenkrad zitterten. Sie sah in den Rückspiegel. Jared stopfte sich ein Stück Pizza in den Mund, ließ den Verschluss einer Bierflasche abspringen und machte keinerlei Anstalten, ihr zu antworten.

„Was hast du getan, Jared?" wiederholte sie ihre Frage.

„Was *ich* getan habe?" fragte er mit vollem Mund. „Frag lieber den Schreiberling da, was der getan hat." Er warf ein Stück Papier über den Sitz, das auf ihrem Schoß landete. „Nach rechts."

„Aus der Richtung sind wir doch gerade gekommen", stellte sie fest, bog dann aber ab, wie er es gesagt hatte. Sie hatte den Zettel aufgefangen, bevor er auf den Boden fallen konnte, betrachtete den Kreditkartenbeleg und sah mit fragendem Blick in den Rückspiegel nach hinten.

„Was meinst du? Er hat doch korrekt unterschrieben."

„Auf der Rückseite."

Sie drehte den Beleg um, doch ihre Hände zitterten so stark, dass sie kaum lesen konnte, was dort stand. „Coüberb? Was soll das denn bedeuten?"

„Da steht CO über 6. Er hat versucht, den Bullen einen Tipp zu geben, in welche Richtung wir fahren."

„Jetzt kapier ich", meldete sich Charlie. Melanie sah ihn im Rückspiegel grinsen wie einen Schuljungen, der die richtige Antwort weiß. „CO steht für Colorado, und die Sechs für den Highway, richtig?" Er starrte Jared mit erwartungsvollen Augen an, als erhoffe er sich als Belohnung nun die Aufnahme in den erlauchten Kreis der Erwachsenen. Herrgott, er schien immer noch nicht kapiert zu haben, dass das alles kein Spiel war.

„Sie hätten die Frau nicht töten müssen", stammelte Andrew plötzlich mit gedämpfter Stimme, ohne den Kopf zu heben.

„Wie ich das sehe, haben *Sie* die Alte auf dem Gewissen", herrschte Jared ihn an, und Melanie konnte seinen Peperoniwurst-Atem riechen.

Damit war die Angelegenheit für Jared offenbar erledigt, und er widmete sich wieder seiner Pizza. Als sie Papier rascheln hörte, blickte sie in den Rückspiegel und sah, dass Charlie ein Sandwich auswickelte und ebenfalls zu essen begann. Es schien nichts zu geben, was den beiden den Appetit verderben konnte. Charlie stopfte sich den Mund voll und riss eine Tüte Chips auf.

Melanie konnte das alles nicht fassen. Noch eine Tote. Wann hörte dieser Albtraum endlich auf? Jared hatte offenbar den Verstand verloren. Das war nicht mehr der Bruder, den sie kannte. Sie versuchte, sich auf die Straße zu konzentrieren, und rechnete jeden Augenblick damit, dass ein Streifenwagen hinter ihnen auftauchte. Was, wenn jemand den Schuss gehört oder beobachtet hatte, wie sie wegfuhren?

Als hätte er ihre Gedanken erraten, entschied Jared plötzlich: „Wir brauchen einen neuen Wagen."

„Aber ich habe den hier doch gerade aufgetankt", wandte sie ein und merkte sofort, was für eine dumme Erwiderung das war. Jared ignorierte sie und boxte Charlie kumpelhaft gegen die Schulter.

„Was denkst du, Charlie?"

„Ich habe vorhin eine Firma mit einem Parkplatz voller Autos gesehen. Wir müssen gleich wieder dran vorbeikommen." Charlie beugte sich leicht vor und spähte nach vorn.

Melanie war dieser Parkplatz gar nicht aufgefallen, aber Charlie hatte natürlich ein Auge für so etwas. Doch jetzt sah auch sie das Gebäude. Es lag etwas abseits des Highways hinter einer kleinen Gruppe von Bäumen. Vermutlich ein Hersteller von Landwirtschaftsmaschinen, denn auf einem Schild stand VAL-FARM MANUFACTURING.

Melanie fuhr vom Highway ab und in die Einfahrt der Firma, ohne auf Jareds Anweisung zu warten. Andrew hatte sich aufgerichtet. Er kratzte an seiner Wunde, die sofort wieder zu bluten begann.

Während Melanie langsam über den Parkplatz fuhr, begutachteten Jared und Charlie die Autos wie zwei Kinder die Auslage eines Süßwarenladens.

„Kein Saturn", sagte Jared. „Und nichts Auffälliges."

„Vielleicht 'nen Taurus", meinte Charlie. „Wie wärs mit dem da? Der ist ziemlich dreckig. Man erkennt nicht mal richtig die Farbe. Wir könnten die Nummernschilder von dem Ford Escort da hinten nehmen."

„Okay. Melanie ..."

Aber sie bog bereits in die nächste freie Parkbucht ein. Charlie sprang aus dem Wagen und schlenderte auf den Taurus zu, als gehöre er ihm. Auf dem Parkplatz war sonst niemand zu sehen, und das Firmengebäude hatte zu dieser Seite keine Fenster.

Charlie grinste, als er die Tür des Taurus öffnete. Der Besitzer hatte den Wagen nicht abgeschlossen. Melanie sah, wie er sich auf den Fahrersitz setzte und sein roter Haarschopf hinter dem Armaturenbrett verschwand. Eine Sekunde später tauchte sein Kopf wieder auf, und Charlie hielt mit breitem Grinsen ein baumelndes Schlüsselbund wie eine Trophäe in die Höhe.

„Himmel", sagte Jared. „Die Leute sind hier so verdammt vertrauensselig, die verdienen es gar nicht anders, als dass man ihnen die Autos klaut."

50. Kapitel

16.10 Uhr
Omaha

Wutentbrannt warf Max Kramer den Telefonhörer auf die Gabel. Er konnte es nicht fassen: Grace Wenninghoff hatte sein Angebot tatsächlich ausgeschlagen. War die eigentlich nur dämlich, oder wusste sie etwas, das er nicht wusste?

Soweit er gehört hatte, tappte die Polizei doch völlig im Dunkeln. Es gab nicht die geringste Spur, mal abgesehen von den Videoaufnahmen aus den Supermärkten. Sie hatten einen Ausschnitt in den Zehn-Uhr-Nachrichten gezeigt, und darauf hatte man nicht viel erkennen können. Der Täter schien immer nach derselben Masche vorzugehen, aber aufgrund dieser unscharfen Videos würde man ihn kaum identifizieren können.

Mit Wenninghoffs Anruf war sein schöner Handel geplatzt, und alles, was ihm blieb, war ein aussichtsloses Verfahren gegen eine drogenabhängige Nutte, die ihn nicht einmal bezahlen konnte. Vor kaum zwei Wochen noch hatte er mit Jared Barnett in der *Larry King Show* gesessen und geglaubt, das Leben könne nicht besser werden. Nun ja, das hatte ja auch gestimmt. Aber warum musste er ständig, wenn er gerade glaubte, es geschafft zu haben, gleich wieder abrutschen?

Er lehnte sich in seinem Ledersessel zurück und sah aus dem Fenster auf die Gene Leahy Mall. Dieses Fenster mit dem Blick auf die Innenstadt von Omaha machte das kleine, enge Büro zu einer erstklassigen Immobilie. Er konnte sich dieses Büro eigentlich gar nicht leisten, tat es aber trotzdem, weil der Blick über die Stadt ihm ein Gefühl von Macht verlieh. Er hatte lange und hart dafür gearbeitet, sich hier Respekt zu verschaffen. Das würde er sich nicht so einfach nehmen lassen.

Seine landesweiten Medienauftritte halfen ihm nur vorübergehend, das wusste er. Es würde nicht lange dauern, bis seine Kollegen wieder anfingen, sich über ihn lustig zu machen. Diese verdammten Bastarde.

Er hörte seine Anrufe ab. Ein halbes Dutzend Idioten wollten etwas von ihm. Nur dieser eine Idiot, mit dem er unbedingt sprechen musste, meldete sich nicht. Er sah auf die Uhr. Es wurde Zeit, sich eine neue Strategie zu überlegen. Das dürfte allerdings nicht allzu schwierig sein, denn wer wusste besser als ein Strafverteidiger, was die Cops wollten?

Max löschte die drei Anrufe seiner Frau, die hatte wissen wollen, wann er nach Hause käme und ob sie das Dinner warm halten solle. Er hasste ihre ständigen Versuche, sein Leben kontrollieren zu wollen, und ihre unterschwelligen Drohungen und Sticheleien stanken ihm gewaltig. Nach seinen Fernsehauftritten hatte er gehofft, sie und ihr Geld nicht mehr zu brauchen. Was hatte er sich da bloß eingebildet? Dass *Fox News* den Vertrag mit Greta Van Susteen kündigte und ihn anrief, damit er ihre Gerichts-Talkshow übernahm? Ach je.

Stattdessen hatte eine ganze Wagenladung Anfragen von Todeskandidaten aus dem ganzen Land, die alle von ihm vertreten werden wollten, sein Büro überflutet. Arschlöcher, die darum bettelten, dass er ihnen das Leben rettete, die aber nichts auf der Naht hatten, um ihn zu bezahlen. Verdammt. Und ausgerechnet der Bastard, der ihm alles verdankte und tief in seiner Schuld stand, veranstaltete einen solchen Mist.

Er sah noch einmal auf die Uhr. Wenn sich der Scheißkerl doch endlich melden würde.

51. Kapitel

17.56 Uhr

Tommy Pakula blinzelte in die Sonne, beschattete die Augen mit der Hand und suchte die Sitzreihen ab. Er entdeckte Claire in der zweiten Reihe von oben. Sie winkte ihm und feuerte zugleich ihre Tochter an. Wie es aussah, hatte er das erste Viertel verpasst. Sein Team lag bereits mit einem Tor vorn.

Er stieg die Tribüne hinauf und bahnte sich einen Weg durch die Menge der jubelnden Eltern. Die meisten kannte er, doch da das Spiel bereits lief, grüßte man ihn nur mit einem Nicken. In diesem Jahr saß er zum ersten Mal auf den Zuschauerrängen, und er vermisste seinen bisherigen Platz in der Trainerecke am Spielfeldrand. Aber er war sich mit Claire einig gewesen, dass er kürzer treten musste, wenn er nicht ausbrennen wollte.

Er saß kaum, als sie auch schon belegte Brote und eine Pepsi aus ihrer abgewetzten Kühltasche holte. Sie reichte ihm die Cola und wickelte ein Sandwich aus, ohne das Spielfeld aus den Augen zu lassen. Der Geruch würziger Frikadellen, die Reste von gestern Abend, stieg ihm in die Nase, und von Mozzarella und scharfem Senf. Ihm lief das Wasser im Munde zusammen.

„Wie macht sie sich?" fragte er, nachdem er eine Weile beobachtet hatte, wie ihre Achtjährige wieselflink über das Spielfeld flitzte. Jenna war ihre Jüngste.

„Der Rasen ist vom Regen gestern noch ziemlich feucht", erwiderte Claire. „Sie ist schon ein paarmal ausgerutscht. Oh, und sie hat diese Sache ausprobiert, die du ihr gezeigt hast."

„Ja? Und hat es geklappt?"

„Der Ball ist über die Linie geflogen."

„Sie hat eben einen kräftigen Schuss." Er warf Claire einen Blick zu und machte sich über sein Sandwich her. Sie lächelte ihn an, und er wischte sich über den Mund, weil er vermutete, einen Senfschnurrbart zu haben. Doch sie verfolgte bereits wieder das Spiel, legte ihre Hand auf sein Knie und ließ sie dort.

Er musste an sein gestriges Gespräch mit Andrew denken und wie er versucht hatte, seinem Freund klar zu machen, was er alles versäumte. Ihrer Tochter an einem lauen Sommerabend beim Spiel zuzusehen, dabei ein leckeres Frikadellen-Sandwich zu verputzen und die Hand seiner Frau auf seinem Knie zu spüren – das war es, wofür es sich seiner Meinung nach zu leben lohnte.

Er wusste, dass es in Andrews Leben eine Beziehung und eine schmerzhafte Trennung gegeben hatte. Das war, bevor sie sich kennen gelernt hatten. Doch Trennungen gehörten nun mal dazu. Man kam darüber hinweg und musste eben einen neuen Partner finden. Andrew hingegen zog sich in sein Schneckenhaus zurück und schottete sich ab. Obwohl sie inzwischen gute Freunde geworden waren, war Andrew mit Informationen über sein Privatleben selbst heute noch äußerst zurückhaltend. Immerhin meinte Tommy verstanden zu haben, dass Andrews Vater anscheinend alles darangesetzt hatte, das Selbstwertgefühl seines Sohnes zu zerstören. Es war schon erstaunlich, in welchem Ausmaß elterliche Neurosen die Verhaltensmuster ihrer Kinder prägten.

Claire sah ihn an, als hätte sie seine Gedanken erraten. „Du machst dir Sorgen um ihn", stellte sie fest.

„Er ist einer solchen Situation nicht gewachsen."

„Mein Gott, wer wäre das schon?"

„Ich hätte früher nach ihm sehen müssen. Als ich erfuhr, dass die Täter in Richtung des Parks geflüchtet sind, hätte ich rausfahren sollen."

„Tommy." Sie legte ihre Hand fester um sein Knie, als wolle sie ihren Worten Nachdruck verleihen. „Du kannst nicht ständig auf alles und jeden aufpassen." Als sie sah, dass ihre Bemerkung ihn nicht tröstete, fügte sie hinzu: „Pass auf, es wird schon alles gut werden. Er wird es überstehen."

Tommy musste schmunzeln. Das war typisch Claire. Selbst in den schwierigsten Situationen verlor sie nicht ihren Optimismus. Als er sich gerade wieder seinem Sandwich widmen wollte, begann sein Handy zu klingeln. Einige Zuschauer neben ihm drehten sich um und warfen ihm missbilligende Blicke zu, als habe er ein ungeschriebenes Gesetz gebrochen.

„Pakula", meldete er sich und drehte sich vom Spielfeld weg. Claire nahm ihm die Cola und das Sandwich ab, damit er die Hände frei hatte.

„Detective Thomas Pakula?"

„Ja. Wer …" Er wurde von Jubelrufen und Applaus unterbrochen. „Entschuldigen Sie, ich bin hier gerade bei einem Fußballspiel. Mit wem spreche ich?"

„Grant Dawes. Ich bin der Sheriff von Nemaha County. In Ihrem Büro sagte man mir, ich solle mich mit Ihnen in Verbindung setzen."

„Um was geht es denn?" Pakula sagte der Name

nichts, aber die umständliche Art des Sheriffs ließ ihn ungeduldig werden. Warum sagte er nicht einfach, worum es ging? Plötzlich erschollen Anfeuerungsrufe, und aus den Augenwinkeln sah er, wie die Spielerinnen seiner Mannschaft die gegnerische Abwehr durchbrachen. Musste der Kerl ausgerechnet jetzt anrufen? Er wollte auf keinen Fall noch ein Tor versäumen.

„Wir haben ..." Die weiteren Worte des Sheriffs gingen im Jubel der Menge unter.

„Entschuldigen Sie, ich habe Sie eben nicht verstanden."

„Wir haben einen roten Saab mit dem Kennzeichen A WHIM gefunden."

Pakula erstarrte. Da der Lärmpegel nicht nachließ, machte er Claire ein Handzeichen, dass er nichts verstehen könne, stand auf und hastete durch die Bankreihen nach unten.

„Sind Sie noch da?" fragte er, als er den Parkplatz erreichte, wo der Lärmpegel endlich niedriger wurde.

„Ja, ich bin noch hier."

„Sie sagten, Sie haben den Wagen gefunden?"

„Ja. Er steht in der Garage eines Farmers. Die Flüchtigen haben ihn gegen dessen Chevy eingetauscht. Aber vorher haben Sie dem Farmer noch die Kehle durchgeschnitten."

„Verdammt!"

„Das ist noch nicht alles."

Pakula lehnte sich kraftlos gegen seinen Explorer und machte sich auf das Schlimmste gefasst. Hatten sie etwa auch Andrew mit durchschnittener Kehle zurückgelassen?

„Am Highway bei Auburn haben wir in einer Tankstelle eine tote Verkäuferin gefunden. Jemand hat ihr direkt ins Gesicht geschossen. Der Schuss hat ihr den halben Kiefer weggerissen."

Es dauerte einen Moment, bis Pakula sich wieder gefasst hatte. „Noch weitere Opfer?"

„Reicht das nicht?"

Er seufzte erleichtert auf, fuhr sich mit der Hand über die Glatze und schämte sich fast, dass er einzig an seinen Freund dachte. „Wie lange ist es her, dass Sie die Leichen entdeckt haben? Ich möchte unsere Kriminaltechniker so schnell wie möglich dorthin schicken."

„Ich hatte gehofft, dass Sie das vorschlagen. Meine Leute haben beide Tatorte abgesperrt, aber für die Untersuchung von zwei Mordfällen verfüge ich nicht über ausreichende Möglichkeiten."

„Erreiche ich Sie unter dieser Nummer?" fragte Pakula nach einem Blick auf das Display seines Handys.

„Ja, Sie erreichen mich hier."

„Ich rufe Sie in ein paar Minuten zurück. Sie haben nicht zufällig das Kennzeichen des Chevy?"

„Noch nicht. Die Frau des Farmers steht unter Schock. Ich lasse die Nummer gerade feststellen. Wenn Sie zurückrufen, kann ich sie Ihnen hoffentlich geben."

„Gut. Bleiben Sie, wo Sie sind." Pakula beendete das Gespräch und drückte eine Kurzwahltaste. Während er wartete, dass sich jemand meldete, dachte er daran, was Claire eben noch gesagt hatte: Es wird schon alles gut werden. Er wird es überstehen.

52. Kapitel

20.20 Uhr

Dann soll sie eben, wenn sie es unbedingt so will, dachte Grace und holte frische Bettwäsche für das Gästezimmer aus dem Schrank. Sie hatte einfach keine Lust, sich mit Wenny zu streiten. Als sie Emily von ihrer Großmutter abholen wollte, hatte die darauf bestanden, mitzukommen und bei ihnen zu schlafen, wenigstens bis Vince „aus den Alpen" zurück sei – das klang, als sei er in Skiurlaub gefahren.

Seit Jared Barnett aus dem Gefängnis entlassen worden war, machte Wenny sich Sorgen, obwohl Grace ihr nichts davon gesagt hatte, dass Barnett ihr offenbar nachstellte. Auch von ihrer Annahme, dass er einer der flüchtigen Bankräuber war, wusste Wenny nichts. Aber die alte Dame schien so etwas wie einen sechsten Sinn zu haben. In der Nacht, in der ihre Eltern damals umgekommen waren, hatte Wenny sogar eine Kerze ins Fenster gestellt – zum Schutz gegen das aufziehende Gewitter. Aber dann war eine ganz andere Katastrophe über das Haus ihres Sohnes drei Blocks entfernt hereingebrochen.

Grace hatte es Emily überlassen, Wenny ihr neues Haus zu zeigen. Insgeheim hoffte sie, dass die Kleine Wenny vielleicht für den Gedanken begeistern könne, zu ihnen zu ziehen. Das war der eigentliche Grund, weshalb sie schließlich zugestimmt hatte, als Wenny mitkommen wollte.

Natürlich war es lächerlich anzunehmen, die alte Dame könne sie irgendwie beschützen, zumal Grace darauf bestanden hatte, dass sie die .38er zu Hause in ihrer Nachttischschublade ließ. Aber vielleicht bekam Wenny ja auf diese Weise das Gefühl, gebraucht zu werden, und die Entscheidung, ihr altes Haus aufzugeben, fiele ihr leichter.

Grace wollte unbedingt, dass Wenny bei ihnen einzog. Aber natürlich musste auch sie selbst es wollen. Sie verdankte der alten Dame unendlich viel. Es war Wenny gewesen, die ihr beigebracht hatte, dass sie jedes Ziel erreichen konnte, wenn sie es nur ernsthaft genug verfolgte. Wenny hatte große Opfer für sie gebracht und das als völlig selbstverständlich erachtet, was vielleicht etwas mit ihrer deutschen Herkunft zu tun hatte. Es sei doch ganz normal, für die Familie da zu sein, erklärte sie immer. Die Familie sei nun mal das Wichtigste. Von Wennys starkem Willen und Kampfgeist profitierte sie noch heute.

Sie fand Wenny und Emily in der Küche, wo sie die Vollkorn-Schokokekse probierten, die sie vorhin gebacken hatten. Zum Abendessen waren sie ausgegangen und hatten sich für ein griechisches Restaurant entschieden. Wenny hatte darauf hingewiesen, welchen Beitrag die Griechen zur Kultur der Menschheit geleistet hatten, wohingegen man den Franzosen nicht trauen dürfe, wofür die hohen Preise in ihren Lokalen und die kleinen Portionen auf den Tellern der beste Beweis seien. Grace ließ ihr solche Bemerkungen ungern durchgehen, doch gegen alte Überzeugungen und Vorurteile anzukämpfen, war manchmal aussichtslos.

„Ist das ein Betthupferl?" fragte sie die beiden und nahm ihnen gegenüber am Tisch Platz.

„Ich muss noch aufbleiben, damit Wenny sich nicht

fürchtet", erklärte Emily, wich dem Blick ihrer Mutter jedoch aus und tunkte einen Keks in ihr Milchglas.

„Ich glaube kaum, dass Wenny vor irgendetwas Angst hat", erwiderte Grace. „Also solltest du dich nicht langsam fertig machen, um ins Bett zu gehen?"

„Emily hat mir von Mr. McDuff erzählt."

„Ja, ich kann ihn immer noch nicht finden, Mom."

„Ich bin sicher, er ist hier irgendwo."

„Ich kann ohne ihn nicht einschlafen. Kann ich nicht heute Nacht bei Wenny schlafen? Nur bis sie sich an das Haus gewöhnt hat."

„Ich denke, Wenny kommt schon zurecht", erwiderte Grace, bemerkte jedoch den Blick, den die beiden tauschten, während Emily sich den in der Milch eingeweichten Keks in den Mund schob. Offenbar hatten sie sich abgesprochen. „Emily, du gehst jetzt nach oben und ziehst deinen Schlafanzug an. Wenny und ich kommen dann gleich und bringen dich ins Bett."

„Okay." Wieder warfen sich die beiden einen Blick zu, dann glitt Emily von ihrem Stuhl und verließ die Küche. Die beiden Frauen lauschten ihren Schritten auf der Treppe nach oben.

„Sie hat mir erzählt, ein Schattenmann hätte ihren Mr. McDuff mitgenommen."

„Sie hat aufgeschnappt, wie ich mich mit Vince über einen Fall unterhalten habe, und da hat sie etwas falsch verstanden."

„Er war hier im Haus."

„Niemand war hier im Haus." Doch Grace wusste, dass sie Wenny von diesem Gedanken nicht würde abbringen können. Sie hatte ihre Großmutter noch nie täuschen können. Tatsache war, dass sie nicht wusste, ob Barnett in ihr Haus eingedrungen war oder nicht. Sollte etwa er diesen Gartenzwerg hinterlassen haben? Aber warum? Hatte er sie vielleicht in Panik versetzen wollen, indem er ihr demonstrierte, dass er bei ihr ein und aus gehen konnte, wie es ihm gefiel?

„Ich spüre es. Er war hier."

„Wir hatten eine Menge Handwerker hier während der letzten Wochen."

„Nein. Es war ein böser Mann. Und er hat Emilys Mr. McDuff mitgenommen."

53. Kapitel

20.50 Uhr
Highway 6

Melanie konnte die Augen kaum noch offen halten, und die Scheinwerfer der entgegenkommenden Autos blendeten sie. Wann hatte sie das letzte Mal geschlafen? Es kam ihr vor, als müsse das vor Ewigkeiten gewesen sein. Die Aufregung der letzten Stunden hatte sie wach gehalten, doch seitdem die Sonne untergangen war, fühlte sie sich, als seien auch ihre letzten Energiereserven aufgebraucht.

Dem leisen Schnarchen auf dem Rücksitz nach zu urteilen schlief Charlie schon seit fast einer Stunde. Andrew Kane neben ihr hingegen wirkte hellwach, obwohl er den Kopf gegen das Seitenfenster gelehnt hatte. Auch Jared schien überhaupt nicht müde zu sein. Wenn die entgegenkommenden Scheinwerfer das Innere des Taurus erhellten, sah sie ihn im Rückspiegel hinaus in die Dunkelheit starren. Jetzt hörte sie ein Rascheln hinter sich, als würde eine Straßenkarte auseinander gefaltet. Dann knipste er die Maglite an, die sie im Handschuhfach gefunden hatten.

Sie musste daran denken, was sie sonst noch in ihrem neuen Fluchtwagen entdeckt hatten. Anstatt eines Jesusbildes steckte hinter der Sonnenblende das Foto einer jungen dunkelhaarigen Frau, auf deren Schoß ein kleiner Jungen saß, der ihre Augen hatte. Als Andrew eingestiegen war, war er im Fußraum auf der Beifahrerseite auf einen Plüschbären getreten. Ihr war aufgefallen, wie behutsam er ihn aufgenommen hatte, als handele es sich um ein lebendes Wesen. Er hatte den Teddy neben sich gelegt, zwischen ihre Sitze. Sie wollte ihn dort zwar nicht haben, konnte sich aber auch nicht überwinden, ihn zu entfernen. Er erinnerte sie an Charlies alten Bären Puh. Das Foto ließ wohl keinen Zweifel daran, dass sie den Wagen einer Mutter gestohlen hatten, die wahrscheinlich in dieser Fabrik arbeitete, vielleicht in einem schlecht bezahlten Job, um ihren Sohn ernähren zu können. Und der Kleine musste heute Abend auf seinen Teddy verzichten.

„Wir müssten gleich den Highway 34 kreuzen", sagte Jared plötzlich und lehnte sich gegen den Vordersitz. „Bieg da rechts ab."

„Ich glaube, ich kann nicht mehr fahren, Jared."

„Ich weiß." Er legte ihr eine Hand auf die Schulter und drückte sie. „Du machst deine Sache gut, Schwesterchen."

Sie sah in den Rückspiegel und erwartete, Sarkasmus in seinem Blick zu entdecken. Aber nein, er schien es ernst zu meinen. ‚Schwesterchen' hatte er sie zuletzt genannt, als sie noch Kinder gewesen waren und er auf sie aufpassen musste. Dann hatte er in diesem tröstlich aufmunternden Ton mit ihr gesprochen, der in ihr noch heute die Hoffnung weckte, alles werde gut werden. Aber manchmal konnte selbst Jared die Dinge nicht wieder ins Lot bringen. Als sie gerade überlegte, ob er sich wohl immer noch als ihr Beschützer verstand, deutete er über die Sitzlehne nach vorn auf ein im Scheinwerferlicht auftauchendes Hinweisschild.

„Wir können uns in diesem Comfort Inn ein Zimmer nehmen. Anscheinend liegt es noch vor Hastings auf der anderen Straßenseite."

Fast hätte sie gefragt, ob sie sich das denn leisten konnten, doch dann entschied sie, dass ihr das völlig gleichgültig war. Der bloße Gedanke an eine heiße Dusche und ein weiches Bett war viel zu verlockend. Sie straffte die Schultern, streckte sich, so gut es ging, und spürte ihre Verspannung. Ja, eine heiße Dusche und eine Mütze Schlaf, und die Welt sähe schon wieder besser aus. Und morgen? Was kümmerte es sie jetzt, was morgen war?

Melanie spürte das Gefühl der Erleichterung, als sie endlich das erleuchtete Schild des Motels selbst auf der linken Straßenseite sah.

„Halt nicht direkt vor der Rezeption an, lieber da drüben, wo es nicht so hell ist." Jared kommandierte sie bereits wieder herum, aber auch das war ihr jetzt egal. „Trag auf dem Anmeldeformular einen falschen Namen ein und nur zwei Personen. Falls sie eine Adresse haben wollen, denk dir was in Kalifornien aus und sag, wir sind auf dem Weg nach Chicago."

„Wo denn in Kalifornien?"

„Das ist doch scheißegal, Mel! Lass dir was einfallen. Mein Gott, muss ich dir denn wirklich alles vorkauen?" Er zählte acht Zwanzig-Dollar-Noten ab und reichte sie ihr über die Sitzlehne. „Mehr dürfte es wohl nicht kosten."

Sie sah auf das Bündel Scheine, das er noch in der Hand hielt, und schätzte, dass es mehr als vierhundert Dollar waren. Sie vermutete, dass er die Kasse an der Tankstelle ausgeräumt hatte, fragte aber nicht nach und stieg aus.

Die Rezeption des Motels wirkte hell und freundlich.

Neben der Anmeldung befand sich eine kleine Sitzecke, und als sie eintrat, stieg Melanie Kaffeeduft in die Nase. Sie drehte sich kurz um, um zu prüfen, ob der Taurus von hier aus zu sehen war. Nein, sie hatte ihn so abgestellt, dass er in der Dunkelheit quasi unsichtbar war.

„Meine Güte, das duftet ja gut", sagte sie. Der junge Mann hinter dem Tresen sah auf, offenbar erfreut, dass er jemanden zum Reden hatte. Der Parkplatz war ziemlich leer, anscheinend hatte er bislang eine ruhige Nacht gehabt und langweilte sich.

„Bedienen Sie sich. Ich habe ihn gerade frisch gemacht. Brauchen Sie ein Zimmer?" fragte er und stand von seinem Schreibtisch auf.

Ihr einziger Gedanke galt dem Kaffee. Es war lange her, zu lange, seit sie die letzte Tasse getrunken hatte.

„Ma'am, brauchen Sie ein Zimmer für heute Nacht?"

„Entschuldigen Sie. Ja, ein Zimmer."

„Einzel- oder Doppelzimmer?"

„Doppel. Wir sind nur zu zweit." Sie sah ihm prüfend ins Gesicht. Hatte sie das zu auffällig betont? Aber ihm schien nichts aufgefallen zu sein.

Sie sah das kleine Fernsehgerät hinter dem Tresen und dann auf die Wanduhr darüber. Sie zeigte noch nicht ganz zehn. Gleich würden die Nachrichten kommen, und davon wollte sie lieber nichts mitkriegen. Sie fragte sich, ob die Polizei vielleicht das Personal der Motels und Hotels aufgefordert hatte, Verdächtige zu melden. Aber was machte jemanden zum Verdächtigen?

„Raucher oder Nichtraucher?"

Die Frage riss sie aus ihren Gedanken. „Nichtraucher", sagte sie aus Gewohnheit und bedauerte plötzlich, dass sie die Zigarettenpackung in dem Chevy gelassen hatte. Das Nikotin würde sie jetzt sicher beruhigen.

„Wenn Sie bitte dieses Formular ausfüllen würden. Wie wollen Sie bezahlen?" Er schob ihr einen Block zu und legte einen Stift darauf.

„Bar", erwiderte sie, füllte das Anmeldeformular aus und ließ sich nicht anmerken, welche Anstrengung sie das kostete. Sie wusste, dass es immer das Beste war, die anderen reden zu lassen. Halt die Klappe und gib nicht zu viel von dir preis, sonst erinnern sich die Leute später an dich. Ihre Strategie war es, sich unauffällig zu verhalten. Und heute fiel es ihr wirklich nicht schwer, die Rolle einer übermüdeten und wortkargen Reisenden zu spielen.

„Das macht vierundsiebzig Dollar neunzig. Kaffee bekommen Sie hier rund um die Uhr. Der ist im Preis inbegriffen, genau wie das Frühstück morgens von sechs bis halb zehn." Er deutete auf den Frühstücksraum, zählte das Wechselgeld ab, überflog dann mit einem Blick ihre Angaben auf dem Anmeldeformular und legte es in eine Ablage.

„Hier ist Ihr Schlüssel. Ich zeige Ihnen, wo Ihr Zimmer liegt." Er zog einen Plan des Motels hervor und zeigte auf die Ecke eines Gebäudes. „Wir sind jetzt hier. Sie fahren um das Haus herum nach hinten, und Ihre Tür ist dann die vierte von Norden aus gesehen. Haben Sie noch Fragen?"

„Kann ich mir später noch einen Kaffee holen?"

„Aber sicher. Jedes Zimmer hat auch eine Tür zum Flur. Sie müssen also nicht außen um das Haus herumgehen. Ich bin die ganze Nacht hier." Er lächelte sie freundlich an.

„Okay." Sie wandte sich um und ging auf die Tür zu. Dann verharrte sie und blickte über die Schulter zurück: „Danke."

54. Kapitel

21.07 Uhr
Südlich von Nebraska City

„Heilige Scheiße!" sagte Pakula, als er in die Küche des Farmhauses trat. Draußen herrschte bereits tiefe Dunkelheit, doch das Innere des Raums war gleißend hell ausgeleuchtet.

Die Kriminaltechniker waren bereits vor ihm eingetroffen. Darcy Kennedy und Wes Howard hatten den Eingang zur Küche abgesperrt, doch Pakula fragte sich, wie viele der draußen Versammelten schon hier durchgetrampelt waren. Die Leiche lag zusammengesackt in einem Küchensessel, und der nach hinten gefallene Kopf ließ die Wunde an der Kehle weit auseinander klaffen. Wahrscheinlich lag der Mann noch genauso, wie man ihn gefunden hatte. Pakula dachte unwillkürlich daran, was seine Frau wohl empfunden haben musste, als sie ahnungslos durch diese Tür in die Küche gekommen war.

„Was ist mit dem Wagen?" fragte er den Sheriff, der in der Tür stehen geblieben war. Als Dawes nicht antwortete, drehte sich Pakula um und sah, dass der Sheriff nicht etwa zurückgeblieben war, um ihnen Platz zu lassen, sondern weil er offenbar kurz davor war, sich zu übergeben. Der Mann war fast eins neunzig groß und schlank und sah jetzt ebenso kalkweiß aus wie der Tote in der Küche. „Wo ist der Saab, Sheriff Dawes?"

„In der Garage. Den hat niemand angerührt. Die Schlüssel stecken im Schloss." Er schien erleichtert, nicht über die Leiche reden zu müssen. „Die State Patrol hat von hier bis Kansas City Straßensperren errichtet. Die Fahndung nach dem Chevy läuft. Wir kriegen diese Bastarde. Vielleicht noch vor dem Morgen."

Pakula wollte den Optimismus des Sheriff nicht dämpfen, aber wenn der Wagen inzwischen ebenfalls ein anderes Kennzeichen trug, minderte das ihre Chancen erheblich.

„Schieben Sie eine Doppelschicht, Wes?" Pakula machte einen weiten Bogen um die Leiche, damit er den Kriminaltechniker nicht behinderte.

„Dasselbe könnte ich Sie fragen." Der junge Man lächelte, ohne den Blick von der Arbeitsplatte abzuwenden, von der er gerade einen Fingerabdruck abnahm.

„Warum hat er sich die Mühe gemacht, den Mann zu fesseln? Und warum hat er ein Messer benutzt?" fragte Pakula, während er das rot verschmierte Fleischermesser betrachtete, das jetzt in einem Klarsichtbeutel steckte.

„Die Munition war ihm jedenfalls nicht ausgegangen", erklärte Sheriff Dawes von seinem sicheren Posten vor der Küchentür aus. „Sonst hätte er die Verkäuferin an der Tankstelle ja nicht erschießen können."

„Man sollte meinen, dass er gerade dort bedacht darauf gewesen wäre, dass niemand einen Schuss hört." Pakula ging vor der Leiche in die Hocke und betrachtete die tiefe Schnittwunde aus der Nähe. „Und hier draußen, wo niemand ihn hören konnte, benutzt er ein Messer?"

„Will er uns damit vielleicht irgendetwas sagen?" fragte Darcy.

„Sagen Sie es mir." Pakula richtete sich auf und rieb sich die Augen.

Darcy deutete auf die klaffende Wunde, die unter dem

linken Ohr begann. „Er hat den Schnitt von hinten ausgeführt, von links nach rechts. Demnach ist er Rechtshänder. Das ist keine große Überraschung. Aber der Schnitt ist weit länger als nötig. Er hat den Mann fast enthauptet. Mir sieht das ganz danach aus, als hätte ihm die Sache Vergnügen bereitet. Trotzdem denke ich, dass er den Mann nicht mal kannte."

Pakula sah sich in der Küche um, als suche er hier nach der Lösung des Rätsels. „Wurde etwas entwendet?"

„Die Ehefrau steht noch völlig unter Schock", erklärte Sheriff Dawes. „Ich habe sie noch nicht befragen können."

„Offenbar steckt seine Brieftasche noch in der Gesäßtasche." Wes deutete auf die Hose des Mannes.

Pakula war enttäuscht, denn damit schwand auch die Chance, dass der Mörder vielleicht unvorsichtig genug war, die Kreditkarte seines Opfers zu benutzen und sich dadurch zu verraten. Andrews Konten hatte er jedenfalls sofort überwachen lassen.

„Wann haben wir die Analyse der Fingerabdrücke aus dem Saturn und von hier?"

„Im Wagen gibt es jede Menge Abdrücke, das wird eine Weile dauern", erklärte Darcy. „Wir haben einen Daumen- und einen Zeigefingerabdruck von der Innenseite des Rückfensters abgenommen. Ich vermute, die stammen von den Entführern, denn wir haben dort auch Reste von Erbrochenem gefunden. Ich lasse die Abdrücke gerade durch den Computer laufen, aber bisher gibt es noch keine Ergebnisse."

„Und was ist mit der Küche?"

„Hier drauf müssten wir jede Menge finden." Wes

hielt Pakula den Plastikbeutel mit dem Fleischermesser entgegen. „Der Mistkerl hat sich nicht mal die Mühe gemacht, es abzuwischen."

55. Kapitel

21.56 Uhr
Comfort Inn, Hastings, Nebraska

Melanie biss in das letzte kalte Pizzastück, das von ihrem Einkaufsbummel an der Tankstelle bei Auburn übrig geblieben war. Obwohl der Käse hart und die Peperoniwurst im Fett erstarrt war, kam es ihr wie eine Delikatesse vor. Nachdem sie geduscht hatte, hatte sie sich auf eins der King-Size-Betten gelegt, das Laken um sich geschlungen und aus den Kissen eine Kopfstütze geformt. Einen Riegel Snickers auf dem Nachttisch und die TV-Fernbedienung in der Hand, mehr brauchte sie im Augenblick nicht.

Jared war durch die Tür zum Flur verschwunden. Er sei gleich zurück, hatte er gemurmelt, ohne jedoch zu sagen, wohin er wollte. Da er Charlie die Autoschlüssel und die Waffe in die Hand gedrückt hatte, bestand aber wohl kein Grund, sich Sorgen zu machen. Um den Autor in Schach zu halten, war der Revolver wohl kaum nötig. Er hatte sich in einen Sessel fallen lassen und war nur einmal aufgestanden, um ins Bad zu gehen. Jetzt starrte er reglos auf den Fernseher.

Charlie hatte sich auf dem anderen Bett ausgestreckt, ohne seine Turnschuhe auszuziehen, obwohl Melanie ihn zweimal dazu aufgefordert hatte. Wahrscheinlich war das seine Rache dafür, dass sie die Fernbedienung beschlagnahmt hatte. Er schmollte, bis er schließlich in einem der Beutel die Comichefte entdeckte, die Jared aus der Tankstelle mitgenommen hatte, und sich darin vertiefte.

Melanie hatte ihn bitten wollen, die Waffe in irgendeiner Schublade verschwinden zu lassen. Sie mochte das Ding nicht mehr sehen, hatte andererseits aber auch nicht die geringste Lust, sich mit Charlie zu streiten. Also beschloss sie, den Revolver einfach zu ignorieren und so zu tun, als seien der Bankraub und alles, was sich danach ereignet hatte, nicht geschehen. Wenigstens für heute Nacht.

Sie zappte durch die Kanäle und gab sich Mühe, möglichst keine Nachrichtensendung zu erwischen. Doch schließlich resignierte sie, blieb bei CBS und wartete auf Jay Leno. Sie ließ den Kopf zurück auf die Kissen sinken, schloss die Augen und dachte daran, wie sehr sie sich diesen Luxus noch vor einer Stunde gewünscht hatte. Dann versuchte sie sich auf etwas zu konzentrieren, das ihr half, sich zu entspannen. Plötzlich fiel ihr der Zettel wieder ein, den sie während ihres letzten morgendlichen Spaziergangs am Stamm des vom Sturm malträtierten Ahorns entdeckt hatte. „Hoffnung ist das Federding" – sie verstand noch immer nicht, was dieser Satz bedeuten sollte.

Sie öffnete die Augen und blickte zu Andrew hinüber, der noch immer wie hypnotisiert auf den Bildschirm starrte.

„He!" rief sie und wusste einen Moment lang nicht, wie sie ihn anreden sollte. Er rührte sich nicht. „He, Kane", versuchte sie es noch einmal.

Diesmal sah er auf, rückte sich im Sessel zurecht, widmete sich jedoch gleich wieder dem Fernseher.

„Erinnern Sie sich noch an dieses Gedicht, nach dem Jared Sie gefragt hat? Kennen Sie auch was von Emily Dickerson?"

„Dickinson", korrigierte er leise, ohne sie anzusehen.
„Was?"
„Emily Dickinson."
„Hab ich doch gesagt."
Er sah sie noch immer nicht an. Melanie stützte sich auf einen Ellbogen und sagte: „Hoffnung ist das Federding."
Jetzt blickte er auf, als habe der Satz seine Neugier geweckt.
„Was bedeutet das?" fragte sie.
„Warum wollen Sie das wissen?"
„He, wenn Sie es nicht wissen, sagen Sie es einfach."
„Hoffnung, das ist der kleine Vogel in uns, der sich nicht zum Schweigen bringen lässt." Dann machte er eine Pause, als würde er überlegen, wie er ihr das am besten erklären solle. „Er symbolisiert das, was uns aufrecht hält und uns davor bewahrt, aufzugeben, egal, wie trostlos uns alles vorkommen mag. Hoffnung bringt die Menschen dazu, Lotteriescheine zu kaufen oder an Olympiaden teilzunehmen, und sie hilft uns, Krankheiten und Todesfälle zu überwinden. Das bedeutet dieser Satz. Es muss schon eine ziemliche Katastrophe eintreten, um diesen kleinen Vogel zum Schweigen zu bringen. Wenn etwa ein Flugzeug in ein Hochhaus fliegt, oder wenn man weiß, dass eine unschuldige Frau erschossen wurde, weil man einen Fehler gemacht hat."

Dann blickte er wieder auf den Bildschirm. Melanie blieb keine Zeit, über das nachzudenken, was er gesagt hatte, denn plötzlich war im Fernsehen von ihnen die Rede.

„Randy Fultons Leiche wurde von seiner Frau in der

Küche des Farmhauses südlich von Nebraska City entdeckt. Helen Trebak, eine Tankstellenverkäuferin aus Auburn, wurde heute Nachmittag ebenfalls ermordet aufgefunden. Die Ermittlungsbehörden sind überzeugt, dass beide Morde von den flüchtigen Bankräubern verübt wurden, die gestern die Nebraska Bank of Commerce überfallen haben. Damit erhöht sich die Zahl ihrer Opfer auf sechs. Die Täter sind …"

Melanie drückte den Ton weg. Sie hatte genug gehört. Was hatte das nun wieder zu bedeuten? Sie wusste genau, dass Jared den Farmer nicht umgebracht hatte. Sie war doch die ganze Zeit über bei ihm gewesen. Das war einfach unmöglich.

Auf einmal wurde das Foto einer Frau eingeblendet, die ihr bekannt vorkam. Sie drückte auf den Lautstärkeregler. „… Rita Williams, neununddreißig, seit sieben Jahren Kellnerin in dem Restaurant Cracker Barrel …" Natürlich, das war die Frau, mit der Jared sich angelegt hatte, weil er seine Eier nicht so bekommen hatte, wie er sie haben wollte.

Melanie warf ihrem Sohn einen Blick zu, um zu sehen, ob er die Frau ebenfalls erkannt hatte. Bisher schien Charlie die albtraumhaften Ereignisse der letzten Stunden weggesteckt zu haben, als ginge ihn das alles nichts an. Doch jetzt hockte er mit dem Rücken am Kopfteil des Bettes, hatte die Knie an die Brust gezogen und wiegte sich wie apathisch vor und zurück.

Noch ehe sie ihn fragen konnte, was los mit ihm sei, schrie er sie plötzlich an: „Mach das aus! Mach das verdammt noch mal aus!"

56. Kapitel

22.15 Uhr
Omaha

Max Kramer saß in seinem Arbeitszimmer, dem einzigen Raum in ihrem verdammten Haus, den er nach seinen eigenen Vorstellungen hatte einrichten können, nippte an einem von Lucilles teuren Weinen und starrte in die Dunkelheit hinaus. Sie hasste es, wenn er es wagte, eine der Flaschen, die sie für ihre steifen, langweiligen Dinnerpartys hortete, zu öffnen. Seine Wahl war heute auf einen Beaujolais gefallen, den ein gewisser Alain Jugenet importiert hatte, wie er dem Etikett entnehmen konnte. Er stammte von einem kleinen Gut, das seinen Wein noch auf die gute alte Art herstellte und bis zur Abfüllung angeblich zehn Monate lang in Fässern lagerte.

Im Gegensatz zu seiner Frau wusste er kaum etwas über Wein, allerdings erinnerte er sich, dass jemand einmal geschrieben hatte, der Beaujolais sei der einzige Weißwein, der rot sei. Das hatte ihm gefallen, denn es hieß, dass der Wein anders war, als er zu sein vorgab – genau wie er. Er hielt das Glas gegen das Licht, ließ den Inhalt kreisen und fragte sich schmunzelnd, wie viel diese Flasche seine Frau wohl gekostet hatte.

Sein Handy klingelte. Er blickte zur Standuhr in der Ecke. Wer hatte ihm denn um diese Zeit noch etwas zu erzählen? Die Nummer des Anrufers kannte er jedenfalls nicht. Er überlegte, ob er es klingeln lassen und hinterher seine Mailbox abhören solle, doch schließlich trank er noch einen Schluck und nahm den dummen Anruf doch entgegen.

„Hier ist Max Kramer."

„Sind Sie allein?"

Obwohl er die Stimme erkannte, wollte er ganz sicher sein. „Wer spricht da?"

„Scheiße! Was glauben Sie wohl, wer hier spricht? Können Sie reden? Ist jemand bei Ihnen?"

„Ich bin allein. Sprechen Sie."

„Wir brauchen neue Ausweise. Am besten Führerscheine." Jared Barnett erteilte schon wieder Anweisungen. „Und Bargeld, aber nur kleine Scheine. Etwa fünfundzwanzigtausend Dollar."

„Moment mal. Woher soll ich denn drei neue Ausweise nehmen? Und fünfundzwanzigtausend Dollar?" Am liebsten hätte er das Handy vor Wut gegen die Wand geworfen. Wie zum Henker hatte sich die Situation derart ins Gegenteil verkehren können? Begriff dieser Barnett denn nicht, dass er *ihm* etwas schuldete und nicht umgekehrt?

„Sie sind doch ein cleverer Typ, Max. Lassen Sie sich was einfallen."

„Ich denke, Sie sollten sich stellen."

„Sind Sie verrückt geworden? Was ist los mit Ihnen?"

„Nein, hören Sie zu. Ich kann Sie wieder rausholen." Max stand auf und blickte durch sein Spiegelbild auf der Fensterscheibe hindurch auf den vollen, orangeroten Mond. „Ich habe es einmal geschafft, ich schaffe es wieder."

„Schön und gut, aber ich sitze doch nicht wieder fünf beschissene Jahre im Knast ab, bis Sie es endlich geschafft haben. Außerdem glaube ich, Sie sind sauer. Sie klingen jedenfalls sauer. Wie kann ich einem verdammten Anwalt vertrauen, der sauer auf mich ist?"

„Ich war nur überrascht, sonst nichts." Max blieb ruhig. Dieser miese Bastard konnte ihm alles versauen. Er musste ihn überzeugen, dass er auf seiner Seite war. „Sie können mir meine Überraschung doch nicht verübeln. Ich habe nicht erwartet, dass alles so entsetzlich schief läuft. Das ist alles. Was zum Teufel ist da bloß passiert?"

Barnett schwieg, und einige Sekunden dachte Max, die Verbindung sei abgebrochen.

„Wie schnell können Sie die Ausweise und das Geld besorgen?"

„Wie soll ich Ihnen denn beides zukommen lassen?"

„Machen Sie sich darum keinen Kopf. Besorgen Sie alles. Ich rufe morgen wieder an."

„Wenn Sie mir sagen …" Da hörte er es klicken.

Max blieb am Fenster stehen und fragte sich, wie er aus dieser Klemme wieder herauskam. Er hatte Jared Barnett als Ausgleich für sein Anwaltshonorar lediglich um einen kleinen Gefallen gebeten. Wer hätte denn ahnen können, dass er ein solches Chaos anrichtete?

57. Kapitel

22.32 Uhr
Comfort Inn, Hastings, Nebraska

Andrew lehnte sich gegen die Wand der Dusche und ließ sich vom warmen Wasser die lädierte Stirn massieren. Das Pochen in seinem Kopf wollte nicht aufhören, doch war der Grund dafür weniger seine Verletzung. Er wurde das Bild von der emsigen kleinen Frau an der Tankstelle einfach nicht los, die hatte sterben müssen, weil er einen Fehler begangen hatte.

Er musste etwas tun, um diesem Wahnsinn ein Ende zu bereiten. Ihm war klar geworden, dass Jared ihn nicht laufen lassen, sondern ebenfalls umbringen würde. Zuerst hatte ihn diese Erkenntnis in lähmende Panik versetzt, doch inzwischen wuchs in ihm wieder die Kraft, sich seinem Schicksal zu widersetzen.

Umso enttäuschter war er nun, als er im Bad nichts als ein paar Portionspackungen Shampoo, Haarfestiger, Mundwasser und Zahnpasta vorgefunden hatte. Nichts, was sich hätte als Waffe benutzen lassen. Die Dusche hatte statt einem Gestänge mit Vorhang eine Plexiglastür, was ihn weniger desillusionierte, denn sein Versuch mit der Kleiderstange war ja nicht gerade erfolgreich gewesen. Sogar im Spülkasten der Toilette hatte er nachgeschaut und festgestellt, dass fast die gesamte Mechanik aus Plastikteilen bestand. Er wusste eigentlich gar nicht, was er zu finden gehofft hatte, denn in Hotelzimmern gab es üblicherweise weder Rasierklingen noch Nagelfeilen. Nicht einmal in den wirklich guten, in denen er in den vergangenen zwei Jahren während der Werbetouren für seine Bücher oder seiner Recherchen für ein neues übernachtet hatte.

Er hätte sich gern seine Bandagen von Schulter und Arm gerissen, um wieder voll beweglich zu sein. Dann hätte er es vielleicht mit Jared aufnehmen können. Doch wie die Dinge lagen, konnte er sich nicht einmal richtig unter der Achselhöhle waschen, ohne einen stechenden Schmerz zu verspüren. Zu Anfang hatte er es nicht einmal gewagt, den Arm auch nur so weit anzuheben, dass ein Schwamm darunter passte, doch auf Dauer hatte er seinen Mitmenschen diesen Zustand nicht zumuten können. Der feuchtheiße Sommer in Nebraska war wirklich keine ideale Zeit für einen Schlüsselbeinbruch.

Sein Vater hätte sicher nur lakonisch bemerkt, was ihm widerfahren sei, geschehe ihm ganz recht. In einem Winkel seines schmerzenden Kopfes hörte er seine Stimme: „Immer steckst du deine Nase in diese verdammten Bücher. Ich kann es dir nicht austreiben, was?" Er erinnerte sich an zahllose Tadel, die er sich als Kind eingefangen hatte, wenn sein Vater ihn wieder mal mit einem Buch erwischte, anstatt den Hühnerstall auszumisten – was im Übrigen erst zu seinen Pflichten gehört hatte, seit er so viel las. Doch noch so viel Tadel und noch so viel zusätzliche Arbeit konnte seine Neugier nicht dämpfen. Er wollte lesen, Dinge erfahren und Träumen nachjagen, die über die Grenzen seiner kleinen Welt hinausgingen. Sehr zum Leidwesen seines Vaters, der von ihm erwartete, den Hof zu übernehmen, wenn er eines Tages nicht mehr da war. Andrew jedoch hatte es nicht erwarten können, die Farm zu verlassen.

Er musste an Charlie denken, der begierig in seinen Comicheften las. Warum hatte er vorhin bloß so heftig reagiert, als im Fernsehen das Bild dieser Kellnerin gezeigt wurde?

Eigentlich hatte er Melanie für das schwächste Glied in der Kette gehalten. Inzwischen war er sich nicht mehr sicher. Er überlegte, was er über die psychologischen Auswirkungen eines Mordes auf die Täter wusste. Wenn er sich schon schuldig am Tod der Verkäuferin fühlte, obwohl er nicht mal eine Waffe in der Hand gehabt hatte, wie musste Charlie dann zu Mute sein? Ob es ihm wohl gelingen könnte, den Jungen auf seine Seite zu ziehen?

58. Kapitel

23.17 Uhr

Melanie konnte nicht schlafen. Charlie hatte sich auf dem Bett zusammengerollt und schnarchte. So viel zu seinen Schuldgefühlen. Aber sie verspürte Erleichterung darüber, ihn jetzt wie ein Baby schlafen zu sehen, denn sie wollte den Gedanken nicht zulassen, dass er etwas getan haben könne, für das er sich schuldig fühlen musste.

Andrew Kane hatte sich neben Charlie auf der anderen Seite des Bettes ausgestreckt. Jared hatte darauf bestanden, ihn an Händen und Füßen zu fesseln. Dazu hatte er das Kabel des Telefons in zwei Teile geschnitten. Sachbeschädigung war für ihn kein Thema, und zum Telefonieren hatte er ja Andrews Handy. Hatte er vielleicht wieder seinen Kontaktmann angerufen, als er vorhin hinausgegangen war? Sie fragte sich, wer das sein mochte. Jareds Geheimniskrämerei ging ihr jedenfalls ganz gehörig gegen den Strich. In ihrer Lage konnten sie sich so etwas überhaupt nicht leisten. Jareds Verhalten kam ihr langsam vor wie ein Verrat.

Sie beobachtete ihren Bruder im Lichtschein des Fernsehers. Nachdem er alle Lampen gelöscht und die Vorhänge zugezogen hatte, hatte sie ihn überredet, das Fernsehgerät ohne Ton eingeschaltet zu lassen. Jetzt saß Jared an dem kleinen Tisch und schlief mit aufgestützten Ellbogen. Von Zeit zu Zeit rutschte sein Kopf zwar von einer seiner geballten Fäuste, doch er schien davon nicht aufzuwachen.

Sie beneidete ihn darum, einen so festen Schlaf zu haben. Als sie noch Kinder waren, hatte er ihr beigebracht, wie man am besten einschlief. Der Trick war, sich alles vorzustellen, was man besonders gern hatte. Sie hatte sich eine Liste machen müssen: Zuckerwatte, die Bee Gees, Riesenräder, geröstete Maiskolben. In jenem Sommer hatte er sie mit auf die Kirmes genommen, also hatten die meisten ihrer Lieblingsdinge damit zu tun.

Seine Methode hatte ihr tatsächlich oft geholfen und sie über vieles hinweggebracht, was ihr den Schlaf raubte – vor allem die Angst. Die Angst, dass ihr Vater wieder ins Zimmer kam, sie weckte, die Bettdecke wegriss und sie mit eiskaltem Wasser übergoss oder sie an den Knöcheln packte und aus dem Bett schleifte. Das war nicht das Schlimmste gewesen. Noch heute meinte sie manchmal den Schmerz der Peitschenschläge zu spüren und den Gestank verbrannter Haut zu riechen. Es war ihre Haut gewesen, die unter der roten Glut seiner Zigarette verbrannt war.

Melanie schüttelte den Kopf. Sie sollte nicht gerade jetzt daran denken, aber eines durfte sie nie vergessen: Jared hatte in jener Nacht getan, was getan werden musste. Dafür stand sie in seiner Schuld, und diese Schuld konnte sie niemals abtragen. Das wusste auch er. Selbst wenn sie ihn bei dieser Geschichte mit Rebecca Moore durch ein Alibi gedeckt hätte, wären sie noch längst nicht quitt.

Sie würden nie quitt sein. Und jetzt steckten sie wieder in einer Klemme, nur war es diesmal schlimmer. Diesmal hatte Jared ihren Jungen, ihr Baby, ihren kleinen Charlie in das alles hineingezogen. Sie vermochte nicht zu sagen, ob sie ihm das jemals verzeihen würde.

Sie stand auf, um ins Bad zu gehen, und sah das

Handy auf der Anrichte liegen. Ein kurzer Blick zu Jared – er atmete tief und gleichmäßig. Sie nahm das Handy mit ins Bad, schloss leise die Tür und verriegelte sie. Dann klappte sie das Gerät auf und betrachtete die Tasten. Es musste eine geben, die ihr verriet, was sie wissen wollte.

Sie drückte auf ‚Menü' und gelangte schließlich zu der Auflistung seiner letzten Telefonate. Das ging ja einfacher als gedacht. Tatsächlich hatte er vor ungefähr einer Stunde telefoniert, der Anruf war mit Datum, Zeitangabe, der Telefonnummer und dem Namen des Teilnehmers verzeichnet. Sie suchte weiter und fand schließlich den Anruf vom Morgen. Dieselbe Nummer, derselbe Name.

Warum stand Jared in ständigem Kontakt mit seinem Anwalt? Und vor allem: Warum vertraute er Max Kramer mehr als ihr?

Fünfter Teil

ENTSCHEIDUNG AUF LEBEN UND TOD

Freitag, 10. September

59. Kapitel

7.45 Uhr
Comfort Inn, Hastings, Nebraska

Melanie erwachte vom Geräusch einer Tür, die zugeschlagen wurde. Sie brauchte eine Weile, bis sie sich erinnerte, wo sie war. Durch den Spalt zwischen den Vorhängen fiel Sonnenlicht, und von irgendwoher drang der Duft frisch aufgebrühten Kaffees in das Zimmer. Das Letzte, woran sie sich erinnerte, war, dass sie sich auf dem Bett ausgestreckt und im Spätprogramm einen Horrorfilm angesehen hatte. Dann hatte sie an rosa Zuckerwatte gedacht, und jemand hatte eine Decke über sie gebreitet. Sie hatte sich hineingekuschelt und die Arme um das Kissen geschlungen.

Sie richtete sich auf, stützte sich auf den Ellbogen und sah, dass Charlie fort war. Andrew Kane lag noch gefesselt auf dem Bett, allerdings hatte er sich mit dem Rücken gegen das Kopfteil des Bettes gelehnt.

„Wo sind Jared und Charlie?" fragte sie und rieb sich den Schlaf aus den Augen.

„Jared ist im Bad. Wohin er Charlie geschickt hat, weiß ich nicht."

„Er hat Charlie weggeschickt?" Sie setzte sich auf und ließ den Blick durch den Raum schweifen, bis sie Charlies Rucksack entdeckte.

„Sie lieben ihn sehr, nicht wahr?"

Sie musterte ihn forschend, als suche sie in seinem Gesicht nach einem Hinweis, wie die Frage gemeint war.

„Sie verstehen das nicht", erwiderte sie. „Wir sind schon lange auf uns selbst gestellt. Wir passen aufeinander auf."

„Und Jared?"

„Was soll mit Jared sein?" fragte sie und blickte unwillkürlich zur Badezimmertür.

Er zuckte die gesunde Schulter. „Es sieht mir nur so aus, als hätte er Sie und Charlie in ziemliche Schwierigkeiten gebracht."

„Manchmal laufen die Dinge eben nicht so, wie man es gerne hätte." Sie musste plötzlich wieder an jenen Tag denken, als sie zum ersten Mal das Gefühl gehabt hatte, dass alles völlig hoffnungslos sei. Warum dachte sie plötzlich wieder so oft an damals? Sie war froh gewesen, dass die Erinnerung an diese Zeit langsam zu verblassen schien, doch Jareds Auftauchen vor knapp zwei Wochen hatte alles wieder aufgerührt.

„Wie alt ist Charlie? Achtzehn? Neunzehn?"

„Siebzehn", stieß sie hervor, als müsse sie ihren Sohn in Schutz nehmen. Sie fragte sich, was Kane das überhaupt anging.

„Dann ist er ja fast noch ein Kind."

Da hatte er Recht. Charlie war viel zu jung, um in diese ganze Sauerei hineingezogen zu werden. Was hatte sich Jared nur dabei gedacht? Vor allem, dass er ihrem Baby eine Waffe in die Hand gedrückt hatte, würde sie ihm nie verzeihen.

„Ich kann Ihnen und Charlie vielleicht helfen", hörte sie Andrew sagen. In Gedanken sah sie auf einmal wieder Jared und Charlie vor sich, wie sie mit blutverschmierten Overalls aus der Bank gestürmt kamen. Das Bild erinnerte sie an jene furchtbare Nacht, in der das Blut ihres Vaters über die weiße Wand gespritzt und in den Ritzen des Linoleums versickert war, an die roten Schleifspuren auf dem Fußboden. Sie wusste bis heute nicht, wie es Jared gelungen war, alles wieder zu säubern.

„Ich kenne ein paar Detectives in Omaha", fuhr Andrew fort.

Melanie hörte kaum, was er sagte. Irgendwas, dass Charlie noch minderjährig sei. Dass Jared schon einmal getötet habe und sie gar nicht in der Bank gewesen sei. Erst jetzt wurde ihr bewusst, dass Jared ihr nie verraten hatte, wo er ihn verscharrt hatte. Und sie hatte nie danach gefragt. Sie erinnerte sich nur daran, wie er seine Turnschuhe und die lehmverschmierte Schaufel mit dem Wasserschlauch abgespritzt hatte. Sie hatte einfach dagestanden und zugesehen, unfähig sich zu bewegen, geschweige denn, ihm zu helfen.

Melanie zuckte zusammen, als die Badezimmertür aufging und Jared sie aus ihren Gedanken riss. Sein Haar stand wirr in alle Richtungen ab, fast wie bei Charlie. Mit dem Unterschied, dass es bei Charlie gewollt war und gut aussah. Jareds Gesicht war unrasiert, obwohl er sich an der Tankstelle mit Einwegklingen eingedeckt hatte. Seine Augen waren rot und geschwollen. Als er merkte, dass sie ihn anstarrte, fuhr er sich mit einer Hand über das Gesicht.

„Gibts ein Problem?"

„Wo ist Charlie?"

„Mach dir um dein Schätzchen mal keine Sorgen", stichelte er. „Er besorgt uns einen neuen fahrbaren Untersatz." Jared sah auf die Uhr und ging hinüber zum Fenster. „Da ist er ja schon."

Melanie fand ihre Schuhe, zog sie an und folgte Jared hinaus. Sie lehnte die Zimmertür hinter sich an, damit niemand Kane auf dem Bett liegen sah.

Charlie fuhr in einem weißen Ford Explorer vor. Er ließ das Fenster herunter und grinste bis über beide Ohren: „Das war ein Kinderspiel. Eine Lady hat ihn beim Bezahlen mit laufendem Motor an der Tankstelle stehen lassen. Wir müssen nur noch die Kennzeichen wechseln."

Melanie musste über Charlies Eifer schmunzeln, während Jared seinen Überschwang mit erhobenen Händen zu bremsen versuchte, plötzlich jedoch stutzte. Er schirmte die Augen mit der Hand ab und spähte durch das Rückfenster ins Wageninnere.

„Was hast du denn da wieder für einen Scheiß gemacht?" brüllte er und langte nach dem hinteren Türgriff. Die Tür war verriegelt. „Mach die verdammte Tür auf!"

Charlie probierte mehrere Schalter in der Armlehne, bis er den richtigen fand und es klicken hörte.

„Hast du vielleicht mal darüber nachgedacht, dass es einen Grund geben könnte, warum sie bei der Schwüle den Motor laufen lässt?" fragte Jared und riss die Tür auf.

Melanie hatte das Gefühl, einen Schlag in die Magengrube zu bekommen. Auf dem Rücksitz lag ein Baby in einem Kinderwagenkorb und öffnete jetzt die Augen.

„Ach du meine Güte!" Entsetzt schlug sie die Hände vor den Mund.

Jared warf die Tür zu, riss die Fahrertür auf und herrschte Charlie an auszusteigen.

„Was hast du vor?" stammelte Melanie.

„Steig aus dem verdammten Wagen!" schnauzte Jared. Charlie nestelte verdattert an seinem Sicherheitsgurt herum. „Hast du denn wirklich nur Scheiße im Kopf?"

Schließlich bekam Charlie den Gurt auf und stieg völlig eingeschüchtert aus.

Jared sprang auf den Fahrersitz, doch bevor er die Tür schließen konnte, packte Melanie ihn am Arm. „Was hast du vor, Jared?"

Er riss sich los, versetzte ihr einen Stoß, dass sie zurücktaumelte, und zog die Tür zu. „Ich regele das", rief er durch das offene Fenster und brauste davon.

60. Kapitel

8.20 Uhr
Omaha Police Department

Grace eilte ins Konferenzzimmer, wo sie bereits erwartetet wurde.

„Tut mir Leid", entschuldigte sie sich und nahm ihren Platz am Ende des Tisches neben Special Agent Sanchez ein.

„Rob Thieson von der State Patrol fehlt noch", erklärte Pakula. „Er sagte allerdings, es könne bei ihm später werden. Ich denke deshalb, wir sollten anfangen. Im Übrigen weiß ich wohl so ziemlich, was er zu berichten hat."

„Dass sie den verdammten Chevy trotz der Straßensperren finden?" maulte Ben Hertz.

„Um genau zu sein", begann Pakula und schob den Aktenberg vor sich zur Seite, „suchen wir nicht mehr nach dem Chevy. Der ist nämlich inzwischen auf dem Parkplatz einer Firma nördlich von Auburn aufgetaucht."

„Moment mal", wandte Grace ein. „Ich dachte, Sie hätten gesagt, die Verkäuferin sei an der Tankstelle in Auburn erschossen worden und die Täter führen in Richtung Süden?"

„Davon bin ich ausgegangen, als wir gestern Abend miteinander sprachen. Eine Angestellte hat festgestellt, dass ihr Wagen gestohlen wurde, als sie gestern heimfahren wollte. Der Chevy stand zwei Parkbuchten weiter."

„Und womit sind die Täter jetzt unterwegs?" wollte Sanchez wissen.

„In einem cremefarbenen Taurus. Aber vielleicht ist das auch schon nicht mehr der aktuelle Stand."

„Das darf doch nicht wahr sein!" schimpfte Ben Hertz. „Allmählich stehen wir wie ein Haufen Vollidioten da."

„Wissen wir überhaupt, in welche Richtung die flüchten?" fragte Grace, doch bevor jemand antworten konnte, fügte sie hinzu: „Kann es sein, dass sie zurückfahren?"

„Ich denke, wir haben bessere Chancen, sie zu kriegen, wenn wir wissen, wer diese Leute sind." Pakula sah Darcy Kennedy an. „Haben Sie etwas für uns?"

Grace ahnte, dass Pakula nicht viel geschlafen hatte. Er hing geradezu an seinem Kaffeebecher, und sie wusste, dass der Kaffee bei der Polizei noch grässlicher war als der in ihrem Büro.

„Also schön, ich weiß, dass Sie am liebsten von mir hören würden, dass es sich bei einem der Täter um Jared Barnett handelt", erwiderte Darcy, ohne auf den Stapel Berichte einzugehen, der vor ihr aufgetürmt lag. „Mein Problem ist, dass ich keinen eindeutigen Fingerabdruck habe. Selbst die Abdrücke auf dem Fleischermesser sind völlig verschmiert. Es sieht mir fast danach aus, als würden die uns bewusst an der Nase herumführen."

„Soll das heißen, wir haben gar nichts?" Sanchez sprang fast aus seinem Sessel.

„Ich habe einen eindeutigen Fingerabdruck vom Rückfenster des Saturn. Daneben war verschmiertes Erbrochenes. Mit großer Wahrscheinlichkeit stammt der Abdruck also von dem, der sich übergeben hat."

„Ausgezeichnet", sagte Sanchez. „Und? Kennen wir ihn?"

„Bislang nicht."

„Verdammter Mist!"

„Beruhigen Sie sich", bat Pakula Sanchez, und Grace merkte an der gereizten Stimmung, dass er nicht der Einzige war, der zu wenig geschlafen hatte.

„Er ist nicht im System gespeichert", erklärte Darcy. „Demnach sind seine Fingerabdrücke wohl noch nicht abgenommen worden. Trotzdem bin ich auf eine Übereinstimmung gestoßen."

„Moment mal", warf Pakula ein. „Sagten Sie nicht gerade, dass wir ihn nicht in unserer Kartei haben?"

„Richtig. Allerdings hatte Grace mich beauftragt, mir noch einmal einen der Läden anzusehen, die in der letzten Zeit überfallen wurden."

Alle Blicke richteten sich auf Grace, die wusste, was jetzt alle dachten: dass sie den Verstand verloren haben musste, die Zeit der Kriminaltechniker mit diesem zweitrangigen Fall zu vergeuden, während sie auf der Jagd nach gefährlichen Killern waren.

„Grace hat festgestellt, dass vor den Überfällen immer dieselbe Person in den jeweiligen Läden aufgetaucht ist." Darcy zog einige Schwarz-Weiß-Fotos aus ihrem Stapel. Die Standbilder aus den Videoaufnahmen der Überwachungskameras waren mit Datum und Uhrzeit versehen. Auf jedem der Fotos war derselbe junge Mann zu sehen.

„Hören Sie, es tut mir Leid, aber ich verstehe das nicht", fing Sanchez wieder an. „Was hat das mit unserem Fall zu tun?"

„Auf diesem Foto hier ist zu sehen, wie der junge Mann die Tür eines Tiefkühlschranks aufhält", fuhr Darcy fort, ohne auf den Einwand einzugehen. „An der oberen Innenseite hat er seinen Fingerabdruck hinterlassen. Ich bin gestern hingefahren und habe den Abdruck abgenommen. Ganz oben an der Tür, wo sonst in der Regel niemand hinfasst."

„Ich hoffe, Sie kommen bald auf den Punkt."

„Das ist einer unserer Bankräuber", sagte sie und deutete auf den jungen Mann. „Sein Fingerabdruck ist identisch mit dem aus dem Saturn."

Das brachte sogar Sanchez zum Schweigen.

„Aber weil wir ihn nicht im System haben, kann ich Ihnen leider nicht seine Telefonnummer geben."

„Heilige Scheiße!" entfuhr es Pakula. Er strich sich mit einer Hand über das Gesicht und dann über seine Glatze. „Heißt das, der Mistkerl ist jetzt auf Banken umgestiegen?"

„Gut möglich. Aber ich glaube immer noch, dass Barnett an der Sache beteiligt ist. Sie sagten, die Verkäuferin an der Tankstelle wurde erschossen. Wie genau?"

Pakula wich ihrem Blick aus, und sie wusste, was kam, bevor er es sagte. „Ins Gesicht. Der Kiefer wurde ihr weggerissen."

„Gibt es eine Verbindung zu Jared Barnett und der Kassiererin aus der Bank?" fragte Grace.

„Nicht, dass ich wüsste." Pakula zog eine Akte hervor und schlug sie auf. „Die Kassiererin stand auf Männer, die wesentlich älter waren als Barnett. Die einzige Verbindung, die ich feststellen konnte, ist der Anwalt. Max Kramer hat Tina Cervante Anfang des Jahres in einer Strafsache wegen Fahrens unter Drogeneinfluss verteidigt. Wahrscheinlich ist sie ihm die Rechnung schuldig geblieben, denn er ruft sie immer noch an. Eine ihrer Mitbewohnerinnen hat mir erzählt, dass sie einen wohlhabenden älteren Freund namens Jay hatte. Daraufhin habe ich mir die Liste ihrer Telefongespräche der letzten Monate angesehen. Ein Jay war allerdings nicht dabei. Oh, und wir haben das hier." Pakula warf den Plastikbeutel mit dem Anhänger mit den Initialen JMK auf den Tisch. „Das hat Wes Howard aus dem Schlamm neben dem Saturn gefischt. Es gehörte Tina Cervante. Vermutlich ein Geschenk von ihrem geheimnisvollen Freund. Das J steht wohl für Jay."

„Warten Sie eine Sekunde", bat Grace. „Diese Initialen kommen mir bekannt vor." Sie blätterte den Schriftsatz durch, den sie gestern für Carrie Ann Comstocks Anklage erhalten hatte. „Da ist er." Sie zog das Blatt heraus und legte es neben den Anhänger auf den Tisch. Am Ende des Dokuments standen die Initialen JMK. Und daneben die Unterschrift J. Maxwell Kramer. „Hatte Tina Cervante vielleicht eine Affäre mit ihrem Anwalt?" fragte sie.

61. Kapitel

8.53 Uhr
Comfort Inn

Andrew wusste nicht, was da draußen auf dem Parkplatz vor sich ging. Er hatte Jared schimpfen, Autotüren schlagen und einen Wagen mit quietschenden Reifen davonrasen gehört.

Jetzt saß Charlie auf der Kante seines Bettes, starrte auf den Fernseher und zappte die Sender durch, ohne jedoch für irgendetwas Interesse zu zeigen. Melanie lief im Zimmer auf und ab und ließ dabei das Fenster nicht aus den Augen. Keiner von beiden schien Notiz von ihm zu nehmen.

Als er Jared vorhin gebeten hatte, ihn von seinen Fesseln zu befreien, hatte er aus dessen leeren Augen nur einen verächtlichen Blick geerntet. Seinen Bonus als Autor hatte er mit seinem Versuch, die Polizei durch den Hinweis auf dem Kreditkartenbeleg auf ihre Spur zu locken, offenbar verspielt. Auch ohne seine kriminalistischen Kenntnisse wusste Andrew, dass seine Zeit abgelaufen war. Ihm blieb nur eine letzte Hoffnung – dass es ihm vielleicht gelingen könnte, Melanie und Charlie auf seine Seite zu ziehen.

„Was ist denn passiert?" versuchte er es noch einmal. „Hat Jared etwas angestellt?"

„Nein, ich", sagte Charlie, ohne vom Fernseher aufzublicken. Er hatte sich inzwischen für den Trickfilmkanal entschieden und verfolgte eine *Bugs Bunny*-Episode.

„Was denn?" fragte er leise und so einfühlsam, wie seine panische Angst es zuließ. Das Telefonkabel schnitt ihm in die Handgelenke, doch er gab sich Mühe, den Schmerz zu ignorieren. „Was hast du getan, Charlie?" fragte er noch einmal und versuchte so zu klingen wie sein Freund Tommy, wenn der einen Verdächtigen dazu bringen wollte, ihm zu vertrauen und auszupacken. „Es kann doch wohl nicht so schlimm gewesen sein, dass Jared derartig ausflippen musste."

„Doch, ich habe alles vermasselt." Er klang jetzt wie ein kleiner Junge und wandte seinen Blick nicht von dem Zeichentrickkojoten, der sich gerade mit einer Stange Dynamit selbst in die Luft gejagt hatte. „Ich habs versaut."

„Hör auf damit!" Melanies scharfer Ton ließ Andrew wie Charlie gleichermaßen zusammenfahren. „Ich will so was nicht hören!" Dabei marschierte sie weiter auf und ab.

„Es war bestimmt nicht deine Schuld, Charlie", versuchte Andrew es weiter. Er hatte schließlich nichts zu verlieren. „Du hast die ganze Zeit immer nur getan, was Jared wollte. Aber du bist ganz anders als er. Ich bin sicher, du wolltest alles richtig machen." Er bemerkte, dass Melanie stehen geblieben war und ihn musterte. Da sie jedoch schwieg, machte er weiter: „Du musst auch nicht alles tun, was Jared von dir verlangt." Keine Antwort, keine Reaktion. Ohne einen Kratzer davonzutragen, hatte der Roadrunner gerade einen heimtückischen Anschlag des Kojoten überstanden. Charlie zuckte mit keiner Wimper.

Andrew sah hinüber zu Melanie und wartete, dass sie seinen Blick erwiderte. Würde sie stark genug sein, sich gegen ihren Bruder aufzulehnen? Würde sie begreifen, dass sie sich zwischen ihrem Bruder und ihrem Sohn entscheiden musste, wenn sie Charlie und vielleicht sich selbst retten wollte? Charlie schien ihr alles zu bedeuten. Ihr Blick vorhin, als sie aufgewacht und er fort gewesen war, hatte Bände gesprochen. Erst als sie seinen Rucksack gesehen hatte, hatte sie sich wieder beruhigt. Er fragte sich, ob die Bindung zwischen Mutter und Sohn wohl stärker war als die zwischen Bruder und Schwester.

„Sie wissen, dass er mich umbringen wird", sagte er in Melanies Richtung und versuchte die Übelkeit zu unterdrücken, die dieser Gedanke in ihm auslöste. Sie wich seinem Blick nicht aus. „Hat es nicht schon genug Tote gegeben? Ich könnte Ihnen helfen. Ihnen und Charlie. Aber diese Sache muss aufhören, und zwar sofort. Verstehen Sie, was ich meine?"

Doch nicht Melanie antwortete, sondern Charlie. Er hatte seine Knie jetzt wieder eng an die Brust gezogen und wiegte sich vor und zurück. „Ich habe alles versaut", brach es aus ihm heraus. „Jared hat gesagt, niemand kann mir helfen. Ich habe es vermasselt. Ich wollte es gar nicht. Ich sollte doch nur warten und ihnen Angst machen, bis Jared mit seiner Sache fertig war. Ich wollte ihnen wirklich nur Angst machen, aber ich habs versaut."

Die Worte sprudelten aus ihm heraus wie Wasser aus geöffneten Fluttoren. Charlie holte kaum Luft, er wischte sich lediglich die triefende Nase an seiner Schulter und wiegte sich rhythmisch vor und zurück. „Als ich sie gesehen habe, bin durchgedreht. Ich bin völlig ausgeflippt. Ich habe einfach vergessen, dass sie mich ja gar nicht erkennen konnte. Ich wollte sie nicht erschießen. Ich wollte nur nicht, dass sie irgendwem was sagt. Dann ging die Waffe los. Einfach so. Sie ging einfach los, und alles war voller Blut. Ich dachte, ich müsste ins Gefängnis, wenn die anderen sagen, dass ich es getan habe. Die haben es doch gesehen. Die haben gesehen, dass ich es gemacht habe. Da habe ich sie auch erschossen. Es ist einfach so passiert. Ich habe es versaut, ich habe es verdammt noch mal versaut."

Dann war sein Geständnis offenbar beendet, ebenso plötzlich, wie es begonnen hatte. Charlie schaukelte vor und zurück, hielt den Blick starr auf den Fernseher gerichtet und schwieg.

Andrew sah von Charlie zu Melanie und wartete mit klopfendem Herzen auf ihre Reaktion. Sie hatte die ganze Zeit über reglos mit verschränkten Armen dagestanden. Ihre Miene und ihr Blick waren völlig ausdruckslos. Dann ging sie hinüber zu ihrem Sohn und stellte sich zwischen ihn und das Fernsehgerät. „Sieh mich an, Charlie." Sie wartete, bis er den Blick hob, sie ansah und plötzlich stillsaß. „Ich will, dass du mir jetzt genau zuhörst!"

Andrew hielt den Atem an. Dies war der entscheidende Moment. Brachte Charlies Beichte das Fass jetzt zum Überlaufen?

„Hör mir genau zu!" forderte sie ihn nochmals auf, diesmal mit so entschlossener Stimme, wie er sie bei ihr noch nie gehört hatte. „Du hast niemanden umgebracht! Hast du mich verstanden, Charlie? Du hast niemanden umgebracht. Und ich will nie wieder hören, dass du etwas anderes sagst. Hast du verstanden? Sag das nie wieder!"

Dann setzte sie ihren Marsch fort und lief wieder von einer Wand des Zimmers zur anderen und wieder zurück, als sei nichts geschehen. Als hätte es Charlies Geständnis nicht gegeben, als sei nichts passiert. Charlie nahm die Füße vom Bett, stützte die Ellbogen auf die Knie und starrte mit hängenden Schultern wieder auf den Fernseher.

Andrew wusste, was ihr Pakt bedeutete. Jetzt war auch sein letztes bisschen Hoffnung verflogen.

62. Kapitel

9.15 Uhr
Omaha

Max Kramer knüllte den Pappbecher zusammen und warf ihn in Richtung des Papierkorbs. Er flog daran vorbei, ohne auch nur den Rand zu berühren. Kein gutes Zeichen. Vielleicht hatte der viele Kaffee ihn zittrig gemacht, oder es lag an dem Wein gestern Abend. Nach Barnetts Anruf hatte er eine weitere Flasche aus dem Vorrat seiner Frau geköpft und war am Morgen früher als sonst ins Büro gefahren. Sie hatte noch geschlafen, und er war froh, neben seinem Kater nicht auch noch ihren Zorn ertragen zu müssen.

Er drehte sich mit dem Ledersessel so, dass er durch das Fenster auf das Einkaufscenter sah. Es schien wieder ein verdammt schöner Tag zu werden. Für seinen Geschmack etwas zu schwül, aber der Himmel über Nebraska war strahlend blau, und weit und breit war keine Wolke in Sicht.

Als junger Mann hatte er von diesem Himmel gar nicht genug bekommen können. Damals hatte er für eine große Anwaltskanzlei gearbeitet, war ständig zwischen Omaha und New York City hin und her gejettet und hatte sich als unermüdlicher Kämpfer im Namen der Gerechtigkeit gefühlt. Er konnte gar nicht sagen, wann dieses Gefühl verflogen war. Es hatte kein einschneidendes Ereignis oder Schlüsselerlebnis gegeben, es war einfach so passiert, ohne dass er es bewusst registriert hatte. Ein Abweichen von seinen Prinzipien hier, eine Unkorrektheit da, und langsam waren die Ausnahmen zur Routine geworden. Es war ein schleichender Prozess gewesen.

Er sah auf seine Rolex. In knapp einer Stunde musste er im Gericht sein. Zu blöd aber auch, dass Grace Wenninghoff den Handel ausgeschlagen hatte. Seine Mandantin Carrie Ann Comstock war bereit gewesen, Jared Barnett als den Mann zu identifizieren, auf dessen Konto die Überfälle auf die Supermärkte gingen. Kaum zu glauben, dass sie nicht angebissen hatte. Hatte er einen Fehler gemacht? Wenninghoff hätte den Deal bestimmt nicht abgelehnt, wenn sie gewusst hätte, wen sie belasten wollten. Aber er hatte ihr ja schließlich nicht ins Gesicht sagen können, dass er ausgerechnet den Mann ans Messer liefern wollte, den er gerade aus der Todeszelle geholt hatte.

Außerdem war Carrie Ann nicht gerade die zuverlässigste Zeugin. Die verdammte Crack-Nutte hatte sogar Probleme, sich zu merken, woher sie Barnett angeblich kannte. Und dabei hatte er sich extra schon eine ganz simple Geschichte einfallen lassen. Vielleicht war es ja sogar ganz gut, dass Wenninghoff nicht auf sein Angebot eingegangen war.

Ein Summen in der Brusttasche seines Jacketts riss ihn aus seinen Gedanken. Er zog das Handy heraus und erkannte die Nummer des Anrufers. Dieselbe wie gestern Abend.

„Max Kramer."

„Und? Haben Sie alles?"

„In der kurzen Zeit lässt sich unmöglich ein neuer Ausweis besorgen, schon gar nicht drei. Sie müssen mir ein paar Tage Zeit geben."

„Ich habe aber keine Zeit. Keinen einzigen verdammten Tag."

Max meinte einen Unterton in Barnetts Stimme zu hören, den er noch nicht kannte. Als sei er mit den Nerven ziemlich auf dem Zahnfleisch.

„Ich brauche mindestens vierundzwanzig Stunden", erwiderte er und konnte ein leichtes Grinsen nicht unterdrücken. Zum ersten Mal fühlte er sich diesem Bastard überlegen.

„Vergessen Sie die Ausweise. Besorgen Sie einfach das verdammte Geld."

Max richtete sich in seinem Sessel auf. Kaum glaubte er, Barnett in der Hand zu haben, stellte der schon wieder alles auf den Kopf. Es war, als würde man Schach mit einem Verrückten spielen. „Okay, wo sind Sie? Wie soll ich Ihnen das Geld zukommen lassen?"

„Es gibt da einen Truckstop am Interstate. Schreiben Sie sich das am besten auf."

Er schnappte sich Stift und Block. Barnett war tatsächlich ungewöhnlich gereizt, als stünde er mit dem Rücken zur Wand. Ein wildes Tier, das man in die Enge getrieben hatte. Max hörte ein Rascheln, anscheinend faltete Barnett eine Straßenkarte auseinander. „Okay. Legen Sie los."

„Ich weiß nicht mehr, wie der Laden heißt, aber er liegt etwa fünfzig Meilen westlich von Grand Island. Die Abfahrt ist Normal."

„Wie, normal?"

„So heißt der Ort. Haben Sie etwa nicht gewusst, dass es ein Normal in Nebraska gibt?"

Max verdrehte die Augen. Am liebsten hätte er Barnett gesagt, dass ‚normal' das letzte Wort war, das er mit ihm in Verbindung brachte. Es war eine solche Ironie, dass er sich fragte, ob Barnett den Ort bewusst gewählt hatte.

„Sorgen Sie dafür, dass das Geld bis heute Nachmittag um zwei da ist."

„Bis zwei? Wie soll ich das denn schaffen?"

„Wenn Sie jemanden wie mich aus dem Gefängnis holen können, dann werden Sie ja wohl auch das hinkriegen. Lassen Sie sich was einfallen."

„Okay, ich kann es wahrscheinlich telegrafisch anweisen. Dann brauchen Sie aber Ihren Ausweis, um es abzuholen."

„Überweisen Sie es an Charlie Starks. Und versauen Sie es ja nicht, Kramer. Ich habe die Nase langsam verdammt voll davon, dass ständig alles in die Hose geht."

Das musste *er* gerade sagen. Max hatte die Nase schon lange voll von Barnett. Schließlich hatte er ihn in diese vertrackte Lage gebracht. Wenn er sich an seinen Plan gehalten hätte, wäre das ganze Fiasko nicht passiert. Doch er verzichtete lieber darauf, ihm das an den Kopf zu werfen. „Ich werde zusehen, dass es um zwei da ist."

„Sehen Sie nicht bloß zu, sorgen Sie dafür! Und versuchen Sie ja nicht, mich reinzulegen, sonst gehen Sie mit mir unter. Haben Sie das kapiert, Kramer?"

„Keine Sorge, das Geld wird da sein."

Barnett legte auf, ohne noch etwas zu sagen. Max schwang sich mit dem Sessel herum und schaltete den Laptop auf seinem Schreibtisch ein. Den Namen des Truckstop fand er vermutlich im Internet, und das Geld konnte er sicher online anweisen. Die Kontonummer seiner Frau kannte er auswendig. Während er auf die Internetverbindung wartete, gab er eine Nummer in sein Handy ein.

Sie meldete sich nach dem dritten Klingeln. „Grace Wenninghoff."

„Hier ist Max Kramer. Ich glaube, es ist meine Pflicht, Ihnen etwas zu erzählen."

Ja, meine Pflicht, dachte er. Wer sollte ihm denn vorwerfen, dass er einen Mandanten verpfiff, der offenbar völlig durchgedreht und im Tötungsrausch war. Niemand würde ihm das anlasten. Vielleicht würde er am Ende sogar wieder einmal als Held dastehen.

63. Kapitel

9.20 Uhr
Comfort Inn

Melanie hatte das Gefühl, das alles nicht mehr auszuhalten. Wo zum Teufel blieb Jared bloß so lange? Sie lief immer noch in ihrem Zimmer auf und ab und rieb sich die schwitzenden Handflächen an den Jeans trocken. Sie wollte nicht an das Baby mit den verschlafenen Augen und runden Wangen denken. Nein, Jared konnte das nicht tun, so etwas würde er nicht machen.

Sie hörte, wie draußen eine Autotür zugeschlagen wurde, doch anstatt ans Fenster zu gehen und nachzusehen, blieb sie wie erstarrt stehen. Charlie hatte das Geräusch ebenfalls gehört und sah zu ihr herüber. Auch Kane schien auf eine Reaktion von ihr zu warten. Was glaubten die beiden denn, was sie jetzt tun sollte? Schließlich war sie es doch nicht gewesen, die sie in diese vertrackte Lage gebracht hatte. Das alles war doch nicht ihre Schuld!

Als die Tür aufging und Jared in das Zimmer trat, sah Melanie ihm prüfend in die Augen und ließ ihren Blick dann über sein Gesicht hinab zu seinen Händen wandern. Aber wonach suchte sie eigentlich? Nach Erde von einem versteckten Grab, das er irgendwo ausgehoben hatte, an seinen Fingern? Nach Blutspritzern auf seinem Hemd – noch mehr verdammtes Blut?

„Wir müssen hier weg!" sagte Jared. Als er sah, dass sich niemand regte, griff er nach Charlies Rucksack und warf ihn dem Jungen zu. „Gehen wir. Jetzt gleich."

„Was ist denn los, Jared?" fragte sie. Natürlich wollte sie wissen, was er mit dem Baby gemacht hatte, wollte ihn in Kanes Beisein jedoch nicht direkt danach fragen. Sie fuhr sich mit den Fingern durchs Haar und merkte, dass sie zitterte.

„Ich habe mich um alles gekümmert", antwortete Jared, als hätte er gerade etwas ganz Alltägliches wie das Hinaustragen des Abfalls erledigt. „Und wir haben ein neues Auto. Die Kennzeichen habe ich auch schon ausgetauscht. Also los, machen wir, dass wir hier wegkommen."

Als die beiden noch immer keine Reaktion zeigten, setzte er ein Lächeln auf: „Ich habe uns bei McDonald's Frühstück geholt. Die Sachen sind im Wagen. Also macht schon, gehen wir. Ich will noch bei Tageslicht über die Grenze nach Colorado."

Charlie schaltete den Fernseher aus, warf sich den Rucksack über die Schulter und verschwand durch die Tür. Die Ankündigung, dass es etwas zu essen gab, war noch immer die beste Methode, ihn in Bewegung zu setzen. Sie ging ins Bad, um nachzusehen, ob sie etwas vergessen hatte. Als sie wieder herauskam, stellte sie fest, dass Jared offenbar keinerlei Anstalten machte, Kanes Fesseln zu lösen. Er schien darauf zu warten, dass sie Charlie nach draußen folgte. Sie blieb stehen und sah ihn an. Dann bemerkte sie plötzlich die weiße Nylonkordel, die er sich um die Fäuste geschlungen hatte. Ein lähmender Schreck durchfuhr sie.

„Geh raus zum Wagen, Mel!" herrschte Jared sie an. „Du fährst. Ich komme gleich nach."

Sie fing Andrews Blick auf und sah, dass er wusste,

was jetzt passieren würde. Er hatte es die ganze Zeit gewusst, vorhin schon, als er angeboten hatte, ihr und Charlie zu helfen. Aber wahrscheinlich hatte er das nur gesagt, um seine Haut zu retten. Wäre sie darauf eingegangen, hätte er bestimmt die erstbeste Möglichkeit genutzt, sie hereinzulegen. Und sie würde um nichts in der Welt zulassen, dass ihrem Sohn etwas geschah.

Plötzlich stand Charlie in der Tür. „He, wo bleibt ihr denn? Ich dachte, wir haben es eilig."

Sie roch an seinem Atem, dass er sich bereits über das Frühstück hergemacht hatte.

„Jared wollte Andrew gerade beim Aufstehen helfen." Sie wunderte sich selbst darüber, dass sie das sagte. „Bind seine Beine los, Charlie, und dann auf den Rücksitz mit ihm. Ich fahre."

Charlie ging auf das Bett zu und machte sich an der Telefonschnur zu schaffen. Melanie vermied es, Jared anzusehen, aber sie spürte, dass er innerlich kochte. Doch noch bevor er protestieren konnte, hatte Charlie Andrews Füße befreit und war mit ihm aus der Tür verschwunden.

64. Kapitel

10.33 Uhr
Omaha Police Department

Pakula stellte die Frage noch einmal: „Und Sie glauben, Kramer spielt ein Spiel mit uns?"

„Falls er in diese Sache verstrickt ist", erwiderte Grace. „Immerhin scheint er auf einmal ein seltsames Interesse daran zu haben, dass wir Barnett kriegen."

Pakula seufzte und lockerte seine Krawatte. „Ich weiß nicht. Das kommt mir doch ziemlich abenteuerlich vor. Was genau hat er Ihnen denn erzählt?"

„Nur, dass er einen Anruf von Barnett erhalten habe. Angeblich hat Barnett ihm erzählt, er hätte die Bank nur ausrauben wollen, aber dann sei irgendwie alles außer Kontrolle geraten. Und dass er sich nicht stellen werde."

„Das soll Barnett gesagt haben? Dass er sich nicht stellt?"

„Ja. Dass er nicht wieder ins Gefängnis geht. Er wisse, dass Kramer ihn diesmal nicht wieder rausholen könne. Er brauche Geld, und Kramer sollte das angeblich anweisen – an den Triple-J-Truckstop am Interstate 80, westlich von Grand Island."

„Wie viel Geld?"

„Fünfundzwanzigtausend. Kramer sagt, er sei bereit, es anzuweisen, wenn wir das wollen."

„Und heute Morgen hat er zum ersten Mal von Barnett gehört?"

„Behauptet er jedenfalls."

„Er weiß doch sicher, dass wir das überprüfen können." Pakula traute diesem Mistkerl Kramer genauso wenig wie Barnett. Machten die beiden etwa gemeinsame Sache? Ein Trick, um sie abzulenken, während Barnett sonst wo war? „Also, wie schätzen Sie die Sache ein?"

Grace nahm einen Stapel Akten von dem Besuchersessel und suchte nach einem Platz, ihn abzulegen, damit sie sich setzen konnte. Pakula nahm ihr den Haufen ab. Offenbar war es ihm peinlich, dass er nicht selbst daran gedacht hatte, ihr Platz zu schaffen. Er legte die Akten auf einen anderen Stapel, der prompt umkippte. Er beließ es einfach dabei und setzte sich wieder.

„Zuerst hatte ich meine Zweifel. Aber Kramer weiß nicht, dass wir den Anhänger gefunden haben. Er kann von unserem Verdacht deshalb auch nichts ahnen. Da war etwas in seiner Stimme ... Ich kann gar nicht genau sagen, was, aber er klang so, als könne er gar nicht anders, als Barnett ans Messer zu liefern. Ich meine, das ist doch wohl der Gipfel."

„Wahrscheinlich versucht er, die Sache jetzt irgendwie zu seinem Vorteil zu drehen."

„Gut möglich."

Das Telefon klingelte. Pakula sprang auf, obwohl der Apparat gleich neben seinem Ellbogen stand. „Pakula."

„Das Einsatzkommando ist auf dem Weg." Sanchez brauchte seinen Namen nicht zu nennen. „Der Black Hawk ist in etwa zwanzig Minuten bereit."

„Zwanzig Minuten?"

„Wir haben nicht viel Zeit. Schaffen Sie das?"

„Ich bin gleich da", erwiderte Pakula und legte auf.

Er sah Grace an, wischte sich den Schweiß von der Stirn und schnappte sich seine Jacke von der Sessellehne. „Herrgott, wie ich diese verdammten Hubschrauber hasse!"

65. Kapitel

10.40 Uhr
Highway 281 North

Andrew sah anhand der Straßenschilder, dass sie anscheinend schon wieder in die falsche Richtung fuhren. Sie waren auf dem Highway 281 North, aber Colorado lag westlich, nicht nördlich. Jared hatte die aufgefaltete Straßenkarte auf den Knien und gab Melanie Anweisungen: nach links, nach rechts – viel mehr sagte er nicht, und weder sie noch Charlie schienen zu wagen, ihm Fragen zu stellen.

Andrew ließ den Kopf gegen das Seitenfenster sinken. Was für eine idiotische Idee von ihm zu glauben, einer der beiden sei stark genug, sich Jared in den Weg zu stellen. Vorhin, als Melanie verhindert hatte, dass Jared ihn in dem Motelzimmer umbrachte, hatte er noch einmal Hoffnung geschöpft und geglaubt, sein Plan könne vielleicht doch noch aufgehen. Aber jetzt wusste er, dass er sich geirrt hatte.

Als die Nachrichten begannen, drehte Melanie das Radio lauter.

„Heute Morgen gegen halb acht wurde an einer Texaco-Tankstelle am Interstate 80 bei Hastings ein weißer Ford Explorer gestohlen, auf dessen Rücksitz ein vierzehn Monate altes Baby schlief. Als die junge Mutter zur Kasse ging, hatte sie Motor und Klimaanlage laufen lassen. Die Ermittlungsbehörden vermuten, dass der Dieb nicht bemerkt hat, dass das Kleinkind in dem Wagen lag ... Gerade in diesem Moment kommt die Meldung herein, dass der Ford gefunden wurde. Den entscheidenden Hinweis bekam die Polizei offenbar von einem anonymen Anrufer. Der Geländewagen wurde auf einem Parkplatz entdeckt. Das Baby ..."

Hier machte der Sprecher eine kurze Pause, als würde er das nächste Blatt der gerade eingegangenen Meldung zur Hand nehmen.

„Das Baby ist unverletzt, und es scheint ihm gut zu gehen."

Melanie schaltete das Radio aus und legte beide Hände auf den unteren Teil des Lenkrads. Andrew sah, dass sie zitterten.

66. Kapitel

12.22 Uhr

Melanie war es leid, dass Jared sie schon wieder herumkommandierte. Bieg hier ab, nimm jene Abfahrt. Jared schien irgendetwas vorzuhaben, das konnte sie spüren. Und wieder hielt er es nicht für nötig, sie einzuweihen. So, wie er es ständig tat. Wäre ihm etwa ein Zacken aus der Krone gebrochen, wenn er ihr erzählt hätte, dass mit dem Baby alles in Ordnung war? Aber nichts dergleichen. Aus dem Radio hatte sie es erfahren!

Sie sah zur Seite zu Charlie, der neben ihr auf dem Beifahrersitz saß, doch der bemerkte ihren Blick nicht. Er war wieder in ein Comicheft vertieft und schien seinen morgendlichen Gefühlsausbruch völlig vergessen zu haben. In was hatte Jared ihn da bloß hineingezogen. Dieser ganze Mist war allein seine Schuld. Wenigstens hatte er dem Baby nichts angetan. Aber zu so etwas wäre ja wohl auch nur ein Monster fähig.

Sie sah in den Rückspiegel und direkt in die Augen von Andrew Kane. Er beobachtete sie, als versuche er herauszufinden, was sie dachte. Vielleicht war er aber auch einfach nur dankbar, dass sie ihm vorhin das Leben gerettet hatte. Sie wich seinem Blick aus und hielt stattdessen Ausschau nach Streifenwagen. Obwohl die Polizei bestimmt noch nicht wusste, dass sie inzwischen auf einen schwarzen Toyota Camry umgestiegen waren. An den Hinweisschildern erkannte Melanie, dass sie sich wieder dem Interstate näherten, den sie bislang gemieden hatten. Was zum Teufel hatte Jared bloß wieder vor?

„Ich muss etwas erledigen", sagte Jared plötzlich, als hätte er ihre Gedanken erraten. „Fahr auf den Interstate, nach Westen."

„Ich dachte, wir wollten auf dem Highway bleiben?"

„Nicht weit von hier ist ein Truckstop."

„Hast du schon wieder Hunger?" Es konnte doch erst kurz nach Mittag sein.

„Nein. Ich muss da was abholen."

„Was willst du da denn abholen?"

„Geh mir nicht auf die Nerven und tu, was ich dir sage, Mel!"

Sie umklammerte das Lenkrad mit beiden Händen und starrte schweigend geradeaus. Manchmal erinnerte Jared sie wirklich an ihren verdammten Vater. Dies war ein solcher Moment.

67. Kapitel

13.40 Uhr
Triple-J-Truckstop bei Normal, Nebraska

Tommy Pakula saß in einem Van mit der Aufschrift TV SERVICE und spähte durch die getönten Scheiben nach draußen. Er hatte nach dem Hubschrauberflug noch immer weiche Knie und war froh gewesen, als er endlich wieder festen Boden unter den Füßen gehabt hatte. Er dankte Gott, dass nicht er das Sagen hier hatte. Die Waffen der Kollegen des Einsatzkommandos machten ihn nervös.

Hier draußen auf dem flachen Land, wo man meilenweit sehen konnte, war es schwierig, sich zu verbergen. Ganz anders als in der Stadt – das war das Revier, in dem er sich auskannte. Und Barnett war ein pfiffiger Hund. Das Aufblitzen eines Zielfernrohres, in dem sich die Sonne spiegelte, oder ein Schatten hinter einer Scheibe der stillgelegten Tankstelle auf der anderen Straßenseite würde reichen, dass er Lunte roch. Es gab nicht einen Baum weit und breit. Nur den Parkplatz und die angrenzenden Weiden, die sich bis an den Horizont erstreckten.

Sie wussten nicht einmal, in was für einem Wagen Barnett inzwischen unterwegs war. Allerdings hatten sie aus Kramer herausbekommen, wer bei ihm war: seine Schwester und deren siebzehnjähriger Sohn. Von Andrew hatte er allerdings nichts gesagt. Pakula hatte Sanchez mehrfach an die Geisel erinnert, und er hoffte, dass das Einsatzkommando darauf vorbereitet war.

Sanchez hatte nur die Achseln gezuckt und erklärt,

Garantien gäbe es nie. Pakula kannte die Risiken eines solchen Einsatzes und hatte sich nie gescheut, sie einzugehen. Doch bisher hatte er die Verantwortung immer nur für sich tragen müssen und nicht für einen Freund.

„Es ist gleich zwei", sagte Sanchez, und Pakula fühlte die gleiche Anspannung wie vorhin beim Start des Black Hawk. Dabei war der Flug mit Sicherheit ein Witz gewesen gegen das, was jetzt kommen würde.

68. Kapitel

13.56 Uhr

Melanie hielt ganz am Ende des Parkplatzes, wie Jared es ihr gesagt hatte. Sie stellte den Motor ab, doch Jared machte keinerlei Anstalten auszusteigen. Stattdessen drehte er sich auf seinem Sitz hin und her und spähte in alle Richtungen und dann durch das Rückfenster nach oben, als erwarte er jeden Augenblick einen Luftangriff. Dann rutschte er auf seinem Sitz so tief nach unten, dass sie im Rückspiegel nur noch seinen Haarschopf sehen konnte.

„Hast du nicht gesagt, du wolltest etwas abholen?" fragte Melanie.

„Warte eine Minute. Hier stimmt was nicht." Er tippte Charlie auf die Schulter. „Gib mir die Waffe aus dem Handschuhfach."

Melanie kam Charlie zuvor. Sie öffnete die Klappe, langte in das Fach und zog den Revolver mit einem leisen Seufzen heraus. Er lag ihr seltsam vertraut in der Hand, war allerdings nicht so schwer, wie sie es in Erinnerung hatte.

„Was läuft hier ab, Jared?"

„Gib mir die Waffe", knurrte er, blieb jedoch in seiner geduckten Haltung.

„Nicht, bis du mir sagst, was hier läuft." Sie legte den Revolver auf ihren Schoß. „Was willst du hier abholen?"

„Geld. Max hat es telegrafisch angewiesen."

„Max Kramer?" Sie erinnerte sich an die Telefonate, die Jared mit seinem Anwalt geführt hatte. War es dabei wirklich nur um juristische Fragen gegangen? „Woher weißt du, dass du ihm trauen kannst?"

„Er hat mich aus dem Knast geholt, oder?"

„Ich dachte, du wärst freigekommen, weil du unschuldig bist?"

„Ja klar, das meine ich ja." Jared spähte weiter durch die Fenster nach draußen. „Mach dir wegen Kramer keine Sorgen, Mel. Ich habe für eine gute Rückversicherung gesorgt."

„Was meinst du damit?"

„Gib mir die verdammte Waffe, Melanie! Du weißt, dass ich nur sichergehen will, dass dir und mir nichts passiert."

„Und was ist mit Charlie?"

Melanie blickte zu ihrem Sohn, der wie Jared nun ebenfalls tief in seinen Sitz gerutscht war. Ständig musste er seinem Onkel alles nachmachen, ohne dabei nachzudenken.

„Natürlich auch Charlie nicht. Aber er hat ziemlichen Mist gebaut. Es ist seine Schuld, dass wir in diesem Schlamassel stecken. Stimmt's etwa nicht, Charlie?"

Sie bemerkte, wie Charlie in sich zusammensackte und versuchte, sich noch kleiner zu machen. Und plötzlich hatte sie das Bild eines anderen Jungen vor Augen. Eines Jungen, der sich nicht vor Worten duckte, sondern vor blindwütigen Schlägen. Charlie erinnerte sie an Jared, als der noch ein Junge war – und Jared erinnerte sie an ihren Vater. Warum war ihr das nicht früher klar geworden? Sein aufbrausendes Temperament, seine Wutausbrüche – er war genau wie ihr Vater.

„Du kannst das alles wieder ausbügeln, Charlie", sagte

Jared jetzt mit hypnotisierend sanfter Stimme. „Geh in den Truckstop und frag einfach nach einem Umschlag mit deinem Namen drauf. Machst du das, Kumpel?"

Charlie nickte und langte nach dem Türgriff, aber Melanie hielt ihn zurück.

„Nein, Charlie, du bleibst hier."

„Halt dich da verdammt noch mal raus, Mel!" Der sanfte Ton in seiner Stimme war verflogen.

Jared spähte umher, als litte er an Verfolgungswahn. Rechnete er etwa damit, dass hier Scharfschützen auf sie lauerten? Wollte er Charlie raus in den Kugelhagel schicken?

Sie ließ ihren Blick zu Andrew Kane wandern, der das offenbar als Aufforderung verstand, seine Meinung zu sagen.

„Sie müssen sich jetzt entscheiden", sagte er so ruhig er konnte. „Dies ist der Moment der Entscheidung."

„Halten Sie Ihre Scheißklappe!" Jared boxte den Autor auf die verletzte Schulter, duckte sich aber sofort wieder in seinen Sitz und fixierte Charlies Hinterkopf. „Nun mach schon, Charlie! Und beeil dich, verdammt noch mal! Wir müssen hier so schnell wie möglich verschwinden!"

„Du bleibst hier, Charlie!" bellte Melanie. Ihre Stimme überschlug sich fast. Und in dem Augenblick wusste sie, was sie zu tun hatte. Genau wie damals. Sie hob die Waffe und richtete sie über die Sitzlehne hinweg auf Jared. Der schien auflachen zu wollen, doch dann sah er ihre Augen.

„Ich habe mich für Charlie entschieden", sagte sie. Und dann drückte sie ab.

Montag, 13. September

69. Kapitel

10.30 Uhr

Grace Wenninghoff hatte ihre Zweifel, ob es etwas bringen würde, der Aussage von Melanie Starks nachzugehen. Aber schließlich hatten sie nichts Handfestes gegen Max Kramer in der Hand und konnten ihn nicht mit dem Banküberfall in Verbindung bringen. Er hatte zwar zugegeben, eine Affäre mit Tina Cervante gehabt und ihr den Anhänger geschenkt zu haben, aber das war auch alles. Er beharrte darauf, nicht die geringste Ahnung zu haben, warum Jared Barnett sie ermordet hatte.

Pakula marschierte voran. Corinne Starks hatte sie hereinlassen müssen, da sie einen Durchsuchungsbeschluss hatten. Einer der beiden uniformierten Beamten, die er mitgebracht hatte, blieb unten bei Mrs. Starks, damit sie sie bei der Durchsuchung nicht behinderte. Doch ihr Zetern drang bis hinauf ins obere Stockwerk. Lautstark verfluchte sie ihre Tochter, die ihr den Sohn genommen hatte.

Der andere Officer führte Melanie am Ellbogen, obwohl ihre Hände mit Handschellen gefesselt waren.

„Hier?" fragte Pakula und zeigte auf die geschlossene Tür am Ende des Flurs.

„Ja", bestätigte sie.

Pakula öffnete die Tür, und während er in das Zimmer ging und sich umsah, streifte er sich Latexhandschuhe über.

„Jared hat gesagt, er hätte für eine Rückversicherung gesorgt", erklärte Melanie. „Es muss etwas sein, das Max Kramer in Schwierigkeiten bringt, und was immer es ist, ich bin sicher, es ist hier in seinem Zimmer."

Es war ein kleiner Raum, in dem sich Berge schmutziger Wäsche, Zeitschriften und leerer Fast-Food-Packungen stapelten. Der einzige Schmuck war eine an der Schranktür befestigte Dartscheibe.

Grace fragte sich, ob sie hier tatsächlich etwas finden würden oder ob Melanie nur versuchte, einen Handel für sich herauszuschlagen. Sie und ihr Sohn sahen einer Reihe von Anklagen entgegen, die im Falle einer Verurteilung die Todesstrafe bedeuten konnten. Beide bestanden jedoch darauf, dass Jared Barnett für das Massaker in der Bank verantwortlich war, wobei Charlie sich nicht ganz so überzeugend anhörte wie seine Mutter. Der Bericht der Ballistiker bewies, dass zwei Waffen benutzt worden waren. Die zweite Waffe war allerdings noch nicht gefunden worden. So sehr Grace auch davon überzeugt war, dass Barnett ein kaltblütiger Killer war, so wenig konnte sie sich vorstellen, dass er in Wildwest-Manier mit zwei Waffen in den Händen in die Bank gestürmt war und aus allen Rohren gefeuert hatte.

„Wenn er etwas verstecken musste, hat er es immer in ganz unauffällige Sachen gestopft", sagte Melanie zu Pakula. „Zum Beispiel in einen Fußball oder in ein Kissen."

Grace wunderte sich immer noch, wie wenig es Melanie offensichtlich zu bekümmern schien, dass ihr Bruder sechs unschuldige Menschen getötet hatte. Sieben, wenn sie Danny Ramerez hinzuzählte. Seine Leiche war Samstagnacht in einer Mülltonne hinter dem Logan Hotel entdeckt worden, nachdem sich jemand über den Gestank beschwert hatte. Immerhin war Barnett offenbar pietätvoll genug gewesen, sein Opfer in einen schwarzen Müllsack zu stopfen, genau wie die Leiche von Rebecca Moore vor sieben Jahren. Carrie Ann Comstock, Max Kramers dubiose Zeugin in der Supermarkt-Sache, wollte Barnett angeblich gesehen haben, wie er einen schwarzen Müllsack aus dem Hotel geschleift hatte.

Was die Überfälle auf die Supermärkte betraf, hatte Charlie sogar zur Überraschung seiner Mutter zugegeben, dass er und Jared hatten ausprobieren wollen, wie gut sie zusammenarbeiten konnten. Charlie hatte die Läden ausgespäht, während Jared draußen eine günstige Gelegenheit abgewartet hatte. Der Junge hatte das mit einer Unbefangenheit erzählt, als handele es sich um einen dummen Jungenstreich.

Grace lehnte sich mit verschränkten Armen gegen den Türrahmen und beobachtete, wie Pakula Barnetts Schrank durchsuchte und Schuhkartons voller Baseballkarten ausleerte.

Sie musterte Melanie und fragte sich, ob sie nicht einfach nur versuchte, etwas für sich und ihren Sohn herauszuschlagen: Eine Haftstrafe mit Aussicht auf Bewährung für Charlie und ein geringeres Strafmaß für sich selbst. Aber Grace und ihr Chef waren übereingekommen, dass es nichts schaden konnte, der Sache nachzugehen. Vielleicht fanden sie ja tatsächlich etwas, das Max Kramer belastete.

Was für eine Ironie, wenn ausgerechnet Max Kramer, der verurteilte Mörder aus der Todeszelle holte, der Anstiftung zum Mord bezichtigt und am Ende selbst in der Todeszelle landen würde.

„Ich glaube, hier ist nichts", sagte Pakula, nachdem er die Schubladen durchsucht hatte. Er ging zum Bett, sah darunter, schüttelte den Kopf und schlug dann die Decke zurück.

Und da war es. Im gleichen Moment, in dem Grace den weißen Plüschhund sah, wusste sie, dass sie gefunden hatten, wonach sie suchten.

„Das ist Mr. McDuff", sagte sie, ohne sich bewusst zu sein, wie albern das in dieser Situation klang.

„Wie bitte?" fragte Pakula.

Grace nahm Emilys Plüschhund auf. „Meine Tochter vermisst ihn seit Mittwoch. Sie hat die ganze Zeit behauptet, der Schattenmann hätte ihn mitgenommen."

„Der Schattenmann?" Pakula sah sie an, als habe sie den Verstand verloren. Sogar Melanie schien irritiert zu sein.

Grace fühlte es, noch bevor sie den Schnitt in Mr. McDuffs Rücken entdeckte. Vorsichtig drückte sie den Schlitz auseinander und sah, dass es eine Audiokassette war.

„Er muss sich gedacht haben, dass ich in dem Fall, dass ihm etwas zustößt, seine Sachen durchsuchen lasse und mir Emilys Hund natürlich nicht entgehen wird. Ich glaube, wir haben unseren Beweis."

Dann warf sie Melanie einen Blick zu: „Okay, Sie haben Ihren Handel."

Epilog

Zwei Jahre später
Manhattan, New York

Andrew Kane erwiderte Erin Cartlans Lächeln.

„Die Schlange reicht raus bis auf die Straße", sagte sie, erfreut über die vielen Leute, die sich ein Exemplar seines neuen Buches signieren lassen wollten.

„Man sagt ja, es sei Ihr bisher Bestes", erklärte die Frau, die direkt vor ihm stand und auf ihr Autogramm wartete. „Östlich von Normal. Was hat Sie bloß auf diesen Titel gebracht?"

„Lesen Sie es, dann werden Sie es erfahren", antwortete er.

„Stimmt es tatsächlich, dass die Geschichte auf wahren Ereignissen beruht?"

„Ach, Sie kennen doch die Verlage", erwiderte er, den Blick auf seine Signatur gerichtet, die er auf die erste Seite gesetzt hatte. „Die behaupten alles Mögliche, wenn es dazu dient, Bücher zu verkaufen."

Er gab ihr das Buch zurück – und in dem Moment sah er sie. Fast hätte er sie zwischen den anderen Wartenden in der Schlange gar nicht erkannt. Sie trug ein braunes Kostüm und kurze Haare und sah richtig gut aus. Man hätte sie für eine erfolgreiche Geschäftsfrau halten können, aber kaum für eine Frau, die auf Bewährung aus dem Gefängnis entlassen worden war.

Sie nickte ihm zu, als sie merkte, dass er sie erkannt hatte, und er winkte ihr, an seinen Tisch zu kommen.

Andrew stand auf und wusste nicht recht, wie er sie

begrüßen sollte, doch da streckte sie ihm bereits die Hand entgegen.

„Mein Gott, Melanie, Sie sehen großartig aus. Wie lange sind Sie …" Doch dann wurde er sich wieder der wartenden Schlange bewusst und hielt inne.

„Erst seit ein paar Monaten."

„Und wie geht es Charlie?"

„Gut. Nun ja, den Umständen entsprechend. In drei Jahren kann er ebenfalls einen Antrag auf Bewährung stellen." Sie drehte sich um und blickte auf die Schlange. „Herzlichen Glückwunsch. Ihr Roman ist wirklich gut. Mir hat gefallen, wie Sie das alles beschrieben haben."

„Nun ja, an einigen Stellen musste ich mir natürlich einige Freiheiten erlauben."

„Ich weiß." Sie lächelte ihn an. „Wie haben Sie das alles rausgekriegt über …" Sie kam näher an sein Ohr und senkte die Stimme. „Über meinen Vater und, na ja, Sie wissen schon?"

„Das meiste weiß ich von Ihrer Mutter und aus Zeitungsartikeln. Dass Jared keine andere Möglichkeit gesehen hat, als ihn umzubringen, um die Misshandlungen zu beenden, ist wahrscheinlich einer der Gründe dafür gewesen, dass er so geworden ist."

Er nahm sie beiseite und deutete Erin und den in der Schlange Wartenden mit einer kurzen Geste an, dass es nur noch einen Moment dauern würde. „Ich hätte nie geglaubt, dass Sie fähig sein würden, das zu tun, was Sie da auf dem Parkplatz getan haben."

„Wirklich nicht?" Sie näherte sich wieder seinem Ohr. „Sie konnten ja auch nicht wissen, dass es nicht das erste Mal war."

„Wie bitte?" Er war nicht sicher, ob er verstand, was sie meinte.

„Mein Vater." Sie sah sich um und vergewisserte sich, dass sie niemand hören konnte. „Das war nicht Jared damals. Er hat nur die Sauerei weggemacht."

Andrew starrte sie an, und allmählich dämmerte es ihm. Nicht Jared hatte ihren Vater umgebracht, sondern sie.

„Würden Sie Ihr Buch für Charlie und mich signieren?"

– Ende –

Mary Alice Monroe

Das verletzte Gesicht

Ein sensibler Frauenroman um eine große Liebe und den hohen Preis der Schönheit – ein einfühlsamer Beitrag zu einem hochaktuellen Thema von Top-Autorin Mary Alice Monroe ...

Band-Nr. 25113
7,95 € (D)
ISBN 3-89941-149-8

Erica Spindler

Die Angst im Nacken

Verbrechen, Leidenschaft und gnadenlose Spannung

Erica Spindler versteht es, die Abgründe der Seele aufzudecken. Ihr neuer Thriller garantiert Nervenkitzel bis zur letzten Seite.

Band-Nr. 25114
7,95 € (D)
ISBN 3-89941-150-1

Alex Kava
Das Böse

Band-Nr. 25001
7,95 € (D)
ISBN 3-89941-001-7

Alex Kava
Schwarze Seelen

Band-Nr. 25052
7,95 € (D)
ISBN 3-89941-067-X

Alex Kava
Eiskalter Wahnsinn

Band-Nr. 25069
7,95 € (D)
ISBN 3-89941-091-2

Jackie Collins
Mit Gift und Glamour
Band-Nr. 25101
7,95 € (D)
ISBN 3-89941-137-4

Erica Spindler
Stadt des Schweigens
Band-Nr. 25091
7,95 € (D)
ISBN 3-89941-124-2

Heather Graham
Am Anfang war der Tod
Band-Nr. 25083
7,95 € (D)
ISBN 3-89941-108-0

Christiane Heggan
In tödlicher Gefahr
Band-Nr. 25078
7,95 € (D)
ISBN 3-89941-101-3